现代汉语语法研究丛书

丛书顾问：邢福义　陆俭明
丛书主编：匡鹏飞

☆ 教育部人文社会科学重点研究基地成果
☆ 中国语言文学国家“双一流”建设学科成果

“说”类话语标记的左缘结构及语法化研究

喻　薇／著

华中师范大学出版社

新出图证（鄂）字10号

图书在版编目（CIP）数据

“说”类话语标记的左缘结构及语法化研究/喻薇著. —武汉：华中师范大学出版社，2023.6

（现代汉语语法研究丛书/匡鹏飞主编）

ISBN 978-7-5769-0138-2

Ⅰ.①说… Ⅱ.①喻… Ⅲ.①汉语—话语语言学—研究 Ⅳ.①H1

中国国家版本馆CIP数据核字（2023）第091781号

“说”类话语标记的左缘结构及语法化研究

©喻　薇　著

责任编辑：许亚云　**责任校对：**肖绪旭　**封面设计：**罗明波

编辑室：高等教育分社　**电话：**027-67867364

出版发行：华中师范大学出版社　**社址：**湖北省武汉市洪山区珞喻路152号

电话：027-67861549（发行部）

网址：http://press.ccnu.edu.cn　**电子邮箱：**press@mail.ccnu.edu.cn

印刷：湖北恒泰印务有限公司　**督印：**刘　敏

开本：710 mm×1000 mm　1/16　**印张：**15.25

版次：2023年6月第1版　**印次：**2023年6月第1次印刷

字数：250千字　**定价：**78.00元

欢迎上网查询、购书

丛书序言

华中师范大学汉语语言学学科的形成和发展，已有70年左右的历史。改革开放以后，进入快速发展阶段。在邢福义先生的带领下，本学科逐渐形成了自己的学术主张（“研究植根于汉语泥土，理论生发于汉语事实”）、基本理论（“小句中枢说”“句管控”等）和研究方法（“两个三角”，即“表—里—值”小三角和“普—方—古”大三角）。这些理论和方法，奠定了本学科的学术根基，体现了本学科的理念和追求，也滋养了一批批桂子山语言学人。

近年来，在教育部人文社会科学重点研究基地——语言与语言教育研究中心和华中师范大学中国语言文学国家“双一流”学科汉语语言学方向的建设中，我们进一步强化和凸显了上述学术特色，确立了以“现代汉语语法”作为主攻方向、从不同角度对现代汉语语法研究进行深化拓展的建设思路。

《语言与语言教育研究中心“十三五”发展规划》明确指出：

面向国家需求，结合自身优势，本中心将以“现代汉语语法”作为科学研究的主攻方向。自信有为，创建特色，这是我们的发展理念和学术追求。因此，我们强调自强自立，立足汉语本土，弘扬朴学精神，发掘汉语特点，为世界语言学贡献中国元素。我们强调国学思路。在我国的传统学术中，语言学进入国学范畴的是文字、音韵和训诂，语法未受重视，语法学的兴起始于晚清时期《马氏文通》的问世。把语法引入国学范畴，是对国学研究的拓展和深化。我们强调引进提高。引进的目的是提高，提高的结果是创造出自己的特色。我们需要借鉴外国理论，但不盲从。借用不是照搬，需要本土化。我们既不要妄自尊大，也不要妄自菲薄。吕叔湘先生和朱德熙先生都特别强调“务实”。基于汉语事实，生发汉语理论，古为今用，洋为中用，这是我们发展学术、创建特色的基本路径。

《语言与语言教育研究中心“十四五”发展规划》进一步指出：

“十三五”期间，本中心面向国家需求，结合自身优势，确立“现代汉语语法”为科学研究的主攻方向，旨在立足汉语本土，弘扬朴学精神，发掘汉语特点，创建中国特色，为世界语言学的发展贡献中国元素。“十四五”期间，将通过现代汉语语法研究的多维拓展（口语语法、方言语法、境外华语语法等）和不断深化，进一步巩固方向，彰显特色。我们将始终不渝地践行“务实”和“创新”两大理念，以“务实”为学风导向，以“创新”为学术引领。基于汉语事实，生发汉语理论，这是我们一贯坚持的发展学术、创建特色的基本路径。

基于上述建设思路，为了反映本学科在这一领域最新的探索足迹，我们特编辑出版“现代汉语语法研究丛书”，主要收录本学科教师的相关成果和毕业研究生的相关博士学位论文。本丛书首批共推出著作10种。这些著作都是首次正式发表，研究的对象涵盖了现代汉语语法问题的各个方面，包括词类中的动词、数词、副词，句法中的主语问题、定语从句、唯句成分、特定句式、空语类、移位问题等，也包括语法与语用相结合的话语标记问题；研究的视角，以现代汉语共时平面为主，也涉及一些历时演变方面的探讨；研究的理论和方法，立足“小句中枢”和“两个三角”，同时也充分吸收借鉴认知语言学、生成语言学、语言类型学等学科的理论方法。这些研究，从不同对象、不同视角、综合运用各种理论方法对现代汉语语法问题进行了专题考察，在事实发掘和理论探讨方面都做出了一些新的努力。

本丛书为教育部人文社会科学重点研究基地成果和华中师范大学中国语言文学国家“双一流”建设学科成果。丛书的出版，有幸得到老一辈著名语法学家的悉心指导，邢福义先生和陆俭明先生欣然应允担任顾问；得到华中师范大学语言与语言教育研究中心主任汪国胜教授和文学院院长刘云教授的大力支持；得到华中师范大学出版社高教分社何军华社长和宋文静编辑的积极协助。特此一并表示最诚挚的谢意。

“路漫漫其修远兮，吾将上下而求索”，“独学而无友，则孤陋而寡闻”。我们将继续凝聚整个学科团队的智慧，继承和发扬学科的学术特色，充分吸收借鉴国内外各种具有启发性的理论和成果，不断求实创新、开拓进取、探索真知，为把现代汉语语法研究推向深入贡献绵薄之力。敬请学界同仁不吝赐教、批评指正。

匡鹏飞
2022年7月20日于武昌桂子山

前　言

本书受到华中师范大学语言与语言教育研究中心以及湖北省社会科学基金一般项目（后期资助项目）“互动视域下‘说’类话语标记的左缘结构及语法化研究”（编号：2021247）的资助，在此谨致以诚挚的感谢。

现代汉语中“说”是使用频率最高的言说动词，而“说”类话语标记又是口语中最活跃、使用频率最高的话语标记种类之一。“说”类话语标记，即现代汉语普通话中含有语素“说”的话语标记，包括词汇项“说”单独构成的话语标记和由语素“说”与其他成分构成的固定词汇项或结构。学界以往的研究多关注共时层面，采取句法特征、语义语用、认知因素等视角的研究成果丰硕，对不同类型“说”类话语标记的历时演变阶段、语法化路径、语法化动因机制的研究相对较少，不同结构类型的演变规律探讨略显不足，理论层面的宏观探索和系统思辨涉及不多，这为本书的研究留下了宽阔的探讨空间。

本书选取部分典型“说”类话语标记为个案研究对象，描写共时平面分布特征，归纳左缘结构构成成分及分布规律。句首为“说”类话语标记最常出现的句法位置，此时话语标记位于句子左缘结构最高层，投射范围最大，关涉成分最多，虚化程度最高，所指范围多为后续整个主句全部内容。位于句首的“说”类话语标记可表达言者对上下文信息的回应、对主句内容的强调、与听者的互动等，这些语用功能多以话语标记强化或改变句子语气为前提实现。“说”类话语标记由句首移位至句末后，在左缘结构上由最高层降至最低层，虽然通过回指投射范围仍然可以覆盖全句，但语用功能和句子语气会产生明显变化。“说”类话语标记结构固定，具备多种语用功能，可用于凸显言者的主观性，体现说话者的主观评价立场，是现代汉语普通话中强调或改变句子语气的有效方式之一。

本书还考察了“说”类话语标记的语法化发展过程及推动其形成的

动因机制。在历时发展过程中，“说”类话语标记的概念意义逐渐弱化或消失，元话语功能增强，具备动态性、随意性和互动性特征，能直接表述说话者本身的情感功能，有时可作为确定话语的言外之意或说话者潜在意图的辅助辨识标记。“说”类话语标记的语法化演变受结构特征、句法位置、口语交际特点、高频使用、重新分析、去范畴化、主观性与交互主观性等动因机制的推动。

通过与部分汉语方言、少数民族语言和其他非汉语语言的对比，本书发现言说行为动词“说/SAY”共有五条不同的语法化演变路径，现代汉语普通话沿其中四条路径演化。由此可证现代汉语中“说”的语法化方向和结果并非孤例，如发展为引用标记、传信标记等。当然，有些语言中言说动词“说/SAY”的某些功能，如语法化为比拟格、目的格、情态标记等结果在现代汉语普通话中尚不存在。

本书内容共分为六章。

第一章简要说明了本书的研究目标及理论背景，确定研究对象及范围，说明研究方法及相关语料来源。

第二章介绍了国内外已有的研究成果。“说”类话语标记成果丰硕，但此类话语标记的语法化演变阶段，尤其是不同语法化路径描写极少，对内在动因机制等方面的分析尚显不足。语言类型学视角对于寻找和发现言说动词语法化共性有较强实用价值，但目前尚未发现语言类型学理论指导下以语义地图形式呈现的语法化过程和演变路径的相关研究成果，对语言现实和现象背后蕴含的普遍深层机制挖掘不够多。

第三章分类考察了共时层面典型“说”类话语标记的左缘结构构成，描写了这些话语标记在所属句子左缘结构上的涵盖范围，辨析了不同话题和焦点的类型与出现顺序，寻找各自的典型特征，确定不同“说”类话语标记之间的差异和句法层次分布规律，绘制对应的句法层级图谱。“说”类话语标记结构固定，在左缘结构上的出现位置和所处句法层次与语用功能、言者立场、主观评价等因素关系密切。

第四章结合历时语言材料，描写讨论了典型“说”类话语标记在不同时期的语义、句法、语用特征，描写典型“说”类话语标记语法化的不同发展阶段和演变路径，以此为据构建概念空间并绘制语义地图，探讨推动和促进“说”类话语标记语法化的内部动因及形成机制。语法化过程中“说”类话语标记的真值语义逐渐漂白甚至消失，语用功能、人际功能、篇章功能等不断增强，其发展演变是多种内在动因和演化机制共同推动的结果。

第五章对比了汉语方言及其他非汉语语言中的言说动词“说/SAY”，确定并排列“说/SAY”的各个功能节点，梳理演变路径，构建概念空间，绘制语义地图，展现言说动词“说/SAY”的语法化演变共性和个性。在此基础上根据汉语言说动词“说”的发展过程和语法化路径，在概念空间内切割出连续区域，绘制汉语言说动词“说”的语义地图。

第六章是本书的结论部分。

书中引用了大量语料，出现了较多会话转写符号。笔者给符号一个新的指代意义，具体如下：

会话转写符号

@	笑声
＜@	笑声开始处
@＞	笑声结束处
：	音声的延长，有时会用“＝”表示
[	重叠开始处
]	重叠结束处
XX	不清晰的话语内容
——	话语中断
……	话语省略
(.数字)	话语间隔秒数

本书的研究成果证实以“两个三角”理论、制图理论及左缘结构分析、语法化理论、会话分析理论和语言类型学相关理论为指导，采用语义地图等实用研究工具，考察、分析和探究“说”类话语标记是具有高度可行性与实践性的研究思路及方法。这种研究模式切实有效易操作，能够为今后相关研究工作的开展和深化打下牢固的基础。当然，囿于主客观条件限制，本书的研究还存在许多不足，一些工作的开展还不够深入广泛，需要在今后的研究工作中进一步展开考察和探讨。

喻　薇

2023 年 3 月于湖北武汉

目　　录

第一章　绪　论

言说动词是汉语词汇系统中的基本词汇，不仅使用频率高，而且运用范围广，一直以来都是众多研究者关注的对象。言说动词类话语标记是高频使用的话语标记类型之一，其结构形式、语义表述、语法特征和语用功能均具有典型意义与实用研究价值。本书选择“说”类话语标记作为研究对象，出于三个方面的考量。

第一，研究言说类话语标记的演变历程与特点能够管窥其他动词和动词类话语标记的演变及发展趋势。言说动词在汉语词汇和语法系统中占有重要地位，“说”作为使用频率最高的言说动词具有典型代表意义。词的高频使用意味着语义极容易发生虚化，吴福祥（2004）指出高频重复使用会使反应者对刺激物的反应减弱，导致刺激物的形式和意义被磨损弱化，或是意义虚化。彭睿（2011）对高频率与语法化现象之间关系的考察，表明在语法化赖以发生的临界环境中频率的高低与语法化发生概率成正比。言语交际中使用频率高、运用范围广的语言形式，其语义、句法、语用功能及动态性发展具有较高研究价值，能够更加深刻地反映语言事实和本质规律。“说”在《现代汉语频率词典》中位列使用度第 15 位，使用频率第 16 位，在《现代汉语常用词表》（草案）中位列常用词第 15 位，在《现代汉语语料库词语频率表》中位列第 18 位，均为言说动词类第一。张黎等人（2016）统计了现代汉语口语中常用的话语标记，“说”类话语标记占全部话语标记的 26.37%。可见，现代汉语中“说”是使用频率最高的言说动词，“说”类话语标记是最常见的话语标记类别之一，以其为切入点探讨演变历程与特点有助于管窥其他动词的演变发展趋势，加深对言说类动词语法化现象的了解，揭示语法化不同阶段的变化、过程及演变规律。

第二，关于作为言说类话语标记核心语素的言说动词“说”和“说”类话语标记的语法化，现有研究少有详细的阶段性演变描写。如汪维辉（2003）辨析了“说”类词的历时演变过程和共时分布特点，但未将“说”单独作为个案考察对象，分析其不同阶段特征。以“说”为关键词在中国知网作穷尽式搜索，中国语言文字学科分类下314篇相关期刊论文和学位论文中仅有方梅（2006）、玄玥（2011）、吴剑锋（2016）等11篇论文针对性考察“说”的部分语法化过程，但没有涉及“说”在历时平面上不同时期的具体演变发展阶段与共时平面现状之间的联系，语法化路径及动因机制研究也尚有深入探讨的余地。“说”类话语标记研究成果相对更加丰富，如董秀芳（2003），李宗江（2010，2014），乐耀（2011，2013），曹秀玲（2014），孔蕾、秦洪武（2018）等。此类研究范围多限定于共时平面考察，对话语标记形成固化的语法化过程，以及推动语言形式演变的内在动因机制的认识还能更加深入，有进一步考察和研究的必要。

第三，现有研究理论、方法和工具方面的应用有待加强。研究工具的多样化是深化研究的重要因素之一。多种理论框架和研究视角的引入，左缘结构分析和语义地图的运用，对于“说”类话语标记的语法化研究有重要作用。本书采用“两个三角”理论、制图理论、语法化理论、会话分析理论及语言类型学相关理论，以左缘结构分析图、语义地图等工具直观形象地体现“说”类话语标记在句法结构层面、涵盖范围、概念空间中的分布情况，考察句式左缘结构的分布和语序，全面深入地探索和解释“说”类话语标记的性质特征、语义分布、语用功能、语法化路径、动因机制等问题，描写各阶段不同义项之间的演变，或语用功能之间的关系，揭示各阶段语法化的发展及演变路径。综合考量多条演变路径，深入考察言说动词语法化的整体情况，发现言说动词及话语标记共有的内在推动因素，正确了解并阐释语法化路径和动因机制。

言说动词在不同汉语方言、少数民族语言或其他非汉语语言中的表现也是本书的考察对象。以往的一些汉语方言研究成果，如北京话（方梅，2006）、廉江方言（林华勇等人，2007）、揭阳方言（黄燕旋，2016）等，及少数民族语言和其他非汉语语言的研究成果，如羌语（LaPolla & Huang，1996）、西宁回民话（张安生，2007）、凉山彝语（刘鸿勇、顾阳，2008）等，都描写分析了言说动词在不同汉语方言、少数民族语言或其他非汉语语言中的共时特征和发展演变，但没有对不同方言或语言之间的语法化路径展开对比考察，未从语言的个性表现中寻找内在共性，探求语言演变发展，特别是语法化的共同规律，对语言共性层面的研究不够深入。

第一节　研究目标

话语标记在言语交际，特别是在口语交际中具有极高的实用价值。“说”类话语标记是现代汉语口语中最活跃的标记类之一，对“说”类话语标记的研究具有理论和实践意义。对“说”类话语标记的研究能帮助学习者加深对言说类动词发展演变特征和趋势的理解。

本书基于文献、大规模语料库及真实口语语料，以“说”类话语标记为研究对象，选取典型“说”类话语标记个案，运用制图理论及左缘结构分析理论，分层解析不同“说”类话语标记在句法层面的结构和辖域上的差异。根据不同阶段语料发掘“说”类话语标记的发展历史，描写典型话语标记个案各阶段的共时平面分布特征，梳理话语标记的形成发展及演变过程。以语义地图的形式呈现语法化演变路径，并揭示促进“说”类话语标记语法化的内在动因和机制。与多种汉语方言、少数民族语言和其他非汉语语言的对比及比较，揭示“说”类话语标记核心语素“说/SAY”的语法化路径，展现不同语言中言说动词的演变个性和共性。

在已有研究成果的基础上，本书选取了典型“说”类话语标记进行个案分析，以制图理论及左缘结构分析理论为指导，描述不同“说”类话语标记在句法层面上的差异，以及不同涵盖范围导致在句子左缘结构上分布的差异性。本书将描写不同“说”类话语标记的历时演变过程，揭示其功能特征，细致刻画不同类别话语标记的语法化路径及推动演变的内在动因机制。我们还将在跨语言视角下，考察不同语言中言说动词“说/SAY”的语法化路径，找出言说类话语标记核心语素语法化演变的个性和共性规律。

本书的多角度研究成果能够加深对“说”类话语标记语法化发展共性的认识，拓展汉语言说动词和言说动词类话语标记的研究领域，推动言说动词类话语标记研究的进一步发展。我们的研究成果还能帮助人们在实际生活和汉语学习中更好地理解话语标记的特征和功能，正确有效地使用此类话语标记，提高实际语言交际能力。此外，本书的研究成果还可以应用于“说”类话语标记的识别判定。“说”类话语标记的功能丰富，使用灵活度高，分词和语义辨析难度较大。本书的研究成果对于迅速确定句法成分地位和组合形式有实际指导意义，能够更加精准地抓取定位和分词，对理解句子语义和文本结构的层次及表达效果有一定帮助。

第二节　研究理论

本书以“两个三角”理论、制图理论与左缘结构分析、语法化理论、会话分析理论和语言类型学相关理论为指导，参考前贤今哲的研究成果开展后续研究。

一、“两个三角”理论

邢福义（1990，1996，2000）在系列论文中提出并丰富了“两个三角”理论。邢先生认为进行汉语语法事实的研究时，静态分析和动态分析两者缺一不可。动态分析需要多角验证，其基本内容就是“两个三角”的事实验证。最初“两个三角”分别指的是小三角（“表—里—值”）和大三角（“普—方—古”）。随着研究材料的增多、研究范围的扩大，不少研究者在应用“两个三角”理论解决实际语言问题时，将少数民族语言和其他非汉语语言也列入了考察对比范围。对此发展情况，邢先生（2000，2013）明确指出任何理论都会面对新的语言事实从而被证伪或是被否定，这是理论研究发展的常态，理论的拓展和更迭是正常现象。“两个三角”并非“死三角”，主要体现的是一种多角验证的立体研究思路，如“普—方—古”三角同样不排斥联系非汉语来研究汉语，少数民族语言和其他非汉语语言的考察也可看作对现代汉语的有益补充。扩大后的“两个三角”理论取得了很多研究成果，如谢晓明（2008）对动词“吃”“喝”在少数民族语言中带宾情况的分析，黎晋方（2008）对越南语中重叠式形容词的考察研究，徐兴林（2011）对俄语“CBeTaeT”类无人称小句的对比验证，李计伟（2012）对海外华语语法特点的发掘应用等。

有鉴于此，本书在描写分析言说动词“说”时，同时考察了“说”在汉语普通话、汉语方言、少数民族语言和其他非汉语语言中的发展趋势。在现代汉语与其他非汉语语言的对比和比较中，以事实证据清晰全面地揭示言说动词“说/SAY”语法化演变的共性趋势和个性特征。在对言说动词“说”进行考察时，我们采用描写语言事实，观察语里关系和辨析语用价值的方法，多方面结合，从而归纳总结出“说”的语义、语法和语用特征及价值。“两个三角”理论中的大三角包括现代汉语共同语（即普通话）、现代汉语方言和古代汉语，因此首先需要对“说”共时平面的使用情况及特征进行分析；再将“说”在不同时期的表现列入研究范围，对历时语料进行归纳、分析和总结，从中找出演变规律，发掘“说”的共时分布与历时演变之间的关系；最后将研究范围扩大到不同地区的汉语方言和其他非汉语语言中，结合“说”在不同方言和其他非汉语语言中的表现，验证普通话中出现的现象和规律。小三角和大三角的验证相互结合，全面剖析解释语言事实和发展演变，有利于我们更加深入地认识语言现实的客观存在，发掘语言演变的机制和规律。

二、制图理论与左缘结构分析

Rizzi（1997）指出句法制图理论（Cartographic Approach）是由生成语法发展而来的，Cinque（1999）所作的跨语言状语结构分布分析是制图理论代表著作之一。句法制图理论从描述句法分布和语义诠释的对应关系出发，关注中心语和功能词，讨论形式和概念的联结，为各类语用机制提供明确的结构框架。蔡维天（2019）认为制图理论揭示了句法、语义与语用之间的映射关系，熊仲儒（2022）则认为句法制图理论的核心思想是描述功能范畴。

21 世纪初，汉语学界也开始采用制图理论框架考察和探讨现代汉语中的语言现象，如蔡维天（2012），钟叡逸（2016，2017），谢国平、王和玉（2016），陆志军（2017，2022），熊仲儒（2022），李富强、司富珍（2022）等研究者从制图理论视角出发，分析了汉语词类、构式、特定句式、句法图层等语言事实和现象，绘制了句法层级图谱，其研究成果具有重要参考价值。

左缘结构（left periphery），即标句词组（complementizer phrase，简称 CP），聚焦功能中心语及相关问题，是句法制图的关注点之一，属于生成语法中的新型分支理论（司富珍，2019）。Rizzi（1997，2001）分析句子上层的功能投影，进一步拆解了左缘结构，探讨了构成成分组合规则，如话题在左缘结构上可多次出现，呈递归分布，而焦点通常只能有一个（Cinque & Rizzi，2010）。

以制图理论与左缘结构分析为指导研究现代汉语句子层面各范畴的表现和分布是较新的研究思路。作为典型的分析语之一，现代汉语的功能词和状语的向上投射呈现出较为明确的对应关系，层次分明，位置固定。左缘结构的研究与语篇关联性高，成果丰富，如 Rizzi（1997，

2001，2004）、Beninca（2001，2006）、Bocci（2004）、Badan & Del Gobbo（2010）、蔡维天（2010，2015）、Tsai（2015b）、张志恒（2013）、Pan（2015，2017）、邓思颖（2016）、熊仲儒（2017）、陈维娟（2018）、石定栩（2020）等研究者对汉语左缘结构的构成成分、功能层级、结构特征、分布规律等方面进行了多角度讨论。左缘结构理论还将句法手段用于表示语用、语篇等非句法因素，将界面关系引入句子结构，体现了理论的创新，也为研究提供了新的思路和技术手段。

三、语法化理论

“语法化”（Grammaticalization）这一术语最初由 Antoine Meillet（1912）提出，通常看作一种语言演变，但究其本质则观点不一。20 世纪 70 年代开始，语法化研究在西方语言学界逐渐成为一个受关注的重要研究领域。Greenberg（1966a）在其著作中强调了对语言结构进行动态研究的重要性，Li、Thompson（1976a）运用语法化共时描写研究对象以寻求语言共性。20 世纪 80 年代以来，语法化研究受到越来越多的重视，出现了更新的研究方式和更多的研究成果。Fleischman（1982），Traugott（1982），Heine & Reh（1984），Traugott & Heine（1988），Heine、Claudi & Hünnemeyer（1991），C. Lehmann（1995），A. Harris & Campbell（1995），Haspelmath（1998），Giacalone Ramat & Hopper Newmeyer（1998），van Kemenade（1999b）等人以不同的理论为指导，从不同的角度讨论了语法化相关问题。

Lehmann（1985，2002）、Heine et al（1991）、Hopper & Traugott（2001）、Traugott（2008）、Heine & Kuteva（2007，2012）等人认为语法化指语法范畴和语法成分产生的过程或现象，是一个单向过程，即一个具有真值的成分或结构逐步丧失实在意义成为仅表语法意义的语法成分，或是从尚不是太虚的语法成分进一步演变为更虚的语法成分。语法化有程度上的差别，既可以由实词语法化为虚词，也可以由虚词语法化为更抽象的词缀、屈折形态或构词成分，Hopper & Traugott（2008）称为语法化斜坡（cline）。

20 世纪 90 年代以后，汉语学界也开始重视语法化相关研究。最初，研究多为语法化的理论介绍和方法推荐，如沈家煊（1994）、孙朝奋（1994）、刘坚等（1995）、胡壮麟（2003）、吴福祥（2004，2005）、王寅和严辰松（2005）等人的研究。也有一些学者针对语法化研究中的问题进行了专门探讨，如吴福祥（2003）对单向性问题的研究，马清华（2003）对词汇语法化动因的研究，吴为善（2003）对双音化、语法化和韵律词的分析，吴福祥（2005b）对汉语中具有类型学特征的语法化演变模式或过程的分析，等等。

推动语法化的动因机制，各家众说纷纭。Langacker（1977）认为语法化与语言结构的变化有关，新义产生或旧义消失也是语法化的必要动因。Traugott（1989，1996）提出主观化是语义演变的动因，而语义演变是语法化的动因，使用频率也是有可能的先决条件。Heine、Claudi & Hünnemeyer (1991)，Traugott & König（1991）关注重新分析与听话者的估推性理解和形态句法演变之间的关联性。Givón（1991b）、Hopper（1987）、Krug（1998，2001）、Bybee & Scheibman（1999）、Bybee（2002）等人重视频率在语法化过程中的地位和作用。Peyraube（2002）提出语法化机制有重新分析、类推机制和外部借用三种。Moravcsik (2007) 认为形式衰退和语义漂白是词汇项语法化为语法成分的推动机制。国内研究者也提出了自己的认识。刘坚等人（1995）认为汉语词汇语法化的诱因主要有句法位置、结构关系、词义变化、语境影响、重新分析。解惠全（2004）提到了句法地位的重要性。洪波（2005）提出一些结构中比较特殊的位置是容易产生语法化的位置。李宗江（2009）总结了影响语法化的因素，主要有语法接触、语言结构类型和语法特点、语法系统变化、语音特点、词汇本身所处环境、语用因素和认知因素。总体看来，语义演变、句法环境、使用频率、重新分析、语用因素、认知因素等是学界普遍认同的语法化动因机制。

四、会话分析理论

会话分析（Discourse Analysis）也叫话语分析，是20世纪60年代发展起来的一门新学科。会话分析主要研究使用中的语言，以及语言与语境之间的关系。在对语言材料进行分析时，以话语片段为主要研究对象，通过对特定语言环境和话语的观察，分析话语表述中体现出来的语言结构和语义特征。会话分析以话轮为基本构成单位，说话者在任意时间内连续说出的一番话即为一个话轮，任何一个可以独立构成话轮的句法结构形式即为话轮构成单位，以说话者和听话者的角色互换或是各方沉默为结尾标志（刘虹，2004；李捷等，2011）。运用会话分析研究语言变化问题时，会考察多个方面的影响，包括变化产生的内因（如类推机制）和外因（如社会变迁或地理因素），以及话语内部的变化机制（如语法化），可以采用不同视角进行会话分析，如结构视角、功能视角等。本书主要采用功能主义视角，注重分析和阐释会话中体现出来的语义、功能、目的与语境的联系等方面。

话语标记是会话中常见的话语现象，话语标记的使用常常标志着会话开始或话题转换。对话语标记的研究往往倾向于语用功能角度，如编码程序意义、实现最佳关联、减轻听话者处理难度等（陈新仁，2002），部分话语标记还有延缓话语产出、控制话语权、提示修正等作用（李捷等，2011）。话语标记本身不具备命题义，主要体现的是程序义，常用于实现话语关联，明确命题之间的关系，因此有利于说话者精准表达意图和听话者准确理解语意。话语标记的使用受到会话准则的约束，如Leech（1983）提出的礼貌原则。Leech（2005）在后续研究中将礼貌原则整合成一条总则："礼貌大策略"（Grand Strategy of Politeness，简称GSP），强调听话者的需求、特点、观点、感受等。话语标记的使用主要体现了会话中说话者对听话者的顾及，或是避免威胁听话者的面子，或是寻求听话者同情，或是表达与听话者的一致等。

本书的研究主要考察"说"类话语标记在话轮构成单位中的分布特征和语用功能。我们搜集整理了总时长为51小时13分05秒的音频文件，转录了超过100万字的现代汉语普通话口语文本资料，以话轮为基本研究单位分析语料，考察"说"类话语标记在不同会话环境中的出现频率、句法位置、语用功能，部分语例中也会涉及语篇功能的相关分析。语料的搜集和转录为会话分析研究提供了第一手实时语料，因此能够真实地反映日常会话中"说"类话语标记的现实使用情况。

五、语言类型学相关理论

语言类型学研究语言共性（universals），目的在于确定人类语言变异的限度。刘丹青（2003）将语言类型学的根本理念定义为"致力于通过跨语言的观察比较来获得对人类语言共性的认识"。Comrie（2009）认为语言类型学实质上是从跨语言的角度研究语言变异及其限度的科学。Croft（2009）指出语言类型学旨在研究系统性跨语言结构规律或模式，即语言共性。陆丙甫（2006）认为语言类型学注重从功能出发描写形式，在研究时应采用"形式描写，功能解释"的方法。作为语言学中的一门显学，语言类型学是一种经验科学的研究路子，研究逐步从分类走向描写解释，而实质上是研究语言变异及其限度的科学，研究方式是系统的跨语言对比研究，致力于通过跨语言的观察比较来获得对人类语言共性的认识。语言变异的内在推动机制受经济原则、明晰原则、象似性原则、语序的优势与和谐等因素的影响，同时也受历时层面发展演变的影响。

语言的类型学研究中，通过不同语言之间的对比揭示各自的特征是很常见的做法。本书旨在确定汉语中言说动词"说"的语法化演变过程是否反映了某种语言共性，因此在搜集相关语言材料后，先筛选语料，尽量排除无关信息，再将与言说动词，特别是将表"说/SAY"这一语义有关的语言形式挑选出来，观察其形态及虚化标记特征，最终确定并归纳相关现象形式和表现基础，描写语法化演变和发展路径。不同语言中多数言说动词的虚化发展与语法化有关，同时也不排除有语用功能方面的影响，如对信息的处理、语言交际功能或是人类共有的某些认知心理等。

近十几年来，对语义地图模型的研究在国内外语言类型学领域备受瞩目。Croft（2001，2003）、Haspelmath（2003a）、Laura Janda（2005）、Cysouw（2007a）、吴福祥（2011）等人指出，语义地图是"特定语言相关编码形式的多功能模式在概念空间上的实际表征，体现的是不同语言对同一概念空间的不同切割方式"。也就是说，语义地图模型旨在通过跨语言比较来揭示人类语言多功能模式的普遍特征和单一语言具有的特殊形式，从而揭示隐藏在形式背后的跨语言规律性。语义地图具有明确、直观、简洁等特点，通过构建概念空间，并在此基础上绘制出相应语义地图的方法，可以更加清晰有效地展示特定多功能语言形式的分布特征和功能，是语法研究中可操作性极强的方法之一。语义地图模型的研究对象是语法领域里的"同形多义"。具有这一特征的语法形式在类型学中一般被称作"多功能语法形式"（multifunctional grams），其中"功能"指的是表义功能或表达作用。具有两个或两个以上意义、用法或功能的语法形式主要包括虚词（功能词）和语法构式两大类。跨语言的共性就是底层结构，即概念空间；而具体语言在概念空间上的分布则是语义地图。概念空间和语义地图反映了不同的功能和范畴在语义、语用上的相似性。概念空间制约着成分或语法形式的范畴和功能分布模式，要求其必须按照概念空间的节点及连线来分布，并且决定了多功能语法形式的语义关联或语义演变路径。

本书采用语义地图模型归纳总结语言共性。语义地图的构建必须遵守一定的准则，主要涉及概念空间、邻接性要求和蕴涵关系等。本书在构建语义地图时首先确定言说动词“说/SAY”在现代汉语普通话中具备的多种功能，根据功能节点和所属范畴，构建出对应的概念空间。其次根据不同语言中言说动词“说/SAY”功能的异同，对所有功能进行排列。再依据不同功能之间的发展演变顺序，用箭头连接各个功能，以揭示各功能之间的衍变过程和路径，并结合语法化不同发展路径，丰富和调整概念空间。最后在调整后的概念空间中切割出连续区域，绘制出言说动词“说/SAY”在汉语普通话中的语义地图。

第三节 研究方法

对语言规律的发现、分析和归纳，需要调查整理大量语言事实，以不同成分或形式替换测试，对比寻找与相似现象之间的异同，并根据不同特点进行分类，寻求类与类之间的相关性或条件关系，归纳分析以深入探讨类与类之间的相关性，证明阐释条件关系存在的必然性。本书从语义、语法和语用角度入手，在系统功能语言学、认知语言学、语言类型学学科框架内，整体考察和分析客观语言事实，具体表现为：

一、多种理论与语言事实相结合

本书展开了尽可能详尽的调查，搜集与言说动词“说”和“说”类话语标记相关的语料，包括：现代汉语普通话，从历时层面和共时层面进行整理；现代汉语方言，以方言区为单位，寻找不同方言区中与之相关的语例或语料；少数民族语言，搜集一些少数民族语言语料，看是否有相同或相异的发展变化；其他非汉语语言，查找非汉语语言资料，调查不同语言中言说动词的演变是否有类似情况发生。

二、共时研究与历时研究相结合

对言说动词“说”和“说”类话语标记的研究，要从共时平面入手。对现阶段的语言事实进行整理分析，要从历时平面梳理其演变历程，厘清其源头及发展路径。只有将历时发展与共时现状都纳入考察范围，才能更加全面客观地展现“说”和“说”类话语标记在语义、语用等方面的具体表现、整体特征和演变趋势。

三、事实描写与阐释说明相结合

我们充分尊重语言事实，对言说动词“说”和“说”类话语标记的语义演变、句法特征、分布规律、语用功能等方面的表现进行了详细的描写，最大限度地展现出“说”的实际使用状况。在此基础上，对现象背后的形成机制和发展动因进行探讨，客观清晰地揭示其内在深层规律。根据相关性对所得数据和资料进行分类，尝试分析寻找类似表象后是否存在规律性模型，建立现象与动因机制之间的一致性联系或其他条件关系，并尝试解释其相关性背后的深层机制。

四、传统研究与多种方法相结合

我们将语言学传统研究思路和多种研究方法相结合，如归纳法、对比法、实验法等，综合分析语言材料。以丰富的文本资料为支撑，辅以改写、替换、调整等不同测试方法，更加准确地揭示语言结构的特征。同时，寻找不同方言、少数民族语言或其他非汉语语言的发展演变，对比和比较语言演变中出现的特殊现象和普遍规律，总结言说动词“说/SAY”的语法化个性与共性。

五、定性分析和定量统计相结合

对语言事实的研究既要有对语言现实的描写和定性分析，也要有对客观数据的定量统计，这两方面结合才能更加明确性质与数量之间的联系。我们对言说动词“说”和“说”类话语标记在汉语历时层面和共时层面上的义项分布、使用频率、句法位置、语用功能等进行了定量统计，通过分析找出表象数量与内在机制之间的相关性和必然性，再以科学的方式归纳总结语言现象背后的特征和规律。

第四节　语料来源

一切研究都必须立足于充分的实证调查。语料的搜集、整理、归纳和分析是后续研究的前提与基础，因此资料和语料的搜集是编写本书的前期主要工作之一。

本书选用的相关语料分现代汉语普通话、古代汉语、汉语方言、少数民族语言和其他非汉语语言语料五类。

一、现代汉语普通话语料[①]

本书搜集了约221万字的现代汉语普通话语料，来源主要有：

①北京大学汉语语言学研究中心语料库（CCL）。②北京语言大学汉语语料库（BCC）。③国家语委现代汉语语料库。④朱氏语料库[②]。⑤口语语料库[③]。⑥现当代小说。本书选取的现当代小说主要包括：《骆驼祥子》《来来往往》《太阳出世》《预约死亡》《棋王》《无处告别》《一地鸡毛》《妻妾成群》《黄金时代》《白银时代》《万寿寺》《贫嘴张大民的幸福生活》《永失我爱》《一半是海水一半是火焰》《过把瘾就死》《我是你爸爸》《动物凶猛》《顽主》《活着》《许三观卖血记》《在细雨中呼喊》《手机》《我叫刘跃进》《生死疲劳》《天堂蒜薹之歌》《檀香刑》《红玫瑰与白玫瑰》《金锁记》《倾城之恋》。⑦情景喜剧剧本和相声作品。⑧网络媒体语料。本书的网络语料主要来自百度搜索、必应搜索等搜索引擎，以及人民网、新华网、新浪网、腾讯网、网易网、凤凰网、环球网、搜狐网等门户网站。

二、古代汉语

本书搜集了约210万字的古代汉语语料，来源主要有：

①北京大学汉语语言学研究中心语料库（CCL）。②北京语言大学汉语语料库（BCC）。③国家语委古代汉语语料库。④朱氏语料库。⑤中华经典古籍库。⑥国学大师在线网站。⑦历史典籍。

本书在汉语不同时期挑选了部分典范且具有一定代表性的文献资料，顺序列举如下：

先秦时期的有：《周易》《周礼》《礼记》《尚书》《国语》《诗经》《楚辞》《逸周书》《左传》《公羊传》《穀梁传》《老子》《大学》《中庸》《论语》《墨子》《管子》《鬼谷子》《列子》《商君书》《晏子春秋》《韩非子》《孟子》《庄子》《吕氏春秋》。

---

① 本书所有现代语料均选自以下各语料来源。后文如非必要，不再单独标明语料出处。

② 朱氏语料库由中国人民大学朱冠明教授开发，是一个搜集整理了包括先秦时期至当代适于语言研究的相关文献资料的语料库。

③ 由华中师范大学语言与语言教育研究中心姚双云教授开发，是一个以日常口语语料为研究对象的大规模口语语料库。

两汉时期的有：《汉书》《淮南子》《风俗通义》《佛说》《论衡》《史记》《太平经》《新论》《战国策》《春秋繁露》《大戴礼记》。

魏晋南北朝时期的有：《百喻经》《宝藏论》《抱朴子》《北史》《九州春秋》《梁书》《东晋译经》《三国志》《刘宋译经》《宋书》《世说新语》《文心雕龙》《颜氏家训》《昭明文选》《搜神记》《桃花源记》《答庞参军并序》《停云并序》《齐民要术》《列子》。

隋唐时期的有：《北齐书》、《传心法要》、《陈书》、《禅源诸诠集都序》(又称《禅源诠序》)、《大唐新语》、《地藏本愿经》、《敦煌变文》、《洞山语录》、《晋书》、《广异记》、《华严经》、《霍小玉传》、《兼明书》、《旧唐书》、《临济语录》、《南史》、《梁书》、《马祖语录》、《全唐诗》、《书断列传》、《隋书》、《定命录》、《大唐西域记》。

两宋时期的有：《藏海诗话》《东坡文集》《诚斋诗话》《禅林僧宝传》《古尊宿语录》《后汉书》《嘉祐集》《京本通俗小说·碾玉观音》《旧五代史》《大唐三藏取经诗话》《乐府诗集》《栾城集》《栾城后集》《全宋词》《太平御览》《五灯会元》《新唐书》《云笈七签》《朱子语类》《大宋宣和遗事》《梦溪笔谈》《西厢记诸宫调》。

元明时期的有：《元史》、《初刻拍案惊奇》、《二刻拍案惊奇》、《传习录》、《粉妆楼》、《窦娥冤》、《封神演义》、《金瓶梅》、《警世通言》、《明珠缘》(又名《梼杌闲评》)、《三国演义》、《辽史》、《倩女离魂》、《牡丹亭》、《琵琶记》、《水浒传》、《升庵诗话》(又名《乐府诗话》)、《西游记》、《国雅品》。

清代时期的有：《儿女英雄传》《风流悟》《官场现形记》《红楼梦》《狐狸缘》《幻中游》《老残游记》《明史》《聊斋志异》《平山冷燕》《青楼梦》《女娲石》《全唐文》《浮生六记》《情梦柝》《儒林外史》《续资治通鉴》《姜斋诗话》《醒世姻缘传》《五美缘》《赛花铃》《幼学琼林》。

三、汉语方言

本书搜集的汉语方言语料来源主要有：

①《现代汉语方言大词典》(2002)，李荣主编，分卷本。②《汉语方言大词典》(1999)，许宝华、宫田一郎主编。③《汉语方言地图集》(词汇卷)(2008)，曹志耘主编。④方言词典，包括《四川方言词语汇释》(1989)、《福州方言词典》(1998)、《广州方言词典》(1998)、《宁

波方言词语考释》(2007)、《维西汉语方言词典》(2007)、《温州话词语考释》(2009)、《南充方言词语考释》(2010)、《新华方言词典》(2011)等。⑤田野调查语料。⑥部分方言研究学术论文及参考文献中的语例[①]。

四、少数民族语言和其他非汉语语言

本书搜集的少数民族语言和其他非汉语语言语料来源主要有：

①语言共性档案库。②在线语法集。③语言结构世界地图（WALS Online）。④语法化的世界词库（Bernd Heine et al，2012）。⑤美国当代英语语料库。⑥其他非汉语语言字典，如《朗氏德汉双解大词典》(2000)、《现代意汉汉意词典》（2000）、《拉鲁斯法汉双解词典》(2001)、《大辞林》(第三版，2006)、《麦克米伦高阶英语词典》(第二版，2007)、《广辞苑》(第六版，2008)、《新时代西汉大词典》(2008)、《牛津高阶英语词典》(第9版，2016）等。⑦文学作品，如哈利·波特系列小说、《老人与海》、《动物庄园》、《尼罗河上的惨案》、《小王子》、《达·芬奇密码》、《挪威的森林》、《海边的卡夫卡》、《求婚大作战》、《嫌疑人X的献身》、星新一短篇科幻小说系列等。⑧电影、电视剧本。⑨田野调查语料。

① 具体引用情况详见本书第五章方言考察部分内容。

第二章　国内外研究现状分析

近二三十年来，汉语言说类话语标记的相关研究成果日益增多。相关领域的研究者不断引入国内外最新的前沿研究理论，从不同理论框架和研究视角出发对言说动词在不同句子层面的表现与特征进行归纳、说明、分析及总结。“说”是现代汉语中使用范围最广、使用频率最高的言说动词，“说”类话语标记因此成为受研究者青睐的热点研究对象之一。研究者或从语义、语法、语用等传统层面展开讨论，或利用语用功能、认知语义、元话语、篇章框架、语料库等较为新颖的研究角度和研究方法，对“说”类话语标记及相关语言现实进行深入细致的研究，取得了丰硕的研究成果。

第一节　话语标记研究

话语标记（discourse markers）是言语交际过程中常见的一种话语现象。近年来，国内外学者对话语标记的研究相当重视，不少学者从不同的角度对其展开了深入研究。

一、什么是话语标记

到底何为话语标记，国内外研究者众说纷纭。学者们从不同角度出发确定话语标记的内涵定义，确定话语标记的研究范围。研究的角度不同，话语标记的界定也有不同。

有研究者从考察话语标记的语法或语义特征差异的角度研究话语标记，并以此为据，厘清话语标记的范畴界限。Zwicky（1985）提出话语标记在语法上具有独立性，不是附着成分。Maschler（1998）提出话语标记是一种特殊成分，可以帮助会话双方商讨会话行为的边界。Schourup（1999）指出话语标记在语义上不影响命题真值条件的内容，但在语法上有选择性。沈家煊（2000）认为话语标记在表达序列上不同于其他言语单位。何自然、莫爱屏（2002）认为话语标记对话语和命题的真值条件没有影响。祖利军（2010）指出话语标记没有实际表征意义，不具有命题义或概念义，对话语或命题内容没有实际影响，其存在与否并不影响话语或命题本身的真值。

重视话语标记语用功能的研究者也较多。Schiffrin（1987）认为话语标记属于表述语用功能类的成员，由言语手段和非言语手段组成，能够为进行中的谈话提供语境坐标。Redeker（1991）指出话语标记的主要功能是让听话者注意到出现过的话语语境与即将出现的话段之间特定类型的联系。Fraser（1996）强调话语标记的语用意义在于其能够使说话者准确地向听话者传递言语信息。Lenk（1998）认为话语标记是在口语中起语用建构和组织作用的表达式。Risselada & Spooren（1998）指出话语标记具备促进听话者理解连贯关系的语用功能。Hansen（1998）认为话语标记能够发挥非命题和元话语的功能，特别是连接功能。Anderson（2001）认为话语标记能够在话语解释过程中引导听话者，具备制约和确认语言显性与隐性含义的功能。Blakemore（2002）认为话语标记可以缩小目标语境效果的范围并制约解释过程。韩戈玲（2008）从操作层面定义话语标记是形式多样的表达式，主要体现会话双方的互动功能。刘丽艳（2011）认为话语标记属于特殊功能词，自身没有造词能力，相对封闭。殷树林（2012）认为话语标记是有独立语调的、编码程序信息用来对言语交际进行调节和监控的表达式。

有研究者重视话语标记的结构特征。何自然（2006）认为话语标记是自然语言表达式，在言语交际行为的互动过程中从不同层面对持续性互动行为进行建构。刘丽艳（2011）指出话语标记在句法上有鲜明的可分离性和相对独立性，体现会话双方在言语交际过程中认知方面的元语用意识。

本书将话语标记定义为：概念意义已经弱化或消失的话语单位，其由语境赋值的程序意义、语用意义成为会话者关注的焦点，是说话者主观加入的独立于句子核心结构之外的成分。话语标记通常位置灵活，具有揭示连贯关系、指示话题、体现说话者主观性等多种语用功能。也就是说，话语标记的存在本身不会影响句子的真值意义或命题意义，其作用多指向语用层面，对语境依赖程度高，能直接表述说话者本身的情感功能，同时具备篇章语用功能，如衔接功能、组织功能等，还具备建立会话者之间多种关系的作用，有时可以作为确定话语的言外之意或说话者潜在意图的辅助辨识标记。例如：

(1) A：你说硕士的时候是四个人一个寝室，博士是两个人吧？

B：嗯。

A：有没有一个人一间的啊？

B：不知道诶。

A：现在什么情况下可以住一个人一间的呀？

B：呵呵呵。

A：觉得学校住挺划算的。

B：跟你住的那个人××××××，没有，就是有的人，就是她申请了房间，但她偶尔十天半个月啊，一两个月啊，才回来一次那种。

A：嗯嗯。(口语语料)

在例（1）中A、B二人讨论学校住宿问题，谈到一个人住一间寝室的可能性时，B举例说明当出现有的人申请了房间但只偶尔来住的情况下，一个人住一间是可以实现的。“就是”在B说明这一情况时出现了两次，在语音上发音快速模糊，在句法上只能位于所接成分之前，不能改变语序。两个“就是”都不表达真值，对句子的话语命题和真值条件没有影响，直接删除并不影响句义表达。例如：

(1)′有的人，她申请了房间，但她偶尔十天半个月啊，一两个月啊，才回来一次那种。

这与B原本的表达没有意义上的区别，说明“就是”在句中主要体现说话者的主观意图。此段会话中B两次使用“就是”，不表示命题真值，而是出于限定所说内容，凸显主观意图的语用目的。姚双云、姚小鹏（2012）指出，话语标记“就是”作为话轮发端语，有限定所说内容范围的语义，在话轮衔接上具备延续前一话轮并激活新话轮，从而提高听话者对言语内容的关注度等语用功能。“就是”在语篇上具备降格宾语小句或凸显背景信息的组织功能（史金生、胡晓萍，2013）。

本书所指“说”类话语标记即现代汉语普通话中含有语素“说”的话语标记，包括词汇项“说”单独构成的话语标记和由语素“说”与其他成分构成的固定词汇项或结构。本书选取的“说”类话语标记典型个案研究对象为“别说”“我说”和“你说你”，具体分析内容详见第三章、第四章和第五章。

二、国内外话语标记研究

话语标记真正成为研究对象并形成专门领域在 20 世纪 80 年代之后。最开始把话语标记看作语言实体的是 Labov & Fanshel（1977）。Levinson（1983）把话语标记视为值得研究的独立类别，但没有对话语标记进行详细的论述。Zwicky（1985）提出可以将话语标记与其他功能词分开，虽然话语标记的构成成分很简单，但其形态比较复杂，在句法上独立于句子的其他成分，不与相邻成分成为一个单位。

随着功能语言学、语用学、篇章语言学、认知语用学等相关学科领域研究的深入发展，话语标记的地位和价值得到了更多的重视，特别是在言语建构和语用机制的理解方面尤为重要。综观对话语标记的研究，主要集中于以下三个方面：句法特征角度、语义语用角度和认知因素角度。

第一，句法特征角度。Schiffrin（1987）提出话语标记在句法上必须独立于所在的句子；必须位于语句的起始位置，为话语提供语境坐标。Redeker（1991）认为话语中涉及三个组成部分：概念结构、修辞结构和序列结构。吕为光（2012）考察了每个话语标记的句法特征、语义表达和结构层次。孙利萍（2017）采用衔接与连贯等研究理论，对汉语中言说类话语标记的形式特征等进行了全面详细的描写和解释。赵子伦（2019）讨论了话语标记的结构变体。石飞（2019）分析了话语标记的话语特征、话语情境、语义模式、交际动因、句法演变路径和虚化机制。谢晓明、梁凱（2021）总结了话语标记的话轮位置和会话序列结构，分析了会话功能并确定了其形成动因和机制，语境与话语标记的语义表达强度、立场表达功能关联性较强。罗彬彬（2022）考察了话语标记的语力强弱及其语篇框架表现，辨析了语篇功能和人际功能。宗守云（2022）分析了话语标记的形式特征和语法位置，表明了言者特定的认识立场特征。

第二，语义语用角度。Blakemore（1987，1992）探讨了话语标记对会话含义的制约作用，及其主要指导人们处理会话概念表征的程序意义。Fraser（1999）对话语标记的语篇功能进行了考察，指出话语标记具备指示引出话段之间关系的功能。方梅（2000）认为汉语中话语标记主要有话语组织功能和言语行为功能。陈新仁（2002）从话语的元功能角度对话语标记进行了分类，认为话语标记可以分为概念性、人际性和语篇性三种。李勇忠（2003a，2003b）认为话语标记具备语篇组织功能、人际商讨功能和元语言功能。许家金（2009）探讨了话语标记的话语功能等因素对话语标记的影响。刘丽艳（2011）重点阐述分析了话语标记的元语用功能，剖析了话语标记在互动性言语交际活动中的建构和理解功能。王蕊（2013）认为“说”类言语行为标记具有概念支持、语篇支持和人际支持三大功能，探索了三大功能的内部分类。李水（2018）讨论了话语标记的语法位置分布、使用语境、形成过程和传信功能。张影（2018）对比了相似结构的话语标记语用功能的差异。李娇娇（2019）总结了话语标记的语篇位置和语用功能。王天佑（2019）归纳和分类了话语标记的语用功能和形成机制。王绍玉（2019）从语义契合角度出发，描写了话语标记的语义类型、语用功能和演变过程。温爱华、胡傢允（2020），温爱华、王凤兰（2020）讨论了话语标记的历时演变、人际功能、语篇功能和信息聚焦力。鲁莹（2020）分析了话语标记体现的言者元语用意识、元话语功能、使用环境和替换条件。郭利芳（2020）描写了话语标记的句法位置、语用功能，讨论了其演变过程。潘先军（2020）评价了话语标记的主观性和序列等级。张淯虹（2021）从话语标记的特征标记和元功能角度出发，分析演变路径和动因，探究演变机制。纪萍（2022）考察了话语标记在功能层次上的虚化过程，以实现投射评价效果及凸显言者主观态度的目的。陈柳蓓（2022）将话语标记的语用功能与标示言者立场的功能联系起来，提出言者的主观评价或判断可由话语标记的语篇功能和人际功能体现。

第三，认知因素角度。Anderson（2001）指出态度功能是所有话语标记都具备的功能。冉永平（1999，2000，2002）探讨了话语标记的认知功能，表明说话者对环境的感知，体现会话双方的会话关系和社会关系，还能够标示话语单位之间的关系。吕为光（2015）揭示了话语标记在调节、监控言说过程中元认知的体现和凸显。陈艳（2015）从认知的角度分析了话语标记对元认知的交互性体现及互动性作用。周明强（2015）总结了话语标记的各种认知特征。张芳、肖任飞（2016）讨论了话语标记使用过程中体现的言者对元认知的监控调节。曹琪雯（2017）从认知的视角分析了话语标记的语用功能。张文贤、李先银（2021）通过探寻会话语境、语言形式和言语行为之间的多种互动关系，讨论了在话语互动中应如何凸显言者认识权威、调节认识立场和激发听者共情。

综上所述，目前汉语言说动词类话语标记，特别是“说”类话语标记的研究虽然有了长足的进步，取得了很多丰硕的成果，但是汉语话语标记的个案研究对语法化路径的说明还可以继续进行深入分析和探讨，进一步丰富和完善相关研究成果。

三、话语标记的性质与功能

（一）话语标记的性质

话语标记具备某些特定的性质特征，依研究角度不同可以分为以下几个方面。

1. 句法语义

话语标记不与相邻成分构成语法单位，不是句子结构的必要成分，游离于句子整体结构之外，在句法上有非强制性，前后多有停顿隔开。话语标记不影响话语真值条件，很少或是根本没有命题含义，主要表达程序义，不对命题内容增加新信息。例如：

（2）A：你现在是最近一次什么时候洗的？

B：最近都是两天洗一次，这个是昨天上午洗的。

A：好像也没有那么油诶！

B：本来天天洗一次，[我也是一天洗一次]。

C：　　　　　　　　[你看人家，再怎么样也忍一下啊]！

B：不不，你不要，我之前本科是一天洗一次头发，就真的很麻烦，[我冬天都洗]。

A：　[忍不了]！

C：不是，你不能，[真的，你不能]——

B：　　　　　　　[我知道不能]，但是你都说了我头发本来就少，所以我不洗的话我很难受。

C：我就是——

A：[那你还留刘海]。

D：[把刘海扎上来]就感觉一头的汗。

C：我的意思就那样，比如说，如果说到星期五晚，星期六星期天没课，[你尽量能忍就忍]。

B：　　　　[哦，这样，那我]不会洗，我能忍就忍。（口

语语料）

这段会话中A、B、C、D四个人在讨论洗头发的频率问题。四个人在前面已经讨论了一轮在什么情况下需要洗头发，当C提出新的假设条件："星期五晚，星期六星期天没课"时，B使用话语标记"这样"表示对假设条件的认同，并根据这一条件给出自己的判断："不会洗""能忍就忍"。"这样"出现在话轮结尾，标明对以上内容的总结，但是独立于句中前后成分，同时也不影响句子命题义和真值条件的表达。例如：

(2)′ C：我的意思就那样，比如说，如果说到星期五晚，星期六星期天没课，你尽量能忍就忍。

B：哦，那我不会洗，我能忍就忍。

删除"这样"之后，B的态度和选择没有发生变化，但是不再具备对前面全部言说内容进行总结的功能，而仅表达了从上一句中C的话语内容顺接而来的语义。

而且，话语标记"这样"独立于句中其他成分，没有真值，因此位置灵活。既可以出现在话轮结尾，也可以出现在话轮开头，或是话轮中间。例如：

(3) A：来来来，进来说，是这样，[这边是免费。]

B：[怎么这么贵？]

A：这边是免费，免费试听，免费[试听一节课。]

B：[试听在哪？]

A：这，如果说我们这边超过十个人的话，就在本校上课，然后免，免，免就是，免费试听的话是这个意思，你可以先试听一下，然后看一下这个老师，风格适不适合你，反正就是免费的，你要如果不，觉得不，不很好的话，你就可以不，不用选。（口语语料）

(4) A：任何质量问题你随时拿过来，我们都是一年包修，我待会——

B：一年包修是吧？

A：免费包修，你随时拿过来都可以修，你放心你的××××，因为我家的包真的是没有这么便宜，40的都有，刚卖出去——

B：那这样，老板，我也不说了，我们一人让一点，好不好，我也真的是[很想要]。

A：[这个价] 已经是最低最低了——

B：真的是很想要，你觉得行我就拿了好不好，我们一人让一步。（口语语料）

话语标记“这样”在例（3）中出现在话轮开头，用于开启新话轮，同时提请听话者注意，后续说话者将会传递新信息，如“这边是免费”等。例（4）中“这样”出现在话轮中间，标明话轮转换位置。可以看到，B用话语标记“这样”将会话的主动权转移到自己身上，将会话内容从A主导的保修问题转换为价格问题。“这样”的使用体现了话轮主导权的让渡。

2. 语音表现

话语标记通常在语音上有特殊表现，如重音、停顿或语音变化。此外，话语标记在语音方面可以构成独立的语调单位，与其他语言单位有语音上的停顿。例如：

（5）A：你要打印什么？

B：那个，呃，打印那个，它那个机器识别不出来，因为它是韩语，所以昨天弄了一下，不知道今天晚上回去看一下，那个机器识不识，识不识别得出来。（口语语料）

话语标记在语音上与句子其他成分在轻重、调值和停顿方面有较为清晰的差别。例（5）中一共出现了四个“那个”，在语音表现上区别分明。第一个“那个”由语气词“呃”与句子其他成分隔开，结构上有清晰的分野。第三个“那个”位于句子的话题和主语之间，同样有分隔作用。这两个“那个”不充当句子成分，发音轻快模糊，音为［nĄk］，“个”的发音不完整。第二个“那个”和第四个“那个”分别充当了句子的宾语和定语，音为［nĄkɤ］，“个”的发音完整清晰。

3. 语用功能

话语标记有特定的语用功能，体现前后信息之间的联系，在功能上具有篇章连接性，能在多个语言层次上进行操作，可以调节和监控会话交际过程，为话语的正确理解提供方向，帮助听话者有效识别前后表述之间的关系，以及准确理解说话者的真实意图。例如：

（6）A：哎，哎，您好，我想请问一下，明天就是没有便宜一点的机票了吗？就是如果后天走的话，就是过两天走的话。

B：帮您查一下，您稍等。（口语语料）

程丽霞（2014）对汉语中想猜类构式进行了对比分析，指出“我想”可以用于引出话题，同时表明说话者对所说内容的肯定程度，表达说话者的主观态度和立场。例（6）中A用话语标记“我想”引出“明天有没有便宜一点的机票”这一话题，利用“我想”缓冲询问的语气，同时也表达出说话者对于言说内容的不确定。

4. 主观性和交互主观性

大部分话语标记都具备主观性，甚至有些会进一步发展出交互主观性。Traugott（2002）举过一例以证明会话中话语标记的交互主观性，如：

（7）Tom：Yes，you must keep a maid，but it is not fit she should know of her masters privacies. I say you must do these things yourself.

Ione：*Well* if it must be so，it must.

Traugott认为“well”的使用体现了听话者虽然可能并不认同说话者的言说内容，但是出于对说话者脸面的照顾，标明缓和语气勉强认同。Jucker（1993）指出“well”作为话语标记具备脸面威胁的缓和功能，例（7）即可为一证。

再如“你看”：

（8）A：我们打算星期二拍一张。

B：星期二那天，我们不是要上课吗？下午有那个公共课。

A：早点去，然后在那个，那个大道那拍一张照片。

B：你看啊我们都不是一个班，咋拍呀。

A：就上课之前，大家早点去呀！（口语语料）

例（8）中，说话者A首先提出自己的看法，然后听话者通过“你看”提请说话者关注，表示自己将提出不同的意见，再表明想要说话者否决或修改原有观点，期望能解决问题并最终取得一致，凸显会话框架中说话者和听话者的互动关系，“你看”作为话语标记体现了会话的主观性和交互主观性特征。

然而，并非所有的话语标记都同时具备所有语用功能，如刘丽艳（2005a）、郭风岚（2008）、殷树林（2009）对“这个”“那个”的研究，并没有谈到它们的主观性。例如：

（9）A：反正这，平衡的什么什么，我在网上见、我在电视上见到过。

B：啊，这个，爱尔威火星车。

A：啊，对，就是这种。

(10) A：诶，我同学叫程亮，但是我们一直喊他陈亮。

B：程亮……那个，他，后鼻音太——

A：对啊，我觉得叫程亮不好听，两个都是后鼻音，不好喊，所以我们一直喊他陈亮。（口语语料）

例（9）和例（10）中，话语标记“这个”“那个”没有体现说话者的情感、态度或立场，而是体现出说话者的思索、犹疑，说明说话者在回忆或思考的过程中不想将话轮主导权交换，因此运用“这个”或“那个”填充话语之间的空白部分，语用功能中没有体现出主观性。类似的话语标记还有“然后”“完了”等。虽然大部分话语标记确实具有主观性，有些甚至进一步发展出交互主观性，但仍有少量话语标记的主观性不明显，或是不具备主观性。

（二）话语标记的功能

对于话语标记的功能，不同研究者的观点有别，但话语标记具备多功能性是学者们比较一致的观点。会话往往不局限于单一层面，话语标记也不仅止于某一层面发挥作用，话语标记的多功能性体现为不同层面具有不同的功能，或是同一层面具有多种不同功能，最典型的例子如英语中的“well、but”，汉语中的“嗯、好”等。Halliday 的系统功能语法提供了一个理论框架，三大纯理功能的区分为话语分析提供了阐释角度。刘丽艳（2011）、殷树林（2012）等研究者认为话语标记是交际主体对话语进行选择和对理解进行指导与调控的手段之一，其功能有鲜明的元语用性特征。笔者认同刘丽艳的看法，话语标记主要具备语篇组织功能、人际互动功能和语境顺应功能。

1. 语篇组织功能

主要体现为在语篇连贯中的作用，即组织功能。话语标记具有标示语篇开始、发展、结束的功能，能够用于语篇建构，表示话题的设立、发展、切换或是拉回，凸显各种语义和语用关系，还能标志话轮的引发、转接和占据。例如：

(11) A：发好多呢？×××

B：研究生[啊？]

C：　　　[哇，] 那任务好重。

B：哇，那任务。

C：[真的好重。]

A：[就是说，] 你的大文章。

B：嗯。

A：至少要保障有三篇。

B：大文章三篇。

A：这是质。

B：嗯。

A：还有量。

B：量。

A：再，再，再搞个十，十篇左右的小文章。

B：哇！

A：那么你将来钉在一起，人家把目录一看，是比较好看，是不是啊？

B：嗯啊！

A：那么有大有小，有质有量。（口语语料）

例（11）中A、B、C三个人在谈论研究生就读期间论文发表数量的问题。A作为主要的解释说明者占据着话轮展开的主导地位，因此在解说过程中，A分别使用了话语标记“就是说”和“那么”，目的在于保持上下文之间的联系，即廖秋忠（1992）所说的标明“语言片段之间的转承关系”。“就是说”属于换言连接，表明对前面话语起解释说明作用，吴晓芳、殷树林（2012）认为话语标记“那么”体现了语义的顺延，增强前后内容的连贯性，使前后过渡更加自然。例（11）里B在会话过程中不断使用话语标记“嗯”“嗯啊”，用以表示应声回执和确认（许家金，2009），或是表示对说话者所说内容的反馈（殷治纲，2008），体现了会话双方之间的应答关系和上下文语义之间的关联性。

2. 人际互动功能

主要体现为在交际双方互动中的作用，即互动功能。各种话语标记的使用具备确立和保持不同社会关系的功能，比如表明会话者态度、调整表达的语力，或是维护某人面子等。

（12）A：你看，我现在跟这个，暑假才慢慢地有这方面的想法，我想去看哪些论文——

B：可能也是，在这里待一年你能有多少个想法呢。

A：嗯，他就觉得我，就是这些事都上半年，别人都……（口语语料）

例（12）是一个日常会话场景，A、B是同学，在讨论写论文的话题。A提了自己论文进展较为缓慢的问题。陈振宇、朴珉秀（2006）指出“你看”有提请注意的语用功能，B使用“可能也是”对A的话题予以回应，清晰地展现出会话双方之间的互动关系。

3. 语境顺应功能

主要体现为话语标记的程序性意义，会话双方采用话语标记达成多种语用功能，如提醒对方注意、寻求对方认同、确立双方认知等。可以根据语境信息的不同进行调整做出顺应性反应，即顺应功能。

（13）A：你有你有看到我眼睛的黑眼圈吗？

B：看……这还能看到你黑眼圈啊，我还看到你挺白的呢。

A：眼袋啊，你仔细看一下。

B：<@那不是卧蚕吗@>？

A：@。

B：不过我发现你眼袋是真的很重哎。

A：@@，@，@<@睡得不好，又@>，又没睡多少又睡得不好你知道吧。

B：也是，不过你是真的没睡好。

A：精神状态非常差，每天都处在……脑子极度转，就是，就是每天都在思考问题的，就是最近每天都在思考问题。（口语语料）

本段会话中A和B在讨论A的眼袋，在B陈述了“你眼袋是真的很重”这一事实后，A首先做出了解释：“睡得不好，又没睡多少”，然后运用话语标记“你知道吧”激活B的已有背景知识——睡眠质量差、时间短的人眼袋很重，帮助B更好地理解眼袋很重的原因。B回答时通过采用“也是”和“真的”表示对A的认同，表明自己接纳A的解释说明，同时对这一问题有着一致的态度和看法。这段会话中潜藏的背景知识仅凭上下文会话内容是无法解析出来的，必须结合双方共有的时代和社会背景，以及身体健康方面的一些共有知识才能正确理解。刘丽艳（2006）证实，话语标记“你知道吧”具备监察听话者背景信息的拥有情况，同时把背景信息从说话者的自有状态转换为会话双方的共有状态，以激活听话者认知语境的多种功能。

由此可见，语篇组织功能、人际互动功能和语境顺应功能是话语标记的三大元功能，从三个不同侧面体现了会话双方的元语用意识：会话双方对语篇连贯的关注、对主体之间的关注和对语境信息的关注。

话语标记的性质和功能有一些共识，如话语标记本身不具备命题真值条件义，体现出特定语用目的的程序意义，通常游离于完整的语法结构之外，不受句子中句法结构的约束，即使被删除也并不会影响整句的完整性、合法性和真值条件。话语标记还可用于语篇之中，用以凸显不同的语用功能，表达说话者在言语交际过程中的态度、评价、视角及主观情感等。

第二节　制图理论与左缘结构研究

司富珍（2019）指出，句法制图理论（Cartographic Approach）源于生成语法，而左缘结构则源于 Rizzi 和 Cinque 提出的句法制图理论（Rizzi，1997；Cinque，1999），是生成语法中的新型分支理论。

一、制图理论及相关研究成果

句法结构中功能范畴的句法作用是生成语法关注的重点。而句法制图理论的核心思想是对自然语言中句子层面各功能范畴进行描述，并以功能范畴解析个体语言的句法语义，发掘语言的共性和个性，致力于解决语言现象复杂性和内在结构简单性之间的矛盾，最终揭示人类语言的本质特征。制图方案及相关研究滥觞于 20 世纪 50 年代末，标志性成果为英国牛津大学出版社出版的“句法结构的制图”系列丛书，代表人物为意大利语言学家 Guglielmo Cinque、Adriana Belletti 和 Luigi Rizzi 等。熊仲儒（2017）指出，制图理论的重要内容之一即为各功能范畴属性及其在不同句法结构层面的投射。蔡维天（2019）认为制图理论主要为厘清语法特征和句子中心语之间的对应关系，并以层系图谱的形式予以呈现，最终实现揭示句法、语义与语用各部门之间的映射（mapping）关系。

制图理论强调功能词（functional words）在组合和句法分布位置上的普遍性，以中心语的吸引力和功能词的显隐性作为衡量语言间差异的指数。Rizzi（1997）沿“管约论”的研究思路发展，对句子上层的功能投影进行解析，具体表现为在制图理论的框架内将功能范畴之一的标句词分裂为不同子范畴，如疑问范畴、限定范畴、话题范畴、焦点范畴等。Rizzi（2004）还力主以句法特征为核心区分句子的区域限制，提出范畴间存在“同类相斥”的关系，不同范畴依类别可以分为论元属性（argumental）、量化属性（quantificational）、修饰语（modifier）和话题（topic）。论元属性包括人称、单复数、阴阳性、格位等；量化属性包括疑问特征、否定特征、度量特征、焦点等；修饰语包括评注特征、知识特征、否定特征、频繁特征、度量特征、样貌特征等。

中心语吸引力的强弱决定语言的分析性或综合性，功能词的显隐则决定语法范畴的显著性。为求满足最简单的基本构建需求，讨论形式和概念的联结，制图理论从描述句法分布和语义诠释的对应关系出发，为各类语用机制提供明确的结构框架。Cinque（1999）所作的跨语言状语结构分布分析，Belletti（2005）、Del Gobbo & Badan（2007）、Badan & Del Gobbo（2010）等人对汉语CP层和IP层进行的详尽分解，蔡维天（2010、2015）、Tsai（2015b）等人对汉语疑问词和情态成分的语义、语用特征的关注，都是重要的研究成果。

汉语学界以制图理论分析现代汉语现象始于21世纪，是较新的研究思路和研究方法。蔡维天（2012）运用制图理论考察了反身词的重复规律。钟叡逸（2016，2017）讨论了台湾四县客家话中的典型处置式“将”字句。谢国平、王和玉（2016）分析了“NP＋V起来＋AP”构式的生成过程。陆志军（2017）讨论了最简方案与制图理论之间的研究思路和研究立场。熊仲儒（2022）辨析了汉语左边界各句法成分中主语和话题的区分及对应层级图谱。陆志军（2022）讨论了汉语正反问句的句法图谱。李富强、司富珍（2022）对“有＋数量结构”构式成分进行了句法制图。

二、句法制图研究理念及方法

“Cartography”（制图）一词源于希腊语，意指地图绘制方面的科学和艺术。生成语法理论借用了这个概念，指代以树形图的方式详细绘制句法成分结构。句法制图分析以绘制句法结构地图为研究目标，其研究方法的核心理念和原则框架已是部分研究者的共识，但仍然存在许多讨论空间。

（一）句法制图的研究理念

从司富珍（2019）的研究中可知，句法制图的众多研究者基本认同“句法成分在结构层级上的分布具备严整的规律性和高度的跨语言相似性”这一观点。对于句法制图普遍性的等级大致可以分为强式和弱式两大类。强式观点持有者认为，如果某种语言中存在某种特定的功能中心语及其投射，且有确切的显性证据可证明，那其他语言中也一定会存在该中心语及其投射，即使证据可能隐而不现。而弱式观点持有者则认为，理论上存在的是一种基础的句法槽，位于所有语言的背后，列有各种要素以备不同语言选择。各功能的中心语及其投射则是潜藏的被选择对象，处于相对固定的层级。虽然不同语言在备选要素中选择的功能中心语的类型和数量有差异，但基础的句法槽内功能成分相对层级实质上是固定的，表层差异是由不同句法操作，如移位等，对句子结构重新编码的结果。

句法制图关注功能的分布格局，特别是功能中心语。Chomsky（1986）对句子结构中不同功能要素的描写确立了“CP—IP—VP”的句子基本结构层次模型，为功能结构层级的分析构建了基础框架。Abney（1987）针对名词短语内部层级和相关功能中心语提出了著名的DP（Determiner Phrase）假说，即名词短语的词汇语类投射内嵌于功能结构，其核心成分是D。这两项研究成果为句法制图确立了基本的结构描写模式，即句子和名词短语两种结构层面都存在词汇语类投射和功能语类投射两个层次，其中，词汇语类投射居于下层，功能语类投射居于上层。

功能性成分要素用F表示，词汇性成分要素用L表示，短语结构、名词短语结构、句子结构的分层结构的具体表现可分别如图2-1、图2-2、图2-3所示：

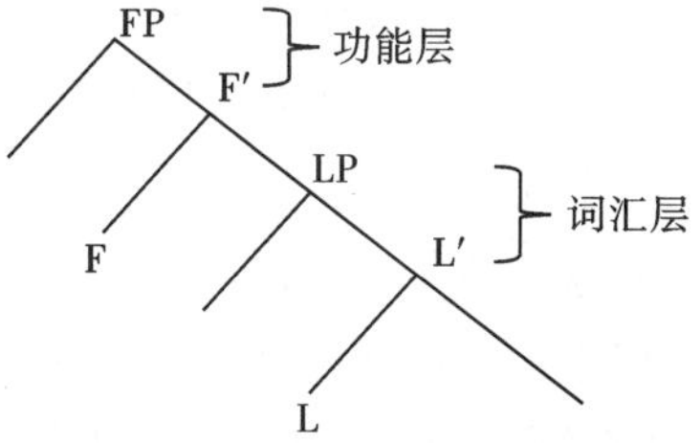

图2-1　短语结构分层投射

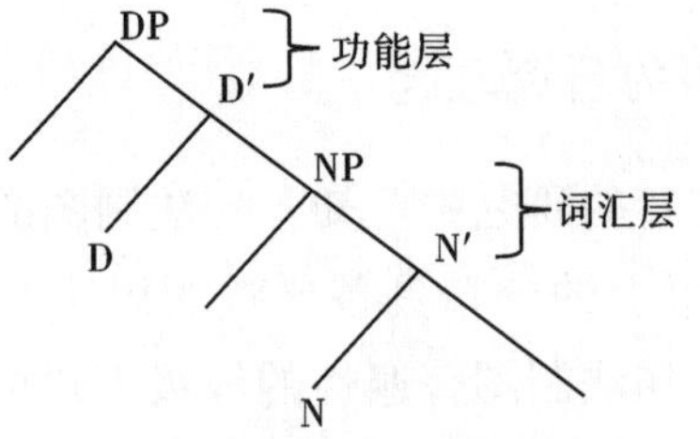

图 2-2　名词短语结构分层投射

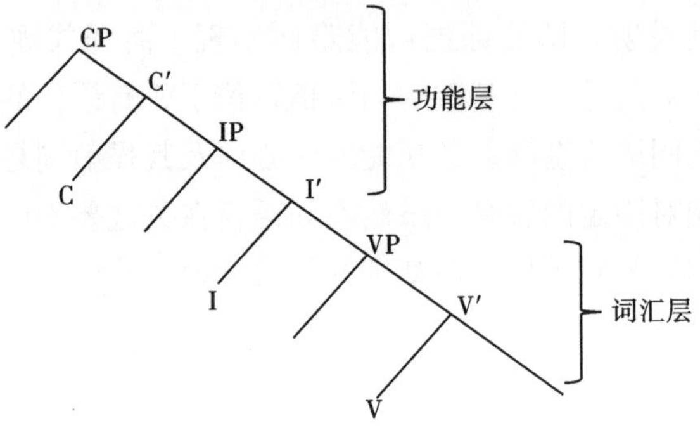

图 2-3　句子结构分层投射

生成语法中通常将传统的实词类，如名词、动词、形容词等，归为词汇性语类要素，为所在结构提供具体语义信息，居于短语结构、句子结构的下层。而如时体、语气、有定/无定、性、数、格、人称等成分则归为功能语类要素，为所在结构提供不同语法、功能等信息，居于短语结构、句子结构的上层或高层。词汇语类和功能语类共同构成短语结构和句子结构的信息表达结构。

（二）句法制图的研究原则

1. 镜像原则

表达类似功能的成分在不同语言中会出现在核心词汇语类的相对位置上，也就是说，有些语言中的功能成分会以词汇形式出现在核心词汇语类左侧，而有些语言中的功能成分则会以词缀等黏着形式附着在核心词汇语类右侧。对于这种现象，Baker（1985）、Cinque（2008）、司富珍（2014）等研究者以“镜像原则”（Mirror Principle）加以解释，陆丙甫（1993）提出的“向心轨层”虽采用不同术语体系，但整体思路近似。

镜像结构可以出现在同一种语言中。比如英语中的状语成分位置相对灵活，可以根据限定或修饰的范围和表达需要调整与所限定或修饰的中心语的前后位置，如：

（14） a. They *successfully* launched the rocket.

b. They launched the rocket *successfully*.

（15） a. *After a while* he made his choice.

b. He made his choice *after a while*.

（16） a. The distance between the two planets was calculated *eventually ten months later*.

b. *Ten months later* the distance between the two planets was *eventually* calculated.

c. The distance between the two planets was *eventually* calculated *ten months later*.

d. *Ten months later* the distance between the two planets was calculated *eventually*.

e. * *Eventually ten months later* the distance between the two planets was calculated.

f. * *Eventually ten months later* the distance between the two planets was calculated.

例（14）和例（15）中作状语的副词 successfully 和短语 after a while 均可出现在所修饰限定的 VP 前后，且句子都能成立。而例（16）中的状语成分 eventually 和 ten months later 初看似乎也是出现在所限定的 VP 前后均可，而且两者出现的顺序也不固定，如例（16）a 至例（16）d。但如果采用句法制图对句子结构分层的相关理论，则可以看出，eventually 和 ten months later 之间存在一个固定不变的层级，eventually 在句子结构层级中居下，ten months later 在句子结构层级中居上，即：

［［［［$_{TOP}$ DP The distance［［［PP between the two planets［VP$_T$ was［$_V$calculated］］PP *eventually*］］］PP *ten months later*］］］］

因此必须保证 eventually 和 VP 之间的距离始终近于 ten months later 和 VP 之间的距离，如例（16）a 至例（16）d。一旦 ten months later 与 VP 之间的距离比 eventually 与 VP 之间的近，如例（16）e 和例（16）f，就违反了邻接原则，句子则无法成立。这种与 VP 之间的距离反映了句子结构层次对于功能成分句中位置的制约，两个不同层次的成分能够出现的位置构成了镜像呈现。

镜像原则也可以出现在跨语言的对比中。司富珍（2019）指出，在某些黏着型的语言中，存在多个功能性词缀性成分附着在核心动词后，作为功能中心语的标记，如 V-A-B-C。如有另一些类型的语言中存在相同或类似的功能中心语标记，但是排列顺序与前者正好相反，如 C-B-A-V，则这两种语言中的功能中心语及其标记排列顺序构成镜像结构。

镜像原则可以证实功能成分在句法层面的不同操作受限于所属层级，而非单纯的线性关系。不同层级结构均围绕特定的核心成分展开，依次镜像排列。故此，出现在句首的成分和出现在句尾的成分在句法层面可以处于相同层级。当然，结构层级与线性顺序之间的关系不能简单解析，仍需充分取材、小心论证后方可得出结论。

2. 局部简约性原则

生成语法相关理论的标志性特征之一，在于追求理论的简约性。句法制图最初的理论目的是寻求可以说明短语和句子结构之间关联性的系统与合理的解释，解释句子结构表面上的复杂性和深层次的简约性之间的关联。如果多个形式特征只通过一个中心语来体现，结构的层级必然缩短，局部的复杂性必然随之增加。如果一个形式特征通过一个中心语来体现，则局部的复杂性可以大大降低。不过根据物理上的能量守恒定律，句子运算中需要计算的中心语和结构层级的数量必须相应增加。

局部简单性可将局部句法运算简化到极致。假设一个中心语只有一个形式特征，即一个投射层中只存在一个中心语、一个指示语和一个补足语，而无附加语，则句法内部的每层结构及构成成分都可以被精细描写。然而，局部简单性的简化计算导致需要计算的层级数量必然增多。很多情况下，由于复杂与简约之间的关系难以在短时间内厘清，造成最终的描写和解释有时看起来反而会更加复杂。比如 Cinque（2004）曾经对功能中心语的序列进行排序，层级顺序相对固定且可适用于所有语言，具体排列如下：

MoodP$_{\text{speech act}}$ > MoodP$_{\text{evaluative}}$ > MoodP$_{\text{evidential}}$ > ModP$_{\text{epistemic}}$ > TP (Past) > TP (Future) > MoodP$_{\text{irrealis}}$ > Mod$_{\text{alethic}}$ > AspP$_{\text{habitual}}$ > AspP$_{\text{repetitive(I)}}$ > AspP$_{\text{frequentative(I)}}$ > ModP$_{\text{volitional}}$ > AspP$_{\text{celerative(I)}}$ > TP (Anterior) > AspP$_{\text{terminative}}$ > AspP$_{\text{Continuative}}$ > Asp$_{\text{retrospective}}$ > AspP$_{\text{proximative}}$ > AspP$_{\text{durative}}$ > AspP$_{\text{generic/progressive}}$ > AspP$_{\text{prosective}}$ > ModP$_{\text{obligation}}$ > ModP$_{\text{permission/ability}}$ > AspP$_{\text{completive}}$ > VoiceP > AspP$_{\text{celerative (II)}}$ > AspP

$_{\text{repetitive (II)}}$ > AspP $_{\text{frequentative (II)}}$①

这种繁复的描写和归纳与生成语法追求简约的理念看似背道而行，但理论的简约和事实表象的繁复并不冲突，前文提到的制图理论强式观点认为，一个投射层中应该只能存在一个核心、一个指示语和一个补足语，附加语不列入考量。Rizzi（2004，2007）认同这些限制条件，将之称为局部简约性（local simplicity）原则，具体表述包括两方面。一是简单式短语结构（simple phrase structure）模型须具备以下特征：结构形式可以层层二分；无附加语；一个中心语只有一个指示语；一个中心语只有一个补足语。二是单纯式中心语，要求一个中心语只能标定一个形式特征类型。

局部范围内的描述和计算经局部简约性原则可以做到极致简化，中心语和与之关联的形式特征能够一一对应。但众所周知，任何句法结构可承载和表述的信息含量总是有限的，局部范围内的高度简约势必导致层级增加，最终形成看似复杂冗长的结构模式，这是极力追求单一结构高度简约化的必然结果。

随着跨语言对比研究的深入，研究者发现满足一个特征类型和一个中心语的局部简约性存在一定不足。跨语言对比分析相关研究成果，如对句子结构屈折成分和名词短语限定性成分的描写与判断，证实传统上认为是同一个功能层的结构实质上可能存在不止一个中心语成分，因此一些原本只用于描写单一功能层的结构须分裂为不同层级的功能层，才能更加真实准确地反映某些句子和短语结构层面的构成形式。其分裂过程可如图 2-4 所示：

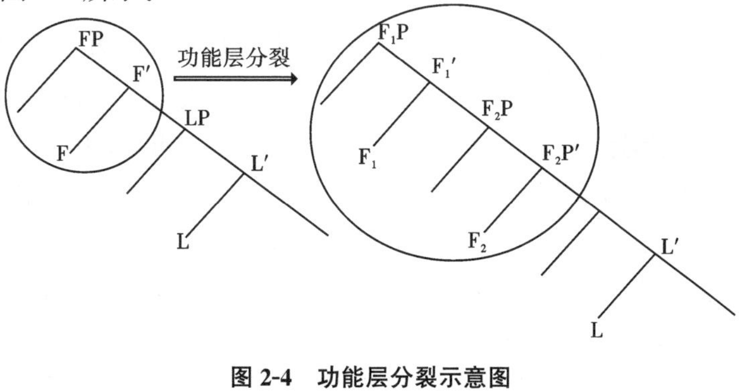

图 2-4　功能层分裂示意图

① 转引自司富珍. 句法制图研究的新视野［J］. 语言教学与研究，2019（3）：29.

Svenonius（2006，2010）、den Dikken（2010）等人认为有完整制图层级的介词短语也可继续被分解为若干不同的功能性短语。蔡维天（2019）对不同类型模态词的区分研究也体现了类似的研究思路。知识模态词、义务模态词和能愿助动词在不同句法层面的位置导致了模态词在句法层面的分层：知识模态词以限定词组（FinP）为所属范域（scope）；义务模态词以轻动词组（vP）为所属范域；能愿助动词以主语（v′）为所属范域，并受主体意识（subject agentivity）制约，近似控制动词（control verb）。具体呈现如图 2-5 所示：

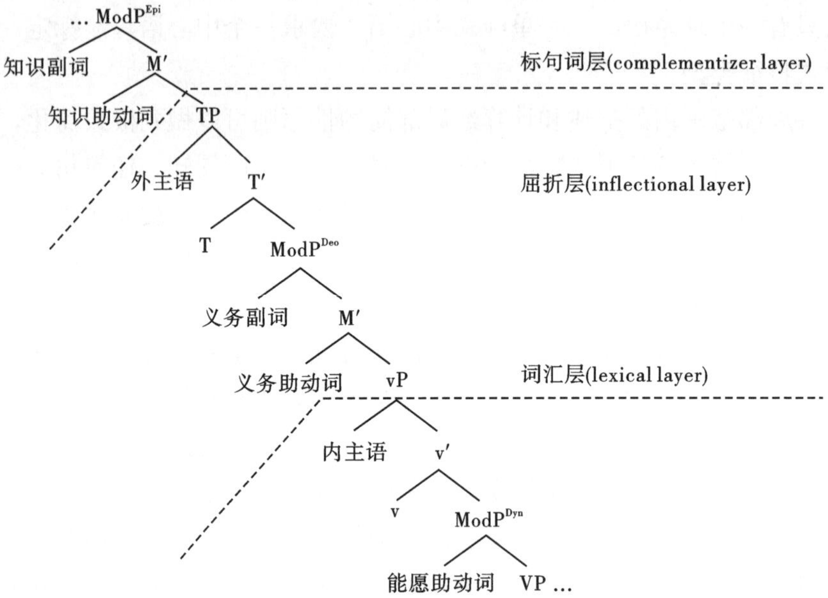

图 2-5　模态词句法层面分裂①

张天伟、吴菡（2021）在 CP 分裂假说框架内分析了“都、才、就、也”等主要焦点副词的句法位置与共现和搭配成分之间的关系，指出不同焦点副词位于不同句法层级，制约了它们共现时的语义功能解读和连用时的语义指向差别。康兴（2022）对存现句中存现功能层的分析也采用了分裂理论，认为存现功能层并非单一投射层，而是一个可以包含多层投射的结构域，表存在义的功能中心语和表出现义的功能中心语共现时，表存在义的功能中心语居于下层，表出现义的功能中心语居于上层。

① 转自蔡维天. 制图理论和汉语语法［J］. 语言学研究，2019（1）：17.

（三）句法制图的研究维度

句法制图理论旨在为语言结构研究提供可以描述不同句法层面结构的图示，从句子和短语层面，到词内结构层面，再到语用结构层面，均能以结构地图的形式予以呈现。

1. 左缘结构和核心区域

句法制图在句子层面的关注点包括左缘结构和核心两个区域，关注的焦点是功能中心语及相关问题。左缘结构的研究成果与语篇关联性高，是最为丰富的领域之一，讨论左缘结构功能层级的代表性文献众多，如 Rizzi（1997，2001，2004）、Beninca（2001，2006）、Bocci（2004）等人主要讨论了左缘结构中的功能层级。蔡维天（2015）关注汉语疑问词。Pan（2015，2017）探讨了汉语中的左缘结构。邓思颖（2016）分析了汉语普通话和粤语的句末语气词。熊仲儒（2017）考察了连字句等。张志恒（2013）归纳了汉语话题和焦点在左缘结构上的分布。陈维娟（2018）从特征角度调整了话题和焦点在左缘结构上的部分分布。罗卓思（2019）讨论了粤语句末语气词在左缘结构中的分布及其语音表现。陈惠雅（2020）总结了汉语句中几种主要疑问成分在左缘结构上的分布。石定栩（2020）认为制图理论和左缘结构为话语标记分析提供了新的思路。张孝荣（2020）比较了英语、汉语的话题结构和焦点结构，指出话题成分和焦点成分的移位体现了句子低缘结构层面和左缘结构的互动。

句子核心区域的相关研究成果也很丰富。Shlonsky（1997，2000）讨论了希伯来语和阿拉伯语；Rizzi（1999）分析了句子左缘结构，提出了标句词词组分裂假说（CP-Split Hypothesis）；Cinque（1999，2010）讨论了形容词和副词等。CP 域、IP 内域（Low IP）等功能语类和 NP、PP、AP 等实词语类的内在层级结构均有研究进行相关理论讨论，并画出对应的具有解释力的地图。国内对核心区域的研究成果主要聚焦于功能语类和实词语类，如司富珍（2015，2018）研究了双宾结构和轻动词，田启林（2016）对“的”字的研究，熊仲儒（2020）考察了形容词谓语句等。

此外，对特定短语结构的关注和研究成果也较为丰富。Cinque（2010）以英语介词短语为例，认为一个完整的方位介词短语应该具有如下层级：

a. from at two miles diagonally north up in here under the mountain

b. [$_{PP\ dir}$ from [$_{PP\ stat}$ at AT [$_{DP\ place}$ [$_{DegP}$ two miles [$_{ModeDirP}$ diagonally [$_{AbsViewP}$ north [$_{RelViewP}$ up [$_{RelViewP}$ in [$_{DeicticP}$ here [$_{AxPartP}$ under X [$_{PP}$ P [$_{NPplace}$ the mountain [PLACE]]]]]]]]]]]]]]

Cinque 指出一个方位介词短语可以包括三个主要的功能性短语，可根据功能分别标注为方向介词短语 $PP_{dir(ection)}$、状态介词短语 $PP_{stat(ive)}$ 和地点限定词短语 DP_{place}。张庆文、林华勇（2021）对廉江粤语重叠方位介词短语的研究同样体现了对短语结构的关注。

李富强、司富珍（2022）从句法制图理论"一个特征，一个中心语"的研究视角出发，对"有＋数量结构"中"有"所在的句法层面进行了剖析，将"有＋数量结构"的句法模型归纳为：

[$_{TP}$ [$_{T'}$ T] [$_{FocP}$ [$_{Foc'}$ 有] [$_{DegP}$ 数量结构 [$_{Deg'}$ Deg] [$_{VP}$ [$_{V'}$ V ([DP])]]]]]]

张庆文、刘惟（2022）对比分析了"在 X 结构"和"当 X 结构"，提出两种结构在句法位置上的不同来源于所属句法层面差异，句法结构也因此有所区别。

2. 复杂词层面

田启林（2018）讨论了领有名词通过在句法层面的提升生成领主属宾句的过程。司富珍（2012，2019）剖析了复杂词的内部层级结构，指出其内部结构投射原理与词组和句子的内部结构投射原理有相似之处。Luo（2019）调查了潮汕方言中语类转换和语义转换的多种方式。Liching Livy Chiu（2021）对比分析了不同情态/能愿功能中心语在表层语序、涵盖范围等方面的关联性和异同，以及与句法层面的投射之间的关系。康兴（2022）对存现句中带"有"的存现结构和不带"有"的广义存现结构进行了讨论，认为表存现义的"有"是一个显性的存现标记，不是情态助动词，其句法层级位于左缘结构层面。司富珍（2022）首次提出作为概念使用的"句法复杂词"，明确了这一术语的定义、内涵、内部构成要素，并对不同类型的句法复杂词进行了考察，以结构制图分层揭示其各自内部结构层次的具体构成及投射特征。

3. 语用功能层

制图理论除关注句内层面结构分析之外，也很关注与其他接口的关联，其中最主要的是与语篇和语用的接口。与语篇相关性高的多为左缘结构分析研究，我们将在下节继续展开阐述。与语用相关的研究包括言外语用因素，如 Speas & Tenny（2003）、Hill（2007a，2011）、Giorgi（2010）、Haegeman（2014）、Sigursson（2011）、Pan（2015）、Heim et al（2016）等人对不同言语行为的探讨研究，Moro（2003）、Hill（2007b，2014）对呼语的考察和分析，Wiltschko & Heim（2016）关于施为信息的研究，Goria（2016）对双语言语行为中句外成分的讨论等。而国内关于言外语用因素的研究目前相对较少，Si（2016a，2016b，2017）提出要区分“言内否定”“言外否定”“语用空语类”等相关术语，探讨了描述与语用相关的句法层次和位于左缘结构之上的功能层次应考虑的多重因素。史德明（2017）考察了与汉语右置结构和呼语相关的功能中心语。田启林（2018）对汉语双主语的探讨揭示了不同语用意图对词汇序列和功能语类选择的影响。此类研究尚处于起步阶段，仍有较大的讨论空间。

三、左缘结构分析及相关研究成果

左缘结构的概念源于句法制图理论在句子短语结构层面的研究和分析（司富珍，2019）。Rizzi（1997，2001）继袭管约论（Government & Binding theory，简称 GB）而来，更细致地分析了句子上层的功能投影。他认为句子的结构层级由低到高可分为三个不同层面：词汇层（lexical layer）、屈折层（inflectional layer）和补词层（complementizer layer）。最高层面的补词层，或称为标句词组（complementizer phrase，简称 CP），即通称的句子左缘结构。从句法层面来看，即与论元结构有关的成分主语投射到 VP 层，与时体形态相关联的成分投射到略高的屈折层，而标识话语和句子有定或无定的相关成分（典型如标句词/语气成分等）则投射到最高的补词层/标句词组，也就是本书所指的左缘结构。通常来说，左缘结构可由多个成分组合而成，是标句词短语（complementizer phrase，简称 CP）和屈折词短语（inflectional phrase，简称 IP）之间的区域，也就是人类语言的话题与焦点成分分布区域（Cinque & Rizzi，2010）。

Rizzi（1997，2001）对左缘结构的解析涉及多个范畴及其中心，如句类的中心语（标注为 FORCE）、疑问语气的中心语（标注为 INT）、限定性的中心语（标注为 FIN）、话题性的中心语（标注为 TOP）、焦点的中心语（标注为 FOC）、屈折词组（IP）等。Rizzi 对左缘结构的解析体现了两个创新点，一是将信息结构中的核心理念引入形式句法分析领域，成为分析句中不同层面功能投影的研究对象之一，二是将语用学中的概念，如念力（illocutionary force）和疑问语气（interrogative mood）等，融入句中左缘结构的层系结构。由此，对短语结构探讨的角度和层次因左缘结构分析方式的应用而随之产生变化，研究者通过短语往上左向分支形成分层 CP（Split CP）、分层 VP（Split VP）等结构，精准区分了类似成分共现时的句法关系（石定栩，2020）。

Rizzi（1997，2001）、蔡维天（2019）等人根据不同范畴及其中心语，将左缘结构的基本构成标注如下：

FORCE（TOP*①）INF（TOP*）FOC（TOP*）FIN IP

张志恒（2013）归纳了汉语话题和焦点在左缘结构上的分布，将其表述为：

CP＞相关性话题＞常规话题＞介词短语话题＞认定焦点＞“连”字焦点＞IP

相关性话题是汉语中一种独特的话题，是名词短语，前置于句首并与句中某一成分相关联，但不与后续句子中的任何成分关联，只与其中某个成分有“关于”的关系，可与后续句子的某一成分形成“部分—整体”的关系；常规话题是汉语中最典型的话题结构，即前置名词短语作话题；介词短语话题指前置介词短语；认定焦点指由疑问代词前置所生成的认定焦点；“连”字焦点指“连”字短语。

傅玉（2014）探讨了现代汉语中论元类特殊疑问短语、非论元类特殊疑问短语截省句在句法层面的操作，并对比了英汉截省句在生成过程中体现出来的异同。傅玉提出汉语截省句的生成与疑问词的显性移位有关，但不同类型疑问词的移位操作有别：论元类特殊疑问短语显性移位至小句最高层的话题短语标志语处，而非论元类特殊疑问短语则通过附加操作合并于小句左缘结构中小句最高层的话题短语标志语处。这种移位操作的差异源于特殊疑问词句法地位的不同。

陈维娟（2018）从特征角度区分了信息焦点、对比焦点、对比话题和“连”字成分，将话题和焦点在左缘结构上的部分分布调整为：

对比焦点＞对比话题＞“连”字成分

Paul（2005）、Del Gobbo & Badan（2007）将汉语 CP 层和 IP 层分

① 标记 * 意味着递归实现，即可以多次出现。

解，将构成成分排列为以下两种顺序：

a. CP＞相关性话题＞常规话题＞介词短语话题＞认定焦点＞“连”字焦点＞IP

b. IP＞内常规话题/相关性话题＞认定焦点＞“连”字焦点＞VP

其中，相关性话题指不跟句子中的空缺成分或复指代词相关的话题。

Del Gobbo & Badan（2007）和 Badan & Del Gobbo（2011）根据话题和相关联成分之间的关系对汉语话题进行分类，指出不同类别的话题在左缘结构上的出现顺序为：

相关性话题＞悬挂话题＞左移位话题＞“连”字焦点＞IP

陈维娟、何宏华（2020）分析了汉语中的左移位话题和悬挂话题类型差异对其在左缘结构上出现顺序的影响，证实这两类话题同时出现时，其顺序不受短语类型和语义因素的影响。相关性话题指在语义上存在种属关系或全集与子集关系的话题；悬挂话题指与复指代词或侮辱性词语相关联的前置名词短语；左移位话题则指和空缺成分相关联的前置名词短语和前置介词短语。熊仲儒（2022）考察了话题范畴、焦点范畴和时制范畴在左缘结构上的分布和层级关系。

四、左缘结构研究理念及方法

左缘结构是功能语类特别是言者视角类表达的集中区域。句子结构中的一些特殊成分，如话语标记、立场标记等，虽然结构位置位于句内，但与小句命题真值无关，通常是与小句命题一起构成一个新的命题（Yap & Chor，2014；Iwasaki & Yap，2015；Authier & Haegeman，2019)，用以表达言者主观认知、判断、评价等。左缘结构研究理论可以为辨析这些特殊句式成分在句法层面的功能和层次差异提供新的理论视角和研究方法。

左缘结构分析相关理论提出对话语标记类特殊成分的研究可采用改变短语结构限制的研究方法（Chomsky，1998)，即将短语往上左向分支，以形成分层 CP（Split CP)、分层 VP（Split VP）等结构。分层的目的在于通过明晰一个短语内部可容纳的多个类似成分，厘清各成分之间固定的层级关系，最终精确地描写类似成分共现时的句法关系。

Rizzi（1997）曾对左缘结构层面的完整句式结构作了整理，认为句子左缘结构各功能中心语应按如下顺序排列：

Force > Top* > Int > Top* > Focus > Mod* > Top* > Fin > IP

Pan（2015）也对汉语左缘结构上不同成分的投射顺序进行了考察，认为各功能中心语可按以下顺序出现：

AttitudeP1 > AttitudeP2 > Special QuestionP > Illocutionary ForceP > Only-focusP > Sentential. AspectP > TP

石定栩（2020）以三个情态动词——“应该、可能、会”——为例，佐证情态动词共现时语序是固定的。这种语序固定的现象无法用形式句法标准理论的 Aux、支配约束理论的功能短语 Mod P 或是最简方案的单一短语结构解析，但可以采用左缘结构分析理论进行说明。左缘结构的短语结构允许类似短语重复出现，如下所示：

（17）这种事情应该不可能会出现在现实生活中。

由于认知情态动词“应该”、否定成分“不”和认知情态动词“可能”、动态情态动词“会”各自形成在句法层面的投射，例（17）可分析为：

$[_{\text{ModEpisP}}$ 应该 $[_{\text{NegP}}$ 不 $[_{\text{ModEpisP}}$ 可能 $[_{\text{ModDyn}}$ 会$]]]]$①

与其他理论相比，左缘结构分析以句法手段表示语篇、语用等非句法因素的新研究视角是在理论上的重要创新。Rizzi（1997）认为小句结构中有语力短语（Force P）和焦点短语（Foc P）。前者属于语篇分析，后者属于语义分析，这种将界面关系引入句子结构的视角体现了理论的拓展和进步。

蔡维天（2019a，2020c）分别对汉语知识模态词（epistemic modals）和义务模态词（deontic modals）在不同句法层面上的排序，以及乾坤挪移句模态（modality）和语气（mood）异同进行了探讨，体现了左缘结构分析的典型研究理念和方法。蔡维天指出，知识模态词以限定词组（Fin P）为范域（scope），义务模态词以轻动词组（vP）为范域。以“什么”为例②，如：

（18）a. 什么阿Q去了巴黎！他去了巴利。

b. 什么阿Q在洗澡！他在洗枣儿。

---

① 例（17）引自石定栩. 生成语法的界面关系研究：起源、发展、影响及前景［J］. 外语教学与研究，2020，52（5）：649.

② 例（18）至例（21）引自蔡维天. 汉语的语气显著性和隐性模态范畴［J］. 语言科学，2019，18（1）：6-7.

（19）a. 申请不到钱，你还去什么巴黎！

b. 时间都来不及了，你还洗什么澡！

例（18）、例（19）转为否定模态句后，作为不同类型模态词的“什么”在句子左缘结构层面的分布呈现出规则对应：例（18）中的“什么”为知识模态词，语义表述为“不可能”，其否定形式则可解读为：

（20）a. 阿Q不可能去了巴黎！他去了巴利。

b. 阿Q不可能在洗澡！他在洗枣儿。

而当“什么”作为义务模态词修饰宾语，所蕴含的语义为“不应该”，其否定形式则可解读为：

（21）a. 申请不到钱，你就不应该去巴黎！

b. 时间都来不及了，你就不应该洗澡！

这种知识模态词和义务模态词在左缘结构层面排列上的层级高低反映了汉语结构分析的规律性，如图2-6所示：

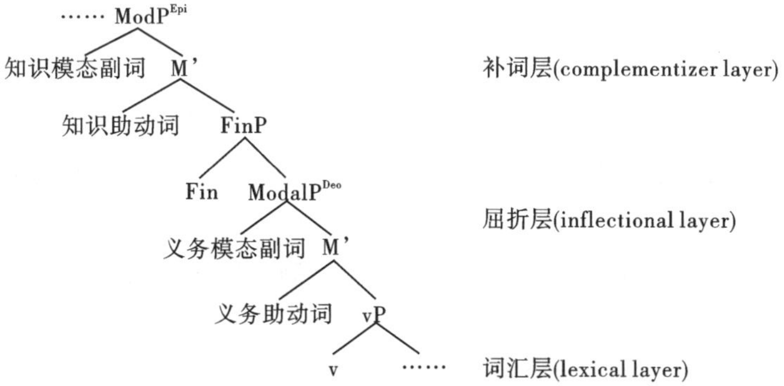

图2-6 知识模态词和义务模态词的左缘结构①

蔡维天（2020c）将汉语中成分可以前后互置的对称句式称为乾坤挪移句，原型句式为乾句，移位后为坤句，如例（22）a为乾句，例（22）b为坤句：

（22）a. 一张桌子坐十个人。

b. 十个人坐一张桌子。

乾坤挪移句在模态性和语气上的差异同样与句子的左缘结构层次结构及功能分布有密切关系。当句中有隐性情态词的时候，乾坤挪移句在

---

① 转自蔡维天. 汉语的语气显著性和隐性模态范畴［J］. 语言科学，2019，18（1）：7.

完句条件上的表现并不一致：乾句的动词必须上移，否则不符合完句条件，如例（23）b：

（23）a. 一张桌子坐十个人。

b. ＊一张桌子十个人坐。

但如果乾句作为主语从句成为另一个主句的主语成分，整个句子就可以成立：

（24）a. ［一张桌子坐十个人］没问题。

b. ［一张桌子十个人坐］没问题。

蔡维天从句法的角度将这些现象与时态（tense）或限定性（finiteness）的锚定（anchor）联系起来。相对而言，坤句的要求更加严格：主句环境中如动词不上移则句子直接不合法，如例（25）b：

（25）a. 十个人坐一张桌子。

b. ＊十个人一张桌子坐。

即使将坤句上提作为主句的主语从句，句子还是不合法，如例（26）b：

（26）a. ［十个人坐一张桌子］没问题。

b. ＊［十个人一张桌子坐］没问题。

乾坤挪移句的这种差异可以从左缘结构上寻求解答。坤句的论元结构相比乾句简单，无须引入空算子分析，只是正常的提升结构（raising structure）。主要动词在 PF 移位后不会影响整句的词序排列：

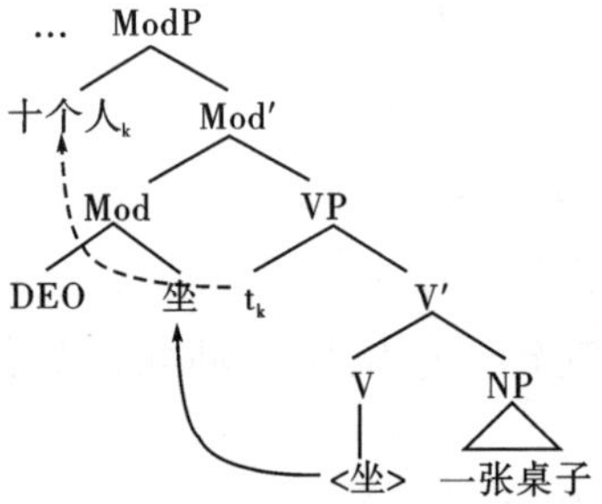

图 2-7　坤句左缘结构①

由图 2-7 所示结构可知，句子动词“坐”应该位于宾语“一张桌子”之前，因此例（25）b、例（26）b 也是不合法的。

---

① 图 2-7 中 DEO（ntics）代表与“可以”“应该”“必须”相对应的隐性义务模态词。

在句子的完句条件方面，蔡维天提出主句中隐性模态词和语气成分的配合是为了达成锚定限定性，但动词移位后如出现空位会使韵律失衡，也就是说，如果删除语链的上拷贝，造成隐性模态词在音韵上无所依凭（Huang，1994，1997；杨洋、蔡维天，2019；等），就会出现像例（23）b的不完句现象。有显性模态词的乾句中不会出现这种情况，因为它们可以在韵律上自足；其动词链（verb chain）的拷贝删上删下均可，因此中心语是否移位不会影响句子的合法性。按照这种推论可知，句子主句和从句在韵律方面的限制条件大有不同，主语从句无须考虑韵律约束，而且隐性模态词也同样不用受到强制约束，因此例（24）a和例（24）b均可成立。

与此同时，话题结构和感叹语气的改变也可以使原本不合法的句子合法，如例（27）：

（27）a. *十个人够坐一张桌子。

b. 十个人啊，够坐一张桌子吧！

第三节　语法化理论研究

语法化是一个具有多种含义的术语，既可以指一种语言演变的现象，也可以指一种用于解释语言演变现象的学说或研究框架。传统上将语法化理论划归历史语言学，倡导从历时角度对语言现象进行研究，以语言事实为基础，重视语法现象的发展与演变，探索特定的实词经由何种动因机制逐步丧失真值内容，变成虚词或语法标记的过程。

汉语传统语言学研究领域中将语法化称为“虚化”（bleaching），通常指语言中具有实际意义的词语逐渐丧失语义，转为表达语法功能的成分的过程或现象。沈家煊（1994）将语言中意义实在的词转化为无实在意义、表语法功能的成分的过程或现象称为“语法化”，并且指出传统语言学将这种现象称为“实词虚化”。可是，并非所有人都认同语法化与虚化是同一个概念。吴福祥（2005a）指出语法化和虚化是两个不能完全等同的概念。语法化关注一个语义单位或语用单位如何发展演变为一个语法单位，其结果总是体现为某个语法形式的产生；而虚化更侧重于研究词汇意义由实转虚的演变过程，如词义的泛化、弱化、抽象化，甚至消失等变化。一个实词的词汇意义完全消失从而成为一个只表示语法意义的虚词，只是实词虚化的一种表现，在这种情况下实词虚化的含义与语法化是等同的。除此之外，词义的泛化、弱化或是抽象化等方面，语法化与虚化是有区别的，应该是属于不同层面的两个概念。

吴福祥（2004）将语法范畴和语法成分产生与形成的过程或现象定义为语法化，即“语言中意义实在的词语或结构式演变成为无实在意义、仅表语法功能的语法成分，或是一个不太虚的语法成分演变成为更虚的语法成分”。王寅、严辰松（2005）认为，在认知语言学角度下语法化是语言形式的意义由实转虚的过程，也是实词转向语法功能词、附着成分、词缀或是屈折形态演变的过程。

综合已有研究成果，本书将语法化定义为：一个具有真值的成分或结构逐步丧失真值，成为仅表语法意义的语法成分的过程或现象，或是虚化程度不高的语法成分进一步演变为虚化程度更高的语法成分的过程或现象，即语法范畴和语法成分产生的过程或现象。本书认同语法化有程度上差别的观点，即语法化过程既包括由实词语法化为虚词，也包括由虚词语法化为更抽象的词缀、屈折形态或构词成分。

一、语法化特征

语法化作为一种语言现象，其演变发展过程必然伴有某些特征出现。而作为一种研究框架或方法，又必须要尊重客观现实，依照科学有效的原则展开研究。

Bybee、Perkins & Pagliuca（1994）指出，词汇项经由多种机制语法化为语法成分，通常伴随某些常见的演变特征，如隐喻扩展或隐含义固化等。语法标记使用频率的增加也可显示共时平面的语法化程度和结果。Lehmann（1985）提到语法化常有一些伴生现象，如范式化、强制化、凝固化、合并化和固定化，这些原则作为语法化特征必不可少。

Hopper（1991）不认同 Lehmann 的观点，他认为范式化没有实用价值，而合并化并非语法化独有特征。语法化的研究范围不应被限定在词法或形态领域内，句法领域的某些特征也应纳入研究范围，如出于语用目的修正的语序，或是句内构式的一致关系等。因此，Hopper 提出了以下五个原则：

1. 分层（layering）

分层主要表现为新层次出现时旧有层次并不消失，而是新旧层次共存且互相影响。比如英语中常用的表示将来时的结构有五种：be going + to、will、be about + to、be + V-ing、be + to。其中后两种采用了迂回形式，是较近时期演变出的结构，但在实际使用中五种结构并存，均可使用。具体应用情形可参加以下几例[①]：

(28) be going + to，如：

He can get away with it because nobody ***is going to*** appeal it.

他可以把它带走，因为没人打算要。

(29) will，如：

A full cultural revolution ***will*** probably take some time.

一场全面的文化革命可能将持续一段时间。

(30) be about + to，如：

I fear that someday we will regret what we ***are about to*** do.

我害怕有一天我们会为将要做的事情后悔。

(31) be + V-ing，如：

I***'m leaving*** for Europe in the morning, but Ava will be around.

我早上打算去欧洲，但 Ava 要来拜访。

(32) be + to，如：

The intent ***is to*** create a hedonic model that conforms to the three principles.

目的是创建一个符合三原则的特征价格模型。

2. 歧变（divergence）

Heine & Reh（1984）也称歧变为分裂（split），主要表现为某个语法项经历语法化后，其原本形式仍然会作为自动词汇因子被保留下来，并有发生其他演变的可能。比如拉丁文中动词 habere 在现代法语中分化为两种不同形式，一种是将来时后缀-ai，一种是动词 avoir。然后动词 avoir 再次发展为表完成体的助动词 j'ai。这样，habere 的语法化分化路径如图 2-8 所示：

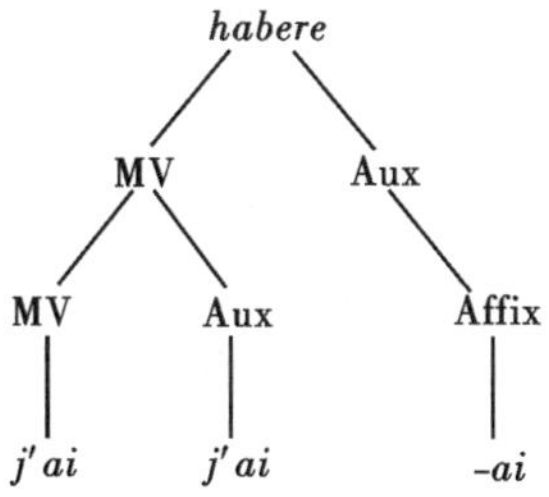

图 2-8 *habere* 语法化分化路径

① 本章英语语料均来自美国当代英语语料库。

3. 择一（specialization）

择一主要表现为特定的功能聚合体中，语义上有细微差别的形式可以同时存在，但语法化过程中这些形式会逐步淘汰直至仅剩语法化程度较高的一两种形式，从而缩小选择范围。现代法语中的否定形式就是较为典型的例证。法语常规否定从句中有两个否定词，ne 出现在动词前面，pas 出现在动词后面。例如：

（33）Il ***ne*** boit ***pas*** de vin'He doesn't drink wine'"他不喝酒"

最初否定助词是 ne，而类似 pas（意为"小步"）的名词可用于强化否定意味。这种用法高频率出现使得现代法语中 pas 成为通用的否定标记，在口语中否定动词的 ne 会省略，而 pas 被保留下来成为唯一的否定标记。例如：

（34）je sais ***pas*** 'I don't know'"我不知道"

4. 滞留（persistence）

滞留主要表现为一个词汇项即使已经语法化为功能词了，原本的实词义仍不会完全消失，而且某些特征还会继续影响功能词的实际使用。Bybee & Pagliuca（1986）讨论了英语中的多种将来时结构，will 作为助动词和情态助动词的不同用法反映了该词的不同发展阶段。中古英语中 will 作为情态助动词就已经出现，如：

（35）... gif he us geunnan ***wile*** þæt we hine swa godne gretan moton

if he us grant will that we him so generous greet should

'... if he will grant that we should greet him who is so generous'

"假如他恩准，我们当面，向他老人家请安。"①

will 作为动词可表示意图或承诺，由此义发展出谓语将来时用法，中古时期，英语的这种用法就已经出现，同时无生命体开始作为主语出现。这种用法作为现代英语中 will 的多种用法之一已经被保留下来了，因此已有的一词多义形式增加了一种新的用法，并出现了新的分布特征。

5. 去范畴化（de-categorialization）

---

① 奥武甫. 古英语史诗［M］. 冯象，译. 北京：生活·读书·新知三联书店，1992：19.

去范畴化主要表现为语法化过程中非强制性的分类标记脱落，名词形式不再意味着会话参与者，动词形态也不意味着导出事件。例如：

（36）Our ***thanks*** were accepted by the mayor— ***thanks*** to his generosity.

（37）They saw the Northern Lights— ***Seeing*** that you have declared bankruprcy, you can hardly make any new investments.

例（36）中 thanks 不代表会话参与者中的任何一方，例（37）中动词分词形式 seeing 也不带有具体动作或过程的含义了。

与 Hopper 不同，Heine 等人（1991）将语法化看作不同认知域之间的转移，语法化程度的高低可依抽象程度判断。各认知域依抽象程度差异依次排列为：人＞物＞事＞空间＞时间＞性质。从人到空间是由实到虚的发展过程，从空间到性质是由虚到更虚的发展过程。沈家煊（1994）持类似观点，认为在共时平面上可依据认知发展阶段为标准判定语法化程度高低：①与人有关低于与人无关；②语法成分中虚化程度最低的是表空间的语法成分；③空间低于时间，时间低于原因/方式，即三维低于一维，一维低于零维；④工具低于方式，即特殊低于一般；⑤与名词有关的低于与小句有关的，即介词低于连词。Heine 和沈家煊都以不同认知域为依据判断语法化程度和发展阶段，他们都认为语义越抽象，语法功能越多，语法化程度则越高。但是这种判断依据有时实际操作难度较大，语法形式属于哪个认知域不是很好判定。而且从语义到语法的连续统也不是一定会在每个阶段都发展到，跳跃性发展或是重复性发展都是常见的现象。

王寅等人（2005）把语法化特征归纳为以下几种：单向性、有序、抽象化和专门化。单向性既包括从独立实体向非独立实体演化，有可能成为不可独立运用的附着词缀形式，还包括从复杂表达向简单表达方向演化，以及从较具体的向抽象的、概括的方向演化。有序指语法化过程通常有一定发展顺序，往往是从实到虚，从虚到更虚。抽象化指的是语法化对具体的语言形式、语义内容和语用现象的抽象过程。语法项的抽象程度与语法化程度有正相关关系。专门化意味着某些词汇项或表达结构语法化为发音与意义相对应的语法标记，有时也用来说明语言运用中某些特定语言形式表达意义。

吴福祥（2009，2017）对语法化程度的判断标准有过多次讨论。他认为语法化程度包括形式和功能两方面，形式包括语音—音系表现和形态—句法行为，功能主要是语义和语用行为。语法化程度通常与多种参数有关，如“去范畴化”“去语义化”“语音弱化”“强制性”等。他还认为语法化过程通常会包括语用—语义、形态—句法和语音—音系三个子过程，其中语用—语义过程的典型特征是“去语义化”，典型发展路径如下：

抽象性逐渐增加：具体义＞较少抽象义＞更多抽象义

主观性逐渐增加：客观义＞较少主观性＞更多主观性

本书认为语法化发展特征主要有以下几项：

第一，语法化发展具有阶段性。语法化现象发生之后，原本的语义并不会消失，而是继续存在，有时新产生的语法标记在语法化的环境中可以做新旧两种解释，既能解释为新兴的用法，也能理解为旧有用法，说明在这一阶段新旧用法共存。随着语法化的发展，新的用法逐渐取代旧有用法，共存的局面失去平衡，最终旧有用法消失，新的用法得到巩固，本阶段的语法化过程得以完成。

第二，词汇与句法结构及其蕴涵的句法语义之间存在着信息交流和制约的关系，因此词汇的语法化同样会受限于原本的句法结构和句法语义。特定的句法结构与语义上的相关性是一个实词可以语法化的必要条件，句法结构与实词的语法化有着密不可分的联系，有时甚至可以决定语法化方向。词义的演化不能离开特定的句法环境，特定的句法环境对实词的语法化有筛选作用，而一旦实词语法化后也会对句法结构的发展有影响。

第三，语法化后的虚词在使用时往往还会保持原本实词的某些特点。语法化现象不仅与词汇项本身的特征和演变发展有关系，同样受词汇项所处的结构构式、语法环境的制约。汉语中非结构虚词的历时形成与词汇项所在的结构构式和语法环境，或者称之为“语法化域”，有密切联系。语法化过程涉及两个方面的因素：语法化的词汇项本身与其他成分的关系；语法化的词汇项所在的结构构式和语法环境变化。观察视角的改变会得到不同的结论。以词汇项本身为观察对象，语法化导致的是一个以紧缩和损耗为特征的减量过程，包括语音、语义内容的消失，或是与其他成分关系的受限，研究者称为“窄化效应”。以语法化的词汇项所在结构构式和语法环境为观察对象，则语法化导致的是增量过程，包括可适用环境的扩张和与搭配成分的增多，研究者称为“扩展效应”。这两种效应互相兼容、同步发生，是一种平行关系，均为语法化过程中出现的伴随现象。这一研究成果说明，语法化的本质其实并非“语法”的变化，其实质是语义—语用的变化。

第四，单向性是语法化过程中的一个重要特征，其中一个重要表现为去范畴化。当然，某些过程，如“特化、分化、更新”，也会参与单向性的某些过程。语法化的单向性通常指语义内容的泛化或淡化，但这并不意味着语义内容的丧失，特别是在语法化早期阶段。除了词汇的语法化外，在句内部、跨从句之间也可以出现语法化演变。在极端语言接触环境下，不同语言之间相互影响，也会对语法化演变发展进程产生影响，在这方面，皮钦语（Pidgin）和克里奥尔语（Creole）的相关研究成果可以给汉语语法化研究带来许多启示。

第五，语法化不是无限制的，同样要受语言各个组成部分发展速度不平衡规律的制约。与语音和词汇变化相比，语法的演变速度是最慢的，稳定性最强。语法化的结果是产生新的虚词以表示某种语法关系，或体现某种语法功能，然而任何语言中专门用于表示语法关系的形式和结构相对而言都是有限的，变化也会较为缓慢以保障交际的有效性，因此事实上只有少数实词会语法化。

第六，语法化的结果之一是形成专门的语法标记。需要注意的是，语法标记一般都来自普通词汇，其发展演变过程往往遵循着共同的规律：词汇最初常有多种义项和语法功能，新出现的标记特定语法范畴和语法功能，在出现不久时新用法的使用频率不高，与旧有用法并存，随着时间发展，新用法的使用频率会逐渐增加，有的词汇会最终取代旧有用法成为纯粹的语法标记。

二、语法化动因机制

引发语法化的条件和动因一直以来都是学界探讨的热点问题。从不同的角度出发，可以得出各种解释。语法化机制有多种理解，主要涉及词义、语法位置、使用频率、语法类型、语言接触、结构相似性和语义相宜性。有的研究者将动因和机制看作两个不同概念，认为动因指对实词或结构语法化的产生和发展有影响的各种条件，而机制则是促使语法化产生和发展的现实因素，即语法化实现的具体途径和方法。动因是语法化的必要条件，但并非充分条件，而机制则是语法化实现的最终途径。本书不从严格意义上区分这两种概念，认为语法化动因机制既包括产生新语法意义的动因机制，如隐喻和语用推理，也包括产生新语法功能的动因机制，如类推和重新分析。

研究者对引发语法化的具体动因机制看法不同。Langacker（1977）认为语法化与语言结构的变化有关，他把结构层次的变化划分为三个不同类别：分界消失、分界转换和分界创新。他认为结构的改变导致语义的变化，新义产生或旧义消失是语法化的必要动因。Traugott（1989）提出，主观化是语义演变的动因，而语义演变是语法化的动因之一。Bybee（1994）提出重复是语法化的必要促进因素之一。高频率使用与语法化相互促进。高频率使用的实词容易产生语法化，虚化为语法标记，而一旦成为语法标记又会反过来进一步提高使用频率。Peyraube（2002）认为语法化机制只有三种类型：重新分析、类推机制和外部借用。这三种机制分别与去范畴化过程、语义泛化和语言接触有关。

语法化演变动因的触发受到以下几种机制的影响：①语义—语用演变，包括隐喻、转喻、主观化和语用推理；②类型扩展；③结构要求；④语音演变。其中，最重要的语义—语用演变与认知演变和不同认知处理过程有关。Traugott（2011）提出语用功能强化也是语法化的动因之一。

国内研究者对于语法化的动因和机制也有自己的看法。刘坚等人（1995）认为，汉语词汇的语法化诱因涉及的因素较多，主要有句法位置、结构关系、词义变化、语境影响、重新分析。解惠全（2004）也提到了句法地位的重要性。他指出，不同句法成分的位置对于实词语法化的影响是不一样的，相对于状语和补语而言，主语、谓语、宾语和定语位置上的成分一般情况下不容易产生语法化，但不排除特殊条件的影响，如连动式结构中后一个动词就比较容易虚化。洪波（2005）对此提出异议，他认为句法位置的改变和词义的变化只是为实词语法化创造了条件，但并非导致实词语法化的机制。他提到在一些结构中比较特殊的位置是容易产生语法化的位置，如句子成分之间或复句的分句之间。李宗江（2009）总结了影响语法化的因素，主要有语法接触、语言结构类型和语法特点、语法系统变化、语音特点、词汇本身所处环境、语用因素和认知因素。

综上可知，产生语法化的动因机制复杂多样，既有语言系统内部因素，也有语言系统外部因素。下面我们将学界普遍认可的几种常见动因机制归纳如下：

（一）语义演变

词汇项语义的变化、虚化会引起组合关系、句法位置、语法功能等方面的变化，刘坚等人（1995）认为语义演变会引发词汇项的语法化。董秀芳（2005）指出由于范畴化中原型模式的影响，原型性强的特征会体现在多个相关义项之中，成为该范畴的基本特征。在认知上具有凸显性的义素容易被保留和继承沿袭下来，并衍生出新义项，引起功能和性质变化，或范畴变化。非典型范畴义则不具备虚化的充分条件，不容易产生变化。比如“眼”的语义发展，如图 2-9 所示：

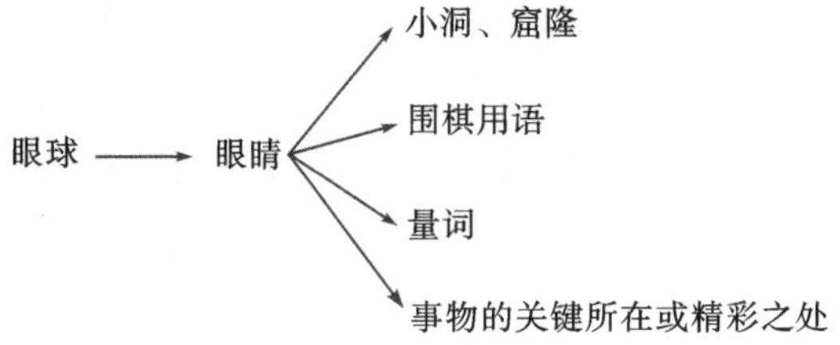

图 2-9　“眼”的语义演变

“小洞、窟窿”“围棋用语”和“量词，用于井、窑洞等”这三个语义都是基于“眼球”的圆形这一形状义，可见“眼”的语义演变主要保留了原意的形状义素。由于眼球是人体的关键器官，基于功能义再演变出“事物的关键所在或精彩之处”这一语义。可以看到，无论是基于形状义演变还是基于功能义演变，在认知中都是“眼球”的重要特征，而其他一些认知上的非重要语义，如颜色或数量等，不被凸显则不会延伸出新语义。

语法化过程中的语义演变还表现为已有意义的“滞留”。吴福祥（2017）概括了语义演变的规律，指出语义演变模式或路径有多种，其中，语义变化体现为真值条件义演变为非真值条件义，内容义演变为内容义或程序义最终演变为程序义。语义—语用方面的变化则体现在非主观性意义演变为主观性意义，最终演变为交互主观性意义。由此可见语义的演变会引起功能的改变，由实在的词汇义演变为虚灵的功能义则会导致词汇项的语法化。

从共时和历时的角度考察语义演变都有助于判定不同语义和语用功能之间的关系，帮助厘清和构拟若干义项与功能的衍生顺序及演变路径。汉语中不少实词因为语义演变导致语法性质发生改变，比如，刘月华（1980）和吴福祥（1996）注意到趋向动词“起来”在历时使用中发生了以下语义演变过程：

（38）他神色自若地说，拉开椅子站了起来。（位移过程）

（39）睡醒后头发会竖起来。（位移方向）

（40）龙涉虚惨叫一声，不知那来的气力，整个人都弹了起来。（结果）

（41）太后一怔，抬眼看晴儿，脸色立刻柔和起来。（动态）

例（38）说明了位移过程，句子主语由坐姿改为站姿，例（39）说明了动作的位移方向，头发由下垂状态转为直立状态，例（40）表明了动作的结果，“弹”的结果是“整个人起来”了，例（41）说明了动作的起始体貌，说明太后的脸色从说话的时候开始就变得柔和了。“起来”的语义演变路径可以表示为：位移过程＞位移方向＞结果＞动态。这一语义上的变化导致“起来”由表具体位移过程的动补结构最终演变为趋向动词。

（二）重新分析

Hopper & Traugott（1993）认为重新分析是语法化的主要机制之一。重新分析体现为结构上的变化，即表层相同的结构内部构造因为语用或其他原因被重新划分边界，如构成成分、层次结构、范畴标注、语法关系和黏着性等方面，其实质涉及组合关系的改变。一些新创结构即由重新分析机制衍生而来，如英语中 alcoholic（酒精的；酗酒者）原本是由 alcohol 和 ic 组合而成的，由于重新分析，holic 成为后缀，演变过程可如下所示：

alcohol / ic → alco / holic → alcoholic

由此衍生出一系列构词法相同的词群：workholic（工作狂）、clampholic（标签）、Egoholic（恋我癖）、Soundholic（音瘾）、cyberholic（网迷）、workaholic（工作狂）、Jazzholic（爵士迷）等。

（三）类推机制

沈家煊（2007）认为导致语法化的机制包括回推和类推。回推即回溯推理，即根据前提和事实推导出结论，但这个结论并非绝对为真，只是有可能为真。回推的前提或是逻辑定式，或是语用定式，或是认知定式。

类推指类比推理，主要指规则的泛化，指“语法中的例外形式变得整齐规则的过程”，这个过程包括共时和历时两个层面。类推体现为已有结构对现存形式的吸引和同化，原有结构没有产生变化，某个法则或规律的泛化使用使得不同于原有结构的新结构产生，其实质为聚合关系的组织、表层搭配和用法模式的变化。类推推出的新结构表层形式与旧结构的不同，但两者底层意义不变。比如英语中动词过去式的变化规则是在动词原形后加上 ed 后缀，learn 原本是不规则变化的动词，过去式形式为 learnt，但由于受到规则动词变化规则的影响，原有的复数形式被规则变化形式 learned 取代，词语本身的语义没有发生变化，只是词形不同了。类推公式如图 2-10 所示：

A：A' =B：B'
↓
X

图 2-10　类推机制公式

（四）高频使用

Haspelmath（2001）提出语法化形式与语法化可能性是正相关关系，语法化形式的使用频率越高，发生语法化的可能性就越高。这与人类的认知心理有关，重复使用会使人们对于外来刺激的反应变弱，导致语法形式弱化，或者使语义虚化。语法化过程与词汇在实际使用中的频率有密切关系。通常只有高频率被使用的词汇才有语法化的可能，频率与语法化可能性成正比，频率越高，语法化可能性就越高。高频率的使用要求该用法至少是词汇的主要用法之一，比较稳定，而不是罕见用法或是个别的孤例。

Hopper & Traugott（2008）提到频率与各种语法化典型特征之间的关系，认为形式的重现可以增加使用及与其他结构组合的自由度。高频度出现的组合或结构式往往会被作为整体或组块来表达和理解，语义内容因此变得可预测，表达速度变快。构成成分语义有不同程度的淡化或受损，适应范围更广而功能变得模糊，整个组合或结构式的使用变得自动化。如英语口语中常见的紧缩形式：

（42）going to → gonna
want to → wanna
got to → gotta
let us → lets

英语中类似的紧缩形式很多，但多为口语中使用的高频形式，比完全形式有更高的使用频率。反复高频的使用使音节模糊或脱落，加上语义固定可预期，这些表达形式从对客观状态的陈述逐步发展到对主观意愿的表达，如 going to 从表达对未来情况的推测发展为对说话者主观计划或打算的说明，就是从较虚的意义发展为更虚的意义。

（五）语用因素

语用因素多为语用推理，李宗江（2009）将语用因素理解为语用需求，语言表达的经济原则、礼貌原则和合作原则都对语法化形式有影响。新的语法意义由语用推理产生，新语义的产生往往是语用推理的结果，如会话含义的推理。Grice（1975）的会话原则中，方式准则的次原则要求说话有条理，遵守动作的真实顺序，否则会造成理解困难或失误。例如：

（43）A：你干吗？

B：我上五楼打点水再下来。

Newmeyer（1992）对汉语的连谓结构做过研究，认为其是语用原则语法化的结果。例（43）中 B 回答 A“干吗”，按顺序清楚交代自己的行动：先“上五楼”再“打点水”最后“下来”，按照自然时间顺序说明，内容和动作顺序无法调整、反转或取消。“首先”“然后”“最后”这类次序表述标记的隐现不会造成理解障碍，经济原则使得会话中倾向于次序标记不出现，“上”“下”故而在表达实际行动义外还隐含表达时间顺序的功能，具备语法化可能。

（六）句法位置

句法位置变化也能使语言成分或结构语法化。词汇语法化受所处句法结构影响，如汉语中被动标记“让”的语法化过程说明一个成分语法化之前出现的句法结构与语法化之后出现的结构，在结构上具有相同或相似的特性。刘坚等人（1995）考察了实词在语法化前所处的语法位置，指出动词在主谓宾结构中作谓语时不容易产生语法化。一旦处于次要位置，或是连动式中的次要动词位置，则其语法化的可能性增高。李宗江（2009）认为汉语动词位置灵活，居前居后不代表语法位置变化。汉语动词的语法位置有典型与非典型区别，动词出现在非典型位置容易产生语法化。

解惠全（1987）指出语法化容易发生在状语和补语的位置，在特殊条件下主语、谓语和宾语位置也可以语法化，Traugott（1996）也有类似观点。比如“被”的语法化发展经历了从名词到动词、介词、助词，最后成为被动标记和定位语素。“被”在句中的位置变化体现了语法化的不同阶段：

（44）饮食被服不足以自通，如此不惭耻，则无所比矣。（《史记·货殖列传》）

（45）操吴戈兮被犀甲，车错毂兮短兵接。（《九歌·国殇》）

（46）东渐于海，西被于流沙，朔南暨声教，讫于四海。（《尚书·禹贡》）

（47）后被贬，卒于绛州别驾。（《旧唐书·卷六十二·列传第十二》）

（48）但是，最后垓下一战，刘邦却终于胜利，项羽被迫自刎于乌江。

（49）来自全国各地多所高校的毕业生在网上发帖，交流自己“被就业”的经历和感受。

例（44）中“被”是名词，被子的意思，与“饮、食、服”并列，以并列短语的形式充当句子主语。例（45）中“被”是动词，穿在身上的意思，充当谓语，后接宾语。例（46）中“被”意为“及，到达”，作介词修饰谓语，出现在谓语前。例（47）中“被”表被动义，出现在谓语前，后面宾语隐现自由，如“被（某人）贬”。例（48）中“被”作为被动标记出现在谓语前。例（49）中“被”成为表非自主义的定位类前缀，近年来能产性较强[①]。可以看出，不同语义和功能的“被”在句中出现的位置也不同。

（七）主观性和主观化

沈家煊（2001）指出，语言可以表达命题意义和说话者的情感态度。说话者在话语中留下的“自我”印记就是语言的主观性（subjectivity）。说话者主观信息和态度的形式与结构逐步衍生出可识别的语法成分的过程是主观化（subjectivization）。会话中说话者会通过各种形式强调凸显目的、动机、态度和情感。这些形式被反复运用后凝固

① 例（49）语料来自搜狐新闻，该条新闻还列举了多个同类构式的词语。

成固定结构，就形成了主观化的表达成分。

最早将主观化引入语法化研究的是 Traugott（1989，1999，2000）。Traugott 认为主观化是语法化的一个重要机制，是一种语义—语用演变过程，可以定义为“意义变得越来越植根于说话人对命题内容的主观信念和态度”①。主观化表现为命题功能演变为言谈功能、客观意义演变为主观意义、非认识情态演变为认识情态、非句子主语演变为句子主语、句子主语演变为言者主语、自由形式演变为黏着形式。

吴福祥（2004）认为日常会话交际中说话者要表达命题义和“言者义”，“言者义”主要用以体现语言中的主观性，即说话者在表达语义的同时要表明自身的立场、态度和情感，话语中因而凸显出说话者的“自我”印记。这种印记如果能够通过明确的语言结构和形式加以编码，或是经由演变发展获得主观性表达功能，那么这一过程即是主观化。

比如英语中 since 可以引导时间状语从句和原因状语从句。

（50）Indeed，it has been more than a decade ***since*** it was last cited in a case.

实际上，自从上次（条文）被引用之后已经超过十年了。

（51）However，mathematical puzzles do not require specialized knowledge，***since*** the targets are primary school students.

然而，数学题并不需要特殊知识，因为目标人物是小学生。

例（50）中 since 表明主句和从句时间上先后顺序，条文引用在先，时间过渡在后。由于时间上的先后往往蕴含着逻辑上的必然联系，反复运用后这种用法固定下来，since 因此发展出因果关系，例（51）中 since 表明所引导的从句“目标人物是小学生”是“数学题并不需要特殊知识”的原因。由此，since 从表明时间上的先后关系发展为表说话者认为的因果关系，从描述客观意义演变为表达主观意义。

（八）认知因素

认知因素主要指新的语法范畴和语法意义产生的认知方式。Heine 等人（1991）认为语法化受到语法结构之外的语用和认知因素影响。从认知的角度出发，隐喻是语法化的主要机制。王建伟、苗兴伟（2001）

① 关于 Traugott 对主观化的定义转引自吴福祥《近年来语法化研究的进展》（2004）。

认为语法化过程中隐喻和转喻模式起了重要作用。隐喻模式指从具体概念域投射到抽象概念域，不同认知域之间的投射是隐喻性的关系，在语法化过程中有促动作用。转喻模式基于局部语境下成分之间的毗邻性构成，在命题模式、意象图式模式和隐喻模式的基础上，其中某一个成分与另一个成分产生联系。

沈家煊（2007）认为隐喻是用一个概念来表达另外一个类似的概念，涉及两个不同认知域之间的投射。转喻则是用一个概念来指称另外一个相关的概念，涉及两个不同认知域的过渡。隐喻是表达手段，转喻是指代手段。隐喻要求源概念具体，目的概念可以具体也可以抽象，而转喻要求源概念显著，目的概念可以显著也可以隐晦。

处所词从表示身体部位的名词演变为指称方位的处所词即隐喻导致的语法化。例如“头”“脚”等，原本指人的头部和脚部，通过隐喻转为指处所，如“山头”“桌脚”等。转喻机制导致的语法化请看下面两例：

(52) He was ***going to*** school for computer science.

他要去学校上计算机课。

(53) The facilities are ***going to*** be one of the best in the nation.

这个设备将会成为国内最好的设备之一。

Going to 结构原本表示动作实际目的，经由转喻机制语法化为表说话者主观意图的标记，从空间变化转指时间变化。例（52）中 going to 有命题真值义，表具体的行动，后接行动目的地，而例（53）中 going to 是将来时标记，没有具体语义，表达动作的发展趋势，是语法化的结果。

（九）语言接触

语言接触同样可以引发语法化。Bruyn（1995）、Baker & Syea（1996）等人对皮钦语和克里奥尔语的研究成果证实了语法化过程和机制与语法化的关系。Gerritsen & Stein（1992）认为语言接触、句法借用和句法影响是句法演变的重要外因之一。Campell（1995，1999）把句法借用看作句法演变的三个机制之一。Bisang 等人（1998）的研究表明语言联盟（sprachbund）的产生与跨语言扩散有一定关联。吴福祥（2004，2009）指出语言接触导致的语法化与语言内部独立发生的语法化本质上并无区别。语言接触会导致形态—句法成分的借用和影响，促进特定语法化过程的产生和发展，并且可能导致语法化机制的跨语言扩散。

Matisoff（1991）、王寅等人（2005）认为，语言接触能解释部分语法化现象，借用和仿造语法成分是常见现象。语言接触包括语言与语言之间，以及语言内部各方言之间的接触。比如英语中后缀“-ise/-ize/-en/-fy”可以附着在名词或形容词后构成动词，汉语中后缀“化”类词的形成明显与这种新词构成形式类似，并且具有很强的能产性。例如：

（54）modernise → 现代化
urbanise → 城市化
professionalize → 专业化
grammaticalize → 语法化
deepen → 深化
broaden → 扩大化
beautify → 美化
simplify → 简化

再如东南亚语言中“得”义语素普遍具有一种与汉语中的“得”作为补语标记相平行的多功能模式：“得”义主要动词、动相补语＞完整体标记、能性补语、状态＞程度补语标记、能性补语标记。吴福祥（2009）证实了这种多功能模式形成受到汉语中“得”的使用影响，他称为接触引发的语法化（contact-induced grammaticalization）。

第四节　“说”及“说”类词研究

动词的研究一向都是汉语研究最重要的课题之一。早期言说动词的研究多从语法角度出发，近年来才逐渐转向句法、语义层面，考察言说动词出现时的隐现规律或语篇功能，取得了不少新颖而富有建设性的阶段性成果。马建忠在《马氏文通》中对言说动词已有涉及，黎锦熙（1924）也在论述外动词或及物动词时列举了大量言说动词，如“劝、说、叫、称许、批评、笑骂”等。当然，他们的研究中没有使用“言说动词”这一术语，直至尹世超（1985）正式指出“全能动词”中含有“表示言语行为的”小类，“言说动词”才开始被视为单独的一个动词小类，拥有了对应的特定术语。不过，早期言说动词只被看作是处于动词下位分类中的一类表示言语行为的动词，并没有作为一个独立的研究对象存在。

20 世纪 90 年代以来，关于言说动词句法语义特征的研究逐渐增多。袁毓林（1998）详细分析探讨了包括言说动词在内的不同动词的句法、语义功能及其制约关系。陈昌来（2002）运用配价理论考察言说动词的句法语义特征，此类动词也可称为告知、探问类三价动词。陈昌来分析讨论了动词的价量、价质、价位和价用。这些研究从不同方面揭示了言说动词的句法语义特征，研究方法多为列举和分类，量化分析较少，现象背后的共同规则和驱动原因有继续研究的空间。

21 世纪初，国内学者采用不同的理论框架展开对言说动词的专项研究。钟守满（2004）是国内首位以言说动词为专门研究对象的学者。基于认知语义框架，他从语义认知的角度出发对比研究了英汉言语行为动词在认知结构分类和句法语义等方面的异同。王莹（2005）对比了言说动词的语义特征系统。吴剑锋（2008）分析归纳了言说动词的语义特征。金娜娜（2009）建立了隐喻性评价系统，重新分类言说动词并阐释了言说动词隐喻性表达评价意义的功能。郭珊珊、沈敏（2013）从框架语义理论出发，对汉语中言说域词元进行分析，将“说”归类为二元言说域词元。刘大为（2002）在篇章语用框架下分析言说动词、意向动词和外部动词之间的关系，论证了言说动词的自指功能。此外，他（2004）还采用新的篇章分析方法，从言说动词对视域的控制入手，发现言说动词可以采用转述和引述的方式进入主视域。徐默凡（2008）分析了言说动词的修辞行为和修辞意图，指明言说动词的隐现规律与修辞意图有紧密联系。胡婷、李仕春（2017）运用语料库技术进行穷尽式考察，认为与《现代汉语词典》（第 7 版）里的相比，“说”出现了 10 个新义项，并运用框架语义学中的“概念槽”理论解释了新义项的产生。

言说动词“说”的搭配成分、语音表现等特征也是研究者关注的问题。孙东方（2004）区分了“说”的宾语小句中不同的主语回指形式。张茜茜、陈平（2007）对“说”字的四种读音进行了考证，指出不同读音之间语音上的联系和区别，以及音义之间的对应关系。邱冰（2008）通过梵汉材料对勘考察，认为“说”后接表“言”或“语”的名词受事宾语这一用法主要源于佛经翻译，因对梵文原典的仿译而产生。陈树坤（2016）在系统功能语言学的理论框架下考察了连词中的“说”，区分了“说”的不同出现方式、动因和语篇功能。

一、现代汉语共同语中的“说”

有一些研究者根据语法化理论对言说动词“说”进行了探讨。方梅（2003，2006）认为北京话里“说”的虚化是经由一系列变化发展而来的，是语义和功能发生变化的结果，分别沿着两条不同的演变路径虚化为补足语从句标记和虚拟情态标记：“言说动词>引语标记”和“言说动词>话题标记>例举标记>条件从句标记>虚拟情态从句标记”。赵询思（2006）考察了现代汉语中“说”的虚化情况。随利芳（2007）对比了“说”与“道”的语法化区别。罗志春（2007）从组配成分特征角度出发研究了“说”的语法化过程。刘芳（2009）区分了“说”语法化后的不同结果，以及由此而来的句法结构和语用功能的改变。玄玥（2011）分析了“说”作为客观叙述标记词的新用法，认为这种用法是由讲述型文艺形式中衔接篇章的“话说、却说”等发展而来的，不过这种标记形式受制于表演性的语言环境，在日常语境中较为少见。范一文（2013）通过描写“说”在共时平面上的句法语义特征，推导其语法化路径，探讨了不同类型的“说”在传信范畴中的语用功能。丁健（2015）专门研究了言说动词“说”作为标句词的用法，分析语法化演变路径和动因机制，概括与特定语用功能相适应的句法特征。吴剑锋（2016）讨论了“说”作为小句宾语标记的用法、语法化路径和限制条件，指出“说”属于核心标注标记，有发展为纯功能词的倾向。

还有一些研究涉及历时层面，如汪维辉（2003）对“说类词”的研究。他主要对比分析了北方方言中的“说”、南方方言中的“话”及中部方言中的“讲”这三个词在历史上的发展演变过程和现代方言中的具体分布，从历时与共时相结合的角度对这些词汇项的发展变化进行了探索。杨凤仙（2011）考察了上古时期的汉语言说类词语在文献中的具体使用情况。郭颖洁、李诗（2011）从“曰、言、说”共同的语义入手，统计了历时层面上语义和使用方面的差异，再以此为基础分析三者在使用上产生分化的动因和影响因素。

二、方言及其他非汉语语言中的“说”

一些研究成果考察了言说动词“说”在汉语方言中的表现和特征。如张安生（2007）考察了西宁回民话中“说”作为引语标记的现象，通过对相关句法属性的具体分析，他认为“说”的引语功能与西宁回民话本土方言的 OV 语序倾向和后置词倾向有关，同时也有因语言接触而受藏语安多方言和当地阿尔泰语影响的因素，特别是蒙古语族的影响。黄映琼（2013）总结和对比分析了梅县方言中“说”的使用情况，指出与其他南方方言不同，梅县方言中的“说”虽可单独使用，但其用法、语义都非常单一，且仅限于老年人口语中，年轻人现在几乎不用。

近年来，还有部分学者将汉语中的言说动词与其他非汉语语言中的言说动词进行了对比分析。郑青（2011）考察和对比了现代汉语中的言说动词“说”和现代日语中的言说动词“イウ（言）”，指出汉语和日语言说动词“说”和“イウ”经历了类似的语法化发展与演变。张芜（2013）从词语构词法和语义对比的角度对汉英“说”类词语进行了研究，认为汉语和英语中的言说动词在构成成分、性质、语义等方面的差别与认知方式的差异性紧密相连。张洪芹、张丽敏（2015）采用量化与质性研究结合的方法对英语言说动词“say”和汉语言说动词“说”的语法化与主观化进行了对比研究，发现“说”和“say”的演变过程发展轨迹类似，两者在演变的过程中均沿着类似语法化途径发展，体现出主观性和交互主观性，在跨语言对比研究中证实了言说动词的虚化和语法化过程存在跨语言共性的可能，肯定了类型学角度下研究的可行性和必要性。

三、“说”类话语标记研究

在话语标记众多研究成果中，“说”类话语标记的研究占有重要地位，其成果也相当丰硕。“说”类话语标记的研究与认知语言学的发展和研究成果有比较密切的联系，其中有相当一部分研究成果关注的是“说”与不同成分组成的不同语言形式或结构，研究范围主要集中在语义发展和演变、语用机制和篇章功能等方面，从词汇化、语法化、主观化等角度多方考察由“说”构成的各类话语标记。

就已有成果来看，“说”类话语标记可以分为以下几类：

（一）副词＋“说”

由副词＋“说”结构演变而来，如“别说”等。李宗江（2014）以“别说”为例探讨了话语标记的来源问题。侯瑞芬（2009）指出言语交际中质的原则、量的原则和回溯推理一起推动了“别说”的语义演变。尹海良（2009）描写和解释说明了这一话语标记的语法化过程。王森

(2013) 从语篇构建功能入手对“别说”的具体使用情况进行了考察。周明强、姜哲宇（2019）探讨了推进式话语标记“更 AP 地（的）说/讲”，分析了此类结构话语标记的多种语用功能及不同的认知情况。陈柳蓓（2022）讨论了“应该说”的历时演变过程，指出作为标识言者的弱断言认识立场标记，“应该说”具备多种不同语篇功能和人际功能。

（二）人称代词＋“说”

由人称代词＋“说”结构演变而来，如“我说、你说”等。董秀芳（2003）区分了这类词的形成机制和具体演变方式。于静丽（2009）、刘嵚（2008）、李宗江（2010）等人从不同角度对人称代词＋“说”结构进行了研究。刘嵚（2008）、尹海良（2009）等人描写和分析了话语标记“我说”，殷树林、朱怀（2011），盛继艳（2013）等人对话语标记“你说”进行了集中考察。李鑫（2013）则将“我说/你说”作为一组结构统一研究，指出话语标记“我说/你说”在语音、语义和语法方面均产生了不同程度的变化。

（三）连词＋“说”

由连词＋“说”结构演变而来，如“所以说”等。吕建国（2012）考察了“所以说”的话语功能，指出其涵盖面由句子层面上升到话语层面，用以表达说话者的主观态度，具备衔接连贯、组织及强调话语的语用功能。龙铨（2014）从历时的角度考察了“所以说”的语法化过程，认为“所以说”可以作为话语标记，不表示上下句之间的因果关系，而是作为过渡和衔接手段连贯话语，或是转移话题，体现了话语组织和指示的语用功能。

（四）名词性成分＋“说”

由“说”＋N/NP 或 N/NP＋“说”结构演变而来，如“说实话、人说、话说”等。李宗江（2015）将这类结构称为坦言类语用标记，陈玉婷（2016）则将其归为坦诚性话语标记。易正中、王立杰等人（2013）从演变过程、语用功能、会话语境和话轮位置等方面探讨了话语标记“说实话”。乐耀（2013）论述了北京人口语中“人说”由引语标记经重新分析演变为传信标记的过程。周晨磊（2012）重新分析了“话说”的形成和固化过程，以及由此导致的语用功能的改变。方迪

（2019）指出“这话说的”是体现言者负面评价立场的回应性成分，其负面取向受礼貌原则和“说”的元语性评价推动从而得以凸显。谢晓明、梁凯（2021）分析了“谁说的”的话轮位置及会话序列结构，指明其受主观化和语用化的制约，演变出多种语用功能以表达言者的不同立场。

（五）动词性成分＋“说”

由“说”＋V或V＋“说”结构演变而来，如“说起来、说是”等。李文瑞（2014）、李丽娟（2015）、苏琳琳（2015）、李晓津（2017）等人考察分析了话语标记“说起来”的语义演变、句法分布、语用功能、形成机制特征。刘焱（2010）、李治平（2011）等人讨论了“说是”的虚化凝固过程、语用功能、语法化的动因机制。李慧（2020）考察了“说起来”的语法化过程及动因机制。邓燚霖（2020）对比了“说起来”与“说来”的异同，指出两者因视角不同而导致了位置分布、关联模式、话语功能等方面的差异。潘晓军、胡承佼（2015）梳理了“不要说”和“不用说”历时演变与共时差异的关系。李金晓（2017）、张丽（2017）讨论了“不用说”的语篇位置和语用功能。宗守云（2022）辨析了“不用说”作为断言标记的形式特征和语法位置，指出“不用说”异于其他断言标记之处在于特定的认识立场特征。

（六）其他结构＋“说”

由其他结构＋“说”演变而来，如“的说”等。于艳华（2009）提出网络语言中的“的说”具有高确信度，具备机器化和宣告性的特点。秦岭（2010）从社会语言学角度阐释话语标记的使用与说话者身份认同意识导致的有意识语码转换行为有关。尹露（2012）以问卷调查的结果为基础，探讨了“的说”的核心语义、语用功能、演化过程及流行原因。张小会（2011）和刘小宛（2014）分析了“X＋的说/XX的说”句式的语法结构特征、语义句法功能。

（七）“说”类短语

由带有“说”的短语缩减凝结演变而来，如“我说什么来着、怎么说呢、不瞒你说、不是我说你”等。吕为光（2011，2015）研究了责备义话语标记“我说什么来着”和迟疑功能话语标记“怎么说呢”。钟玲、李治平（2011）分析了话语标记“不瞒你说”。乐耀（2011）、刘焱

(2016）等人归纳了话语标记“不是我说你”的申辩、批评、否定、责怨等语用功能。干敏（2012），徐坤（2018），杨尧（2020），张渝英（2021），张文贤、李先银（2021）等人分别探讨了“我跟你说”的语义功能、演变机制、语篇位置、人际功能、话轮序列，以及在互动交际中认识权威的表达和彰显。罗彬彬（2022）集中对比了三组委婉性话语标记，包括“我说你啊”“我说你呀”“不知道该不该说”“说句不中听的”“说句难听的”等，分别考察了不同语力强弱的话语标记的语篇框架表现，并辨析了典型标记的语篇功能和人际功能。

第五节　本章小结

总体而言，以言说动词“说”为核心语素的“说”类话语标记的已有研究成果，在不同理论框架上从多方面对言说动词“说”及“说”类话语标记进行了描写和分析，主要涉及“说”类话语标记的语音、义项、搭配和后接成分类型等多方面特征，研究成果对本书的后续探讨具有重要参考价值。已有研究对言说动词“说”和“说”类话语标记在不同时期的语义分布、句法位置、语用功能的描写不够深入，对“说”的语法化路径、影响因素的探讨及动因机制的分析尚存在一些不够准确的地方。同时，对不同类型“说”类话语标记的研究大多采取句法特征、语义语用、认知因素视角的研究，历时演变阶段、语法化路径、动因机制等方面的分析较少，对语法化程度差异缺少讨论，对不同结构类型演变规律的探讨也尚显不足，缺少理论层面的宏观探索和系统思辨。

此外，语言类型学视角对于寻找和发现言说动词语法化共性有较强的实用价值，大多数研究成果只是从单一语言或方言内部出发，单线归纳和推衍“说/SAY”的语法化过程及发展路径，再在此基础上考察描写“说”类标记共时使用情况。涉及对比的研究以汉英、汉日对比较为常见，从类型学角度出发考察多种语言验证言说动词虚化过程相对较少，无法验证言说动词“说/SAY”的语法化是否具备某种程度上的共性，对语言现实和现象背后蕴含的普遍深层机制挖掘不多。语义地图的运用能为直观形象地展现同一概念空间中言说动词“说/SAY”的不同义项和语用功能节点提供切实有效的工具，但目前也尚未见到语言类型学理论指导下以语义地图形式呈现言说动词“说”及“说”类话语标记语法化过程和路径的研究成果。因此，已有相关研究成果语言个性的考察虽然比较丰富，但对其现象背后普遍规律的揭示略显不足。

因此，本书在后续章节将在语料搜集、文献整理、实证调研中考察核心语素“说”及各类“说”类话语标记的真实语言面貌，描写言说动词“说”和不同结构类型“说”类话语标记的句法特征、语法功能、语用功能和应用语境等，厘清不同“说”类话语标记的历时发展过程和各阶段具体变化。然后选取部分具有典型意义的“说”类话语标记进行个案分析，结合实证数据展开对不同类型“说”类话语标记的定性和定量评估，并在此基础上根据左缘结构分析理论辨析不同“说”类话语标记在句法层面的层次和辖域区别。最后结合“说”类话语标记典型案例的历时发展路径和演变数据，分析推动发展演变的动因机制，揭示话语标记发展演变规律的共性和个性。

第三章 “说”类话语标记的左缘结构分析

话语标记的产生不是孤立偶然的，而是语言中广泛存在的具有实用价值的语用现象。“说”类话语标记使用率高，在口语语境中尤为明显，因此对“说”类话语标记语用价值的多角度研究具备极高的实用性。参考已有研究，我们对“说”类话语标记的左缘结构进行分类考察，描写不同“说”类话语标记在句子左缘结构上的涵盖范围，辨析其话题和焦点的类型与出现顺序，寻找典型特征，确定不同话语标记之间的差异。

第一节 左缘结构构成成分分析

Rizzi（1997）和 Cinque（1999）指出句子的左缘结构上排列了一系列功能位置，用以编码语法和话语/语境之间的界面。有研究者提出，左缘结构最左边的位置（left position，简称为 LP）编码了句子内容和语境之间的关系（Baker，2008；Delfitto and Fiorin，2011；Giorgi，2010；Sigurðsson，2004；Speas and Tenny，2003）。Rizzi（1997）将标句词分为两个功能系统：语力（Force）和限定（Finiteness）系统、话题（Topic）和焦点（Focus）系统。在完整的小句结构中，语力和限定系统必不可少，而话题和焦点系统则根据说话人的表达需要被选择应用。两个系统依序排列在句子的左缘结构层面，一般疑问词短语（Int P）和特殊疑问词短语（Wh P）分布其间，具体出现顺序如下：

Force＞ Int P ＞（Topic）＞（Focus）＞ Wh P ＞ Finite

Belletti（2004）通过对意大利语的研究，提出 IP 内主题和焦点的分布与 Rizzi（1997）对 IP 的排列分布顺序平行：

IP> Topic*①> Focus > Topic* > VP

Paul（2005）和 Del Gobbo & Badan（2007）对汉语 CP 层和 IP 层进行了详尽的分析，分布排出了序列，如下：

CP 层：CP > 相关性话题 > 常规话题 > 介词短语话题 > 认定焦点 >“连”字焦点 > IP

IP 层：IP > 内常规话题/相关性话题 > 认定焦点 >“连”字焦点 > VP

通常来说，相关性话题指的是并不跟句子中的空缺成分或复指代词（resumptive pronoun）相关的成分。陆俭明、沈阳（2016）指出低于逻辑主语的话题或低于 IP 的话题即为内常规话题。徐烈炯（2002）、蔡维天（2004）认为认定焦点即汉语中出现在“是”之后的成分，IP 内的焦点须由认定焦点先于“连”字焦点。

根据话题和相关联成分之间的关系，Del Gobbo & Badan（2007）、Badan & Del Gobbo（2011）还将汉语的话题分类，认为不同类型的话题在左缘结构上的排列顺序应如下所示：

相关性话题 > 悬挂话题 > 左移位话题 >“连”字焦点 > IP

陈维娟、何宏华（2020）将在语义上存在种属关系或全集与子集关系的话题归为相关性话题。悬挂话题则是与复指代词或侮辱性词语相关联的前置名词短语。左移位话题指的是和空缺成分相关联的前置名词短语和前置介词短语。

张志恒（2013）在前人研究的基础上归纳了汉语话题和焦点在左缘结构上的分布，将其排列如下：

CP> 相关性话题 > 常规话题 > 介词短语话题 > 认定焦点 >“连”字焦点 > IP

傅玉（2014）引用 Huang 的意见，认为话题可以被分为主题话题（thematic topic）和对比话题（contrastive topic）。主题话题在意义上表达“有关性”（aboutness），对比话题在意义上表示与前文的对比。主题话题由原位合并而得，对比话题则由移位而得。多种语言左缘结构层面不同话题和焦点的排列顺序的具体情况如图 3-1 所示：

① 标记 * 意味着递归实现，即可以多次出现。

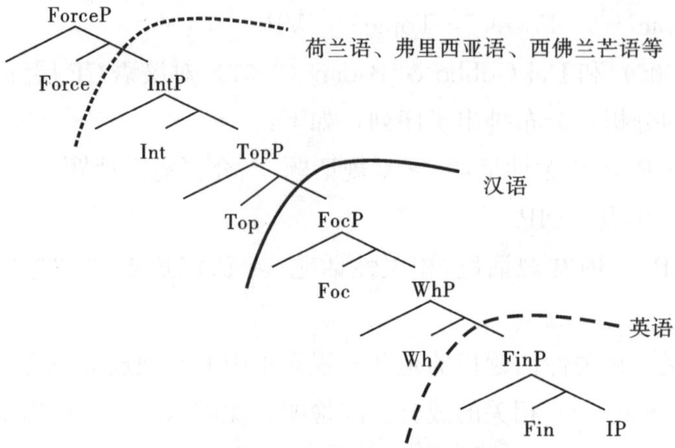

图 3-1　小句左缘结构排列①

陈维娟（2018）从特征角度区分了信息焦点、对比焦点、对比话题和“连”字成分，将话题和焦点在左缘结构上的部分分布调整为：

对比焦点＞对比话题＞“连”字成分

黄健平（2020）讨论了左缘焦点构式的语言表征及其认知动因，提出左缘焦点构式的主要句法形式应为“FocP ＋ Bgd”。句法形式上焦点位于 VP 之前，体现为“句首焦点”；音韵形式上焦点带有强制性对比重音；语义上左缘焦点构式中的焦点基本上都是对比焦点，都具有强调突显功能。如左移位构式“NP1＋NP2＋VP＋NP3”结构中的 NP1 是话语焦点，具有［＋不可删减性］、［＋突出］、［＋对比］、［＋穷尽性］和［±排他性］特征。左缘焦点构式的认知动因主要有两方面：一方面，左缘焦点构式受首因效应驱动，即紧要信息优先原则的作用，将紧要信息前置于句首使其焦点化，优先表达说话人心目中最紧要的信息；另一方面，认知识解中突显维度起着直接的作用。

Pan（2015）认为汉语左缘结构层面成分和功能的分布顺序如下所示：

AttitudeP1 ＞ AttitudeP2 ＞ Special QuestionP ＞ Illocutionary ForceP ＞ Only-focusP ＞ Sentential. AspectP ＞ TP

Rizzi（1997，2001）等人根据不同范畴及其中心语，将左缘结构的

① 结构图引自傅玉．“小句左缘理论”框架下的英汉截省句对比研究［J］．外语教学与研究，2014，46（1）：9.

基本构成标注如下：

FORCE（TOP*）INF（TOP*）FOC（TOP*）FIN IP

蔡维天（2019a）从比较句法的角度出发，对汉语模态词（modals）在不同句法层面的排列位置进行了分析，提出了不同类型的模态词组分布在不同的句法层面，如图 3-2 所示：

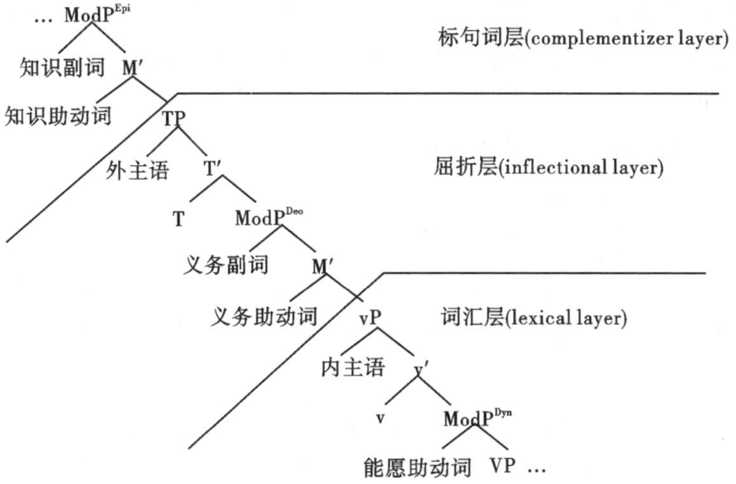

图 3-2　汉语模态词左缘结构分布①

蔡维天认为模态词在左缘结构上的分层分布与模态词诠释高度的普遍性有密切关系。知识模态词位于标句词层，属于句法结构高层，以言者为中心，表达言者的视角和主观认知、态度、评价等，体现言者对现实世界的认识。义务模态词位于屈折层，属于句法结构中层，以外主语为中心，体现会话、事件等所处客观世界情状，如伦理、法律、物性等。能愿模态词必须位于词汇层，为内主语所在的范畴，受主语的主体意识节制，与控制动词的行为类似。

这种分层分布的现象体现了“越高越虚”的句法分布特征，说明句法范畴沿从低到高的路径逐层演变，越往左缘层次发展其虚化程度就越高，即句法范畴的演变由实而虚。这种分布结果既与人主观化的认知历程相适应，也可作为语法化理论的研究视角之一。

本书认同 Rizzi、蔡维天和 Pan 等人的研究成果，并以三个典型“说”类话语标记“别说”“我说”“你说你”为研究对象，描写、分析和探讨“说”类话语标记在左缘结构上的分布特征与规律性。

① 引自蔡维天．制图理论和汉语语法［J］．语言学研究，2019（1）：32.

第二节　话语标记“别说”及其左缘结构

一、话语标记“别说”

“别说”由副词“别”和动词“说”组合而成，吕叔湘（1996）在《现代汉语八百词》中指出，现代汉语普通话中“别说”有三种不同用法，分别为：

（1）别说了，咱俩快回去报告！

（2）别说自由恋爱，动一下念头就算犯戒。

（3）别说，这仿品质量是越来越好了。

例（1）中“别说”是否定副词和言说动词的组合，语义为“不要说”。例（2）中“别说”整体是一个副词，与“别”“说”的本义无关，主要用于表达说话者的语气，具有让步功能，体现了前后小句的联系。例（3）中“别说”位于句首，与后面小句的命题意义没有直接联系，主要体现说话者对于后述内容的强调和肯定，是典型的话语标记。本节只研究如例（3）中作为话语标记出现的“别说”。

值得注意的是，作为话语标记使用的这种“别说”，通常会有几个变体，如“还别说”“也别说”“你别说”，以及组合式变体，如“你还别说”。这几个变体在语力、语气和语用功能上与原型结构“别说”差别不大，基本都能互换使用，如：

（3）a. 还别说，这仿品质量是越来越好了。

b. 也别说，这仿品质量是越来越好了。

c. 你别说，这仿品质量是越来越好了。

d. 你还别说，这仿品质量是越来越好了。

原型和变体在形式上的差异并未使“别说”的功能和语用产生本质差异，因此本章在讨论的时候将原型“别说”和“还别说”“也别说”“你别说”“你还别说”视为同一功能成分，仅以“（　）”作形式上的标记，不再作其他方面的二次区分。

二、话语标记“别说”的左缘结构

熊仲儒（2022）提到，Rizzi（1997）将左缘结构及各成分的分布标示如下：

(4) a. $[_{TopP} [XP] [_{Top'} [Top] [YP]]]$

b. $[_{FocP} [XP] [_{Foc'} [Foc] [YP]]]$

c. $Top^{*} \ldots Foc \ldots TP$

按照 Rizzi 的分析，例（4）a 中的 Top 指示语 XP 被定义为话题，补足语 YP 被定义为述题（Comment），例（4）b 中 Foc 的指示语 XP 被定义为焦点，补足语 YP 被定义为预设（Presupposition）。话题可多个并现，TP 以外的焦点和话题需遵循一定的顺序，话题位于焦点之上。

徐烈炯、刘丹青（2007）明确话题为“话语中已被激活的信息”。陈维娟（2018）指话题为多位于句首的承载已知信息的部分。熊仲儒（2022）将话题确定为“与话题范畴 Top 进行协约操作的短语成分”。Lambrecht（1994）认为只有焦点才具备使话语成为断言的功能，是“语用结构命题的语义部分，断言据此区分于预设”。方梅（1995）提出焦点即句子语义的重心所在。徐烈炯、刘丹青（1998）认为焦点并不是一个结构成分，可以位于句子任何位置，具备传达新信息的话语功能。袁毓林（2003）指出焦点是言者希望引起听者注意的部分，意义突出。董秀芳（2003）认为焦点是与预设相对的，是一个句子中最重要的信息。本节在前人成果的基础上，将话题定义为“在 Top 位置被激活的承载已知信息的短语成分”，将焦点定义为“凸显新信息的功能成分”。

Van Gelderen（2013）将 CP 层的话题分为基础生成和移位生成两种不同类型，但认为 CP 层的焦点均为移位生成。焦点的类型研究成果丰富，大多数研究者都同意“对比焦点”这一类型的存在，其他类型有信息焦点（Kiss，1998）、心理焦点和语义焦点（Grundel，1999）、自然焦点和话题焦点（徐烈炯、刘丹青，1998）、常规焦点（方梅，1995）等。

作为典型“说”类话语标记之一的“别说”，为了厘清其左缘结构在话题和焦点的类型与排列上具备哪些特征，首先请看几个语例：

（5）别说，监狱里还真有好人。

（6）别说，这还真挺好。

（7）嘿，别说，两样儿这么一掺和，艺术水平近了许多，生活呢，也丰满了许多。

（8）（还）别说！真有可能在下水道！

(9)（还）别说，好像真是那么回事！

(10)（你）别说，这些琳琅满目的小玩意还怪吸引人的。

(11) 南昌的房价（还）别说，是挺高。

(12) 我也热闹过一阵子的呢，（你）别说。

(13)《PDD 洪荒之力》，（你还）别说，还挺带感的。

根据不同成分的句法位置与功能，例（5）至例（13）位于 CP 层的话题和焦点可分别标记如下：

(5) [$_{DM}$别说，[$_{TopP}$监狱里 [$_{MP}$还 [$_{FocP}$真 [$_{VP}$[$_{V}$有] 好人]]]]]。

(6) [$_{DM}$别说，[$_{TopP}$ 这 [$_{MP}$ 还 [$_{FocP}$真 [$_{MP}$挺 [$_{AP}$好]]]]]]。

(7) 嘿，[$_{DM}$别说，[$_{TopP}$ 两样儿 [$_{DP}$ 这么 [$_{FocP}$一 [$_{VP}$掺和]]]]]，艺术水平近了许多，生活呢，也丰满了许多。

(8) [$_{DM}$（还）别说！[$_{FocP}$ 真 [$_{VP}$ [$_{V}$有 [$_{ModP}$ 可能 [$_{PP}$ 在下水道]]]]]]]！

(9) [$_{DM}$（还）别说，[$_{ModP}^{DEO}$ 好像 [$_{FocP}$ 真 [$_{VP}$ [$_{V}$是 [$_{DP}$ 那么 [回事]]]]]]]]！

(10) [$_{DM}$（你）别说，[$_{DP}$这些 [$_{AP}$ 琳琅满目的 [$_{TopP}$ 小玩意 [$_{MP}$ 还 [$_{FocP}$怪 [$_{VP}$ [$_{V}$ 吸引 [人的]]]]]]]]]]。

(11) [$_{DP}$ 南昌的 [$_{TopP}$房价 [$_{DM}$（还）别说，[$_{FocP}$ 是 [$_{MP}$ 挺 [$_{AP}$ 高]]]]]]]。

(12) [$_{TopP}$ 我 [$_{MP}$ 也 [$_{VP}$ [$_{V}$热闹] 过一阵子的呢]，$_{DM}$（你）别说]]。

(13) [$_{TopP}$《PDD 洪荒之力》，[$_{DM}$（你还）别说，[$_{MP}$还 [$_{FocP}$挺 [$_{AP}$ 带感的]]]]]。

由以上语例可以看出，话语标记“别说”所在的句子，其左缘结构层面不同话题和焦点的排列呈现出较为明显的特征。多种类型的句法成分均可位于句子核心的谓语成分（VP 或 AP）左侧，但各自功能和排列顺序具有典型规律性。

首先，除开话语标记不论，话题通常位于句首位置，如例（5）、例（6）、例（7），也可以受到限定符组（determiner phrase，简称为 DP）和形容词组（adjective phrase，简称为 AP）的修饰，但限定符组通常位于形容词组的左侧，即 DP＞AP，如果转换排列顺序则体现特殊的语用目的。例如例（10）：

（10）（你）别说，$_{DP}$ 这些$_{AP}$ 琳琅满目的小玩意还怪吸引人的。

a.（你）别说，$_{AP}$ 琳琅满目的$_{DP}$ **这些**小玩意还怪吸引人的。

正常表达结构中"小玩意"的左侧只能接受 DP＞AP 的排列顺序，即"这些""琳琅满目的"（小玩意）。如果调整为"琳琅满目的""这些"（小玩意），则从常规表达转换为凸显限定范围，往往伴随着语音上的重音强调"这些"，以起到排除非限定范围所指对象的特殊语用目的。

其次，话题和谓语核心成分之间存在可容纳多种句法成分并存的空位，可以有限定符组、知识情态词组（epistemic model phrase，简称为 $ModP^{EPI}$）、义务情态词组（deontic model phrase，简称为 $ModP^{DEO}$）、修饰词组（modifier phrase，简称为 MP）、焦点等，如例（5）至例（13）。句子谓语核心成分可以是 VP，也可以是 AP，但 VP 或 AP 类型的不同对左缘结构上其他成分的句法层级和排列顺序没有影响。不同成分的出现顺序仍需按照一定规律依次排列，不能随意变换，其中修饰词组可以多次出现。具体规律有以下几点：

第一，限定符组可以居于谓语核心左侧，如例（7），也可以在左侧，即在句法层面上层增加知识情态词组，如：

（7）a. 嘿，别说，两样儿$_{ModP}{}^{EPI}$ **要**这么一掺和，艺术水平近了许多，生活呢，也丰满了许多。

第二，限定符组可接受在右侧增加焦点算子，如：

（7）b. 嘿，别说，两样儿$_{ModP}{}^{EPI}$ **要**$_{FocP}$ **真的**这么一掺和，艺术水平近了许多，生活呢，也丰满了许多。

第三，知识情态词组位于焦点左侧，如例（9），两个成分之间可以接受修饰词组，如：

（9）a.（还）别说，$_{ModP}{}^{DEO}$ **好像**$_{MP}$ **还**真是那么回事！

第四，焦点可以不需要任何修饰成分，直接居于谓语核心左侧，如例（8）、例（9）、例（10）和例（13）：

（8）（还）别说！$_{FocP}$ **真**$_{VP}$ **有可能在下水道**！

（9）（还）别说，好像$_{FocP}$ **真**$_{VP}$ **是那么回事**！

（10）（你）别说，这些琳琅满目的小玩意还$_{FocP}$ **怪**$_{VP}$ **吸引人的**。

（13）《PDD 洪荒之力》，（你还）别说，还$_{FocP}$ **挺**$_{AP}$ **带感的**。

第五，修饰词组可以直接位于焦点左侧，如例（5）、例（10）和例（13）：

(5) 别说，监狱里$_{MP}$ **还**$_{FocP}$**真**有好人。

(10)（你）别说，这些琳琅满目的小玩意$_{MP}$ **还**$_{FocP}$**怪**吸引人的。

(13)《PDD 洪荒之力》，（你还）别说，$_{MP}$ **还**$_{FocP}$**挺**带感的。

第六，修饰词组也可以位于焦点右侧，处于焦点和谓语核心之间，如例（11）：

(11) 南昌的房价（还）别说，$_{FocP}$ **是**$_{MP}$**挺**高。

第七，焦点的左右两侧可以同时出现修饰词组，如例（6）：

(6) 别说，这$_{MP}$ **还**$_{FocP}$**真**$_{MP}$**挺**好。

可见，话语标记“别说”所在句子的左缘结构层面上话题与谓语核心之间各成分的排列顺序应该是：

$TopP > ModP^{EPI} > DP > ModP^{DEO} > MP^{*} > FocP > MP^{*} > VP/AP$

最后，由例（5）至例（13）可以看出，话语标记“别说”位于句首的情况最为常见，可视为常规句法位置。由于话语标记与句子真值无关，且位置灵活，因此可以推知出现在句中或句末的“别说”应是由句首位置移位而来的，即：

(11) t_i [$_{DP}$ 南昌的 [$_{TopP}$ 房价 [$_{DM}$ **（还）别说**$_i$，[$_{FocP}$ 是 [$_{MP}$ 挺 [$_{AP}$ 高]]]]]]]。

(12) t_i [$_{TopP}$ 我 [$_{MP}$ 也 [$_{VP}$ [$_V$ 热闹过一阵子的呢]，$_{DM}$ **（你）别说**$_i$]]] 。

(13) t_i [$_{TopP}$《PDD 洪荒之力》，[$_{DM}$ **（你还）别说**$_i$，[$_{MP}$ 还 [$_{FocP}$ 挺 [$_{AP}$ 带感的]]]]]]。

话语标记“别说”也可以根据表达需要随时回到移位前的句中位置，如：

(11) a. [$_{DM}$（还）别说，[$_{DP}$ 南昌的 [$_{TopP}$ 房价 [$_{FocP}$ 是 [$_{MP}$ 挺 [$_{AP}$ 高]]]]]]]。

(12) a. [$_{DM}$（你）别说，[$_{TopP}$ 我 [$_{MP}$ 也 [$_{VP}$ [$_V$ 热闹] 过一阵子的呢]]]] 。

(13) a. [$_{DM}$（你还）别说，[$_{TopP}$《PDD 洪荒之力》，[$_{MP}$ 还 [$_{FocP}$ 挺 [$_{AP}$ 带感的]]]]]]。

由此可见，话语标记“别说”引导的话题和焦点在左缘结构上的分布可表述为：

DM（话语标记“别说”）> DP > AP > TopP > ModP^{EPI} > DP > ModP^{DEO} > MP* > FocP > MP* > VP/AP

三、话语标记“别说”的层级图谱

话语标记“别说”的句法位置与它的语用功能有密切联系（尹海良，2009a，2009b）。话语标记出现在句子的不同位置，体现了不同的语篇功能。其位于句首时，可以体现上下文或会话涉及信息的关联性，凸显前述内容是言者尚未预料到的情况，同时传达言者主观上的不认同，具备提请注意、解说或强化下文等多种功能，以增加句子的整体语气和语势。从语用—句法接口角度出发，寻找话语标记“别说”所在句法位置的原因，是解释话语标记之所以得以经语法化由语用层进入功能层，并能在句子结构中处于高层或外层的必要途径。

Hill（2007b）将话语标记、呼格及移位的 DP 划归言语行为层。话语标记“别说”占据句首位置，说明其为左缘结构上涵盖面最广、投射范围最大的功能成分。根据以上内容分析，可以看出“别说”所在的左缘结构可以绘制如图 3-3 所示：

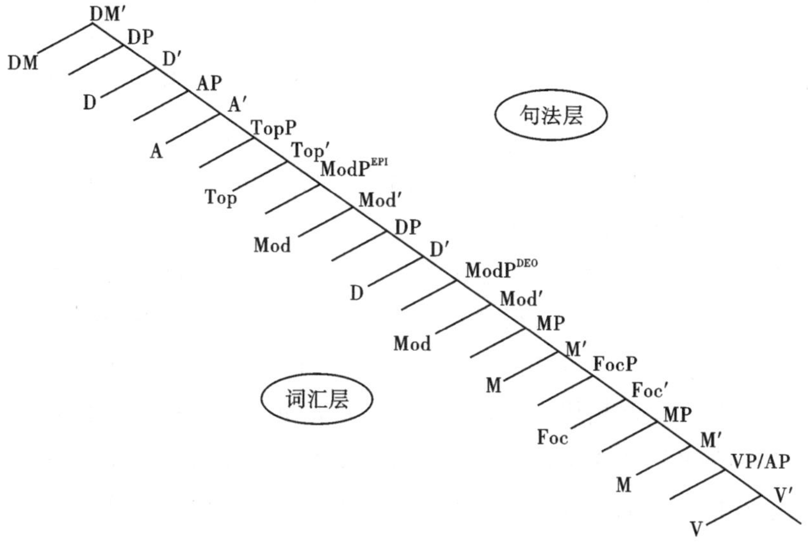

图 3-3 话语标记“别说”左缘结构分布示意

如图 3-3 所示，话语标记“别说”所在的左缘结构上各功能成分依序排列：DP 和 MP 可以多次出现；ModP 则按类型不同分处不同层级，ModP^{EPI} 位于左缘结构较高层级，ModP^{DEO} 需低于 ModP^{EPI}。话语标记

DM的原型句法位置位于左缘结构最高层，其投射范围可笼罩整句，例（5）中话语标记投射范围示例如图3-4所示：

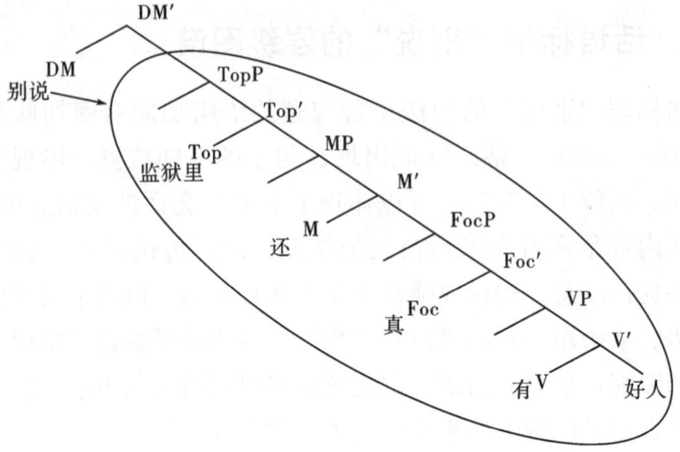

图3-4　句首话语标记"别说"投射范围

话语标记"别说"位于左缘结构最高层，投射由TopP＋MP＋FocP＋VP组合而成的主句范围，表达言者对主句所述事实的肯定和强调。同时由于"别说"居于句首，通常紧接对话者的上文而来，以否定副词与动词组合的形式表达对双方都已了解的信息的不认同，以引起对话者注意，进一步凸显言者接下来要表达的内容和观点。例如：

（14）佟湘玉：你瞧瞧，你来，瞧瞧他这样，这还像个捕快吗？

邢捕头：他不像难道你像啊？别说，你还真挺像的，瞧你这小捕快样……

例（14）中佟湘玉和邢捕头两个人就燕小六的言行产生了异议。佟湘玉先表达了对燕小六言行举止与其身份（"捕快"）不一致这件事情的愤慨，邢捕头为了维护燕小六，反唇相讥"他不像难道你像"，其意本在表达佟湘玉和捕快一职毫不相关，可是下一句句首的"别说"又将前一句的判断整体否定，提示听者接下来的话语将会是与前一句完全相反的表述内容。话语标记"别说"具备否定前文和提请注意的功能，如图3-4所示，其投射范围为后续整个主句。

话语标记"别说"也可以出现在句中。当"别说"出现在句中时，所占的句法位置与在左缘结构中所处层级的改变使其投射范围也随之发生变化，如例（11）中话语标记投射范围示例如图3-5所示：

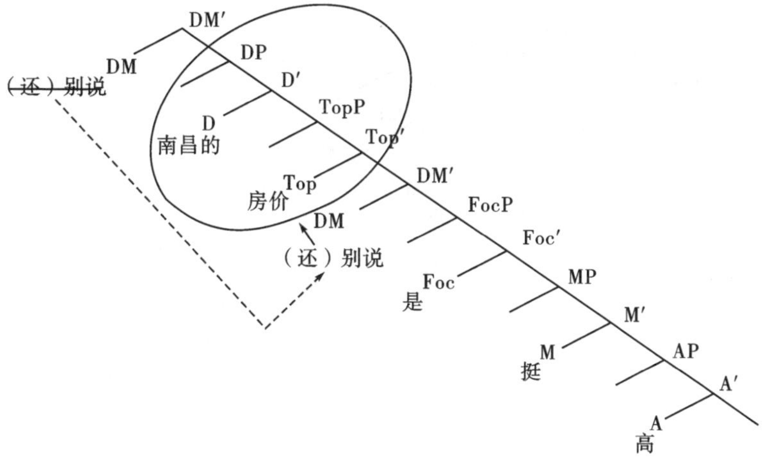

图 3-5 句中话语标记“别说”投射范围

话语标记“别说”由句首移位至话题后，居于句中，其所在句法层面由左缘结构最高层降至中间层面，投射范围也随之缩小。位于句首的“别说”可以投射覆盖整个句子，而位于中层的“别说”则只能回指居于其左侧的话题成分，实现肯定、强调话题本身的语用功能。再如例（13）：

（13）《PDD 洪荒之力》，（你还）别说，还挺带感的。

话语标记如居句首，则是对整句的全面评价，但是话语标记“（你还）别说”由句首移位至句中后，主语和话题与后续述语被断开，话语标记不再投射下层的 FocP＋MP＋AP 组合（“还挺带感的”），而是回指与其位置最接近的话题（“《PDD 洪荒之力》”），将投射范围缩小为 TopP 后强制聚焦话题。话题作为已知信息，在“已知信息＋新信息”的常规格式中通常不是会话双方的关注对象，通过话语标记的回指投射使话题得到强化，可知此处话语标记的使用具备凸显话题的语用功能。

此外，少数会话环境中话语标记“别说”还可移位至句末，其投射范围和语用功能与居于句首和句中的“别说”均有不同，例（12）中话语标记投射范围示例如图 3-6 所示。

句末话语标记“别说”虽然投射范围也可涵盖整个主句，但其语用功能与居于句首的“别说”不一样。“别说”居于句首时用于引起对话者注意，凸显主句要表达的内容和观点以表达言者对所述事实的肯定和强调；居于句中时隔断主语或话题与述语，以对主语或话题强制聚焦，使听者的关注对象由提供新信息的述语转回主语或话题部分；居于句末

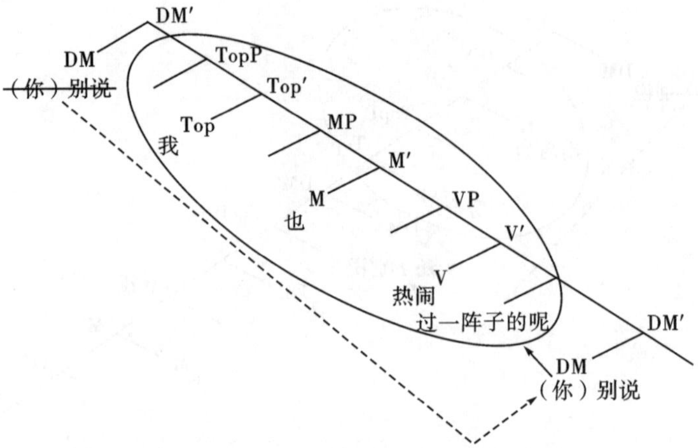

图 3-6　句末话语标记“别说”投射范围

时，虽然也有二次强化主句所述内容的功能，但更重要的功能是表达言者对于主句所述内容的惊讶、感叹、难以置信等语气，突出言者本身的主观评价立场，与客观事实无关。

再如例（15）：

（15）“那是孔子。”墨子指着那个方向说，“他认为，一切都要合乎礼，宇宙万物都不例外。他于是创造了一套宇宙的礼法系统，企图据此预测太阳的运行。”

“结果可想而知。”

“是的，**他计算出太阳该循礼之时，就预测了一次长达五年的恒纪元，**（你）别说。那一次还真持续了一个月之久。”

“然后，有一天太阳再也没有出来？”

“不，那天太阳出来了，升到了正空，但突然熄灭了。”

“什么？熄灭？!”

“是的，开始是慢慢暗下去、小下去，然后突然熄灭了！夜幕降临，那个冷啊，孔子就那么站着冻成了冰柱，一直站到现在。”

“什么都没有了吗？我是说熄灭后的太阳？”

“在那个位置，出现了一颗飞星，像是太阳死后的灵魂。”

“哦，你肯定太阳是突然熄灭，飞星是突然出现的吗？”

“是，突然熄灭，飞星就出现了。你可以去查日志数据库，这记载没错。”

例（15）中是《三体》中的墨子和汪淼的一段对话，他们在谈论游戏中的孔子所创造的预测系统对太阳运行的准确性问题。从上下文可以看出，最开始墨子向汪淼介绍时，他对孔子的预测系统的态度并不是很明确，但是在主句“他（孔子）计算出太阳该循礼之时，就预测了一次长达五年的恒纪元”后插入话语标记“（你）别说”，揭示了墨子对孔子的预测系统能够起作用，并且能准确预测恒纪元这一事实的肯定和赞叹，出乎意料和惊喜的语气向会话的听者汪淼传递了言者墨子的主观评价态度，下一句“那一次还真持续了一个月之久”对上文所述事实进行补充，再次表达了墨子对孔子的称赞和佩服。

由此可见，当话语标记“别说”从左缘结构最高层移位至低层后，句法位置由句首转为句末，进一步肯定了主句所述内容，同时表达言者对于前述内容的感叹、惊讶、意外等。言者的态度与客观事实不一定正相关，主要是源于言者本身的主观评价立场。

四、本节小结

由前文分析可知，话语标记“别说”引导的话题和焦点成分在左缘结构上的具体分布可依序表述如下：

DM（话语标记“别说”）＞ DP ＞ AP ＞ TopP ＞ $ModP^{EPI}$ ＞ DP ＞ $ModP^{DEO}$ ＞ MP^* ＞ FocP ＞ MP^* ＞ VP/AP

“别说”作为话语标记，与 VP 之间可以容纳多种类型的话题和焦点。“别说”在左缘结构上的投射范围与其句法位置和所处的句法层级密切相关，原型位置为句首，位于左缘结构高层，可依实际语用需要分别移位至句中和句末，句法层级随之由左缘结构高层降至中层和低层。不同位置和层级上的“别说”分别体现强调主句内容、凸显句子话题、二次肯定前述事实等语用功能，揭示言者感叹、惊讶、意外等多种语气，实现引起听者注意、聚焦会话主题、传达言者主观态度和立场等不同语用目的。

第三节　话语标记“我说”及其左缘结构

一、话语标记“我说”

“我说”由第一人称代词“我”和言说动词“说”组合而成。“我说”是最为常见、使用频率最高的“说”类话语标记之一，“我说呢”“要我说”等变体形式也较为常见。现阶段“我说”已经分为两种明显不同的用法。

第一种，其作为言说动词的语义仍然存在，用于引语之前，标明实际的言说动作。这类“我说”是人称代词加动词的组合，构成主谓短语，结构不完全固定，可以插入其他成分，如被副词修饰构成“我刚说、我才说”等，后面也可接宾语、补语，或是助词，如“着、了、过”等，“说”还可以重叠为“我说说、我说了说”。例如：

(16) 因此我说还有超越空无和寂静的能量，你接受我的说法吗？

(17) 雪人没电了娃要求换电池，我**刚**说**了**句得用螺丝刀，娃就冲到柜子那把爹的工具箱拎出来了，过去看了下居然自己知道挑最小号的用。

(18) 我**才**说一句，她们就以大夫的吩咐来堵住了我的嘴。

(19) 我说**过**，我做不到每个人喜欢，起码我做到最真实的自己，我很满足。

(20) 我说说我的看法：这个办法固然是好，可是真的能阻止恶意信息的传播吗？真能阻止谣言的传播吗？

(21) 好了，我说**了**说我，现在咱们开始说你吧。

在例（16）至例（21）中，“我说”表达的是说话者实际的言说行为，后面的宾语是曾经说过的话，可以是词，如例（16）至例（18）、例（20）至例（21），或是小句，如例（19）。“我”和“说”不是一个固定结构，可以切分开来分别充当句子的主语和谓语成分，因此可以被副词修饰，如例（17）、例（18），可以带“了、过”，如例（17）、例（19）、例（21），还可以重叠，如例（20）。

第二种，“我说”也可以作为一个完整不可分割的组合出现，中间不能插入其他成分。这类“我说”不表示说话者的实际言说行为，没有概念意义，而是作为话语标记出现在句中，多出现在句首位置，用于表述说话者的主观态度和凸显特定的语用功能。这类“我说”是一个整体，可以省略，不会影响句子的命题内容和真值条件。例如：

(22)“我说大姚，”魏大妈压低嗓门说，“要是小丁一会儿就回来了，你们俩可别说去找她了，这我不说你们也明白。”

(23) 我说你们不会真的认不出来他是腻腻吧？是不是我 P 得太严重了？

很明显，例（22）、例（23）中“我说”并不表达实际语义，整体游离于主句之外，即使删去也不会对表达内容产生影响，句子的命题义和真值条件不会随之变化。这类“我说”是典型的“说”类话语标记，是本节的研究目标。

二、话语标记“我说”的左缘结构

要了解话语标记“我说”的具体应用及其左缘结构构成成分，首先请看几个真实语例：

(24) 我说怎么有一段接不上呢……原来在这呢!

(25) 我说您客气点儿，行吗?

(26) 我说怎么这么熟悉啊，谁记得丽星邮轮?

(27) 我说，咱们别老提我过去干的事儿了。

(28) 我说，你这儿掺什么乱?

(29) 诶，我说，咱们不是说好了吗?

(30) 我说主任，以后有这种事情，您就别声张了。

(31) 哎哟，我说老刘，你可是真是的。

(32) 这见了鬼了我说，给给给你二分，别跟我这儿裹乱。

(33) 右边绝对是错觉吧我说。

(34) 就说我在大阪，你也不能断定都喜欢关八吧我说。

根据例(24)至例(34)，话语标记“我说”所在的左缘结构上不同成分的句法位置和功能可标示如下：

(24) [$_{DM}$ 我说 [$_{IntP}$ 怎么 [$_{VP}$[$_{V}$ 有] 一段] [$_{V}$接] 不上] 呢] ……原来在这呢!

(25) [$_{DM}$ 我说[$_{TopP}$您 [$_{VP}$ [$_{V}$ 客气] 点儿]]]，行吗?

(26) [$_{DM}$ 我说 [$_{IntP}$怎么 [$_{FocP}$ 这么 [$_{AP}$ [$_{A}$熟悉] 啊]]]]]，谁记得丽星邮轮?

(27) [$_{DM}$我说，[$_{TopP}$ 咱们 [$_{NegP}$别 [$_{FocP}$ 老 [$_{VP}$ [$_{V}$ 提]我过去干的] 事儿了]]]] 。

(28) [$_{DM}$ 我说，[$_{TopP}$ 你 [$_{DP}$这儿 [$_{VP}$ [$_{V}$掺] 什么乱]]]]?

(29) 诶，[$_{DM}$我说，咱们 [$_{NegP}$不是 [$_{VP}$ [$_{V}$说] 好了吗]]] ?

(30) [$_{DM}$我说[$_{TopP}$主任，[$_{MP}$以后 [$_{VP}$ [$_{V}$ 有] 这种事情]]]]，您就别声张了。

(31) 哎哟，[$_{DM}$我说[$_{TopP}$老刘，你 [$_{FocP}$ 可是 [$_{FocP}$真 [$_{VP}$ [$_{V}$是] 的]]]]]。

（32）[$_{TopP}$这 [$_{VP}$[$_{V}$见] 了鬼了] $_{DM}$我说]，给给给你二分，别跟我这儿裹乱。

（33）[$_{TopP}$右边 [$_{FocP}$绝对 [$_{VP}$[$_{V}$是] 错觉吧] $_{DM}$我说]]。

（34）就说我在大阪，[$_{TopP}$你 [$_{MP}$也 [$_{NegP}$不 [$_{VP}$[$_{V}$能断定 [$_{FocP}$都 [$_{VP}$[$_{V}$喜欢] 关八吧] $_{DM}$我说]]]]]]。

由上述分析结果可知，话语标记“我说”所在的左缘结构上，不同话题和焦点的排列与分布具备一定程度的典型特征：话题（TopP）成分、焦点（FocP）成分、疑问（IntP）成分、否定（NegP）成分、限定符组（DP）、修饰词组（MP）等多种成分均可出现在句子核心谓语成分（VP或AP）左侧。句子谓语核心成分可以是VP，也可以是AP，但VP或AP的类型差异不会对左缘结构上其他成分的句法层级和排列顺序造成影响。这些成分的排列只与他们所处的句法层级有关，均需遵循一定顺序和规律展开。

第一，除话语标记外，话题成分的句法位置通常位于左缘结构高层的句首。张志恒（2013）对汉语的话题类型进行了区分，提出常规话题是汉语中最典型的话题结构，即前置名词短语作话题。由例（24）至例（34）可以看出，话语标记“我说”与VP结构之间的话题类型多为常规话题，如人称代词、呼语等，指向单一明确。

疑问成分也可位于左缘结构较高层级，疑问成分与话题成分同时出现时，话题成分通常位于疑问成分左侧，但话题成分也可以移位至疑问成分右侧，如例（24）、例（26）：

（24）a. 我说 $_{IntP}$怎么有一段接不上呢……原来在这呢！

b. 我说 $_{TopP}$**这里** $_{IntP}$怎么有一段接不上呢……原来在这呢！

c. 我说 $_{IntP}$怎么 $_{TopP}$**这里**有一段接不上呢……原来在这呢！

（26）a. 我说 $_{IntP}$怎么这么熟悉啊，谁记得丽星邮轮？

b. 我说 $_{TopP}$**这个地方** $_{IntP}$怎么这么熟悉啊，谁记得丽星邮轮？

c. 我说 $_{IntP}$怎么 $_{TopP}$**这个地方**这么熟悉啊，谁记得丽星邮轮？

当然，顺序的改变导致疑问成分投射的对象产生变化，例（24）b、例（26）b中疑问成分指向的是句子的述语部分（“有一段接不上”“这么熟悉”），而例（24）c、例（26）c中疑问成分则是涵盖整个句子（“这里有一段接不上”“这个地方这么熟悉”）。

第二，通常左缘结构上常见的是认定焦点（identificational focus），即由疑问代词前置所生成的焦点。然而，话语标记“我说”引导的焦点类型多为非典型认定焦点，即具备疑问语气，但疑问功能并非只能通过疑问代词实现，如“谁”。非典型认定焦点还可采用疑问副词与疑问语气词结合的方式，如“怎么……呢”，或是选择疑问句句式，如“V不V（如走不走）”，表达言者对后述内容的理解和解释。左缘结构层上疑问成分通常位于焦点成分左侧，如例（26）：

（26）我说$_{\text{IntP}}$**怎么**$_{\text{FocP}}$**这么**熟悉啊，谁记得丽星邮轮？

疑问成分与VP或AP之间可以增加否定（NegP）成分，但述语部分只能是肯定形式，如果原句为否定形式，则必须改为肯定，如例（24）、例（26）：

（24）d. 我说$_{\text{IntP}}$怎么$_{\text{FocP}}$真的$_{\text{NegP}}$**没有**一段接得上呢……原来在这呢！

（26）d. 我说$_{\text{IntP}}$怎么$_{\text{FocP}}$这么$_{\text{NegP}}$**不**熟悉啊，谁记得丽星邮轮？

第三，疑问成分还可以位于限定符组的左侧，但VP中的疑问成分需删除，如例（28）：

（28）a. 我说，你$_{\text{DP}}$这儿掺什么乱？

b. 我说，你$_{\text{IntP}}$为什么$_{\text{DP}}$这儿掺**什么**乱？

第四，话题成分、限定符组、焦点成分和否定成分均可直接位于句子谓语核心成分（VP或AP）左侧，如例（25）、例（28）、例（26）、例（31）、例（29）和例（34）：

（25）我说$_{\text{TopP}}$**您**$_{\text{VP}}$客气点儿，行吗？

（28）我说，你$_{\text{DP}}$**这儿**$_{\text{VP}}$掺什么乱？

（26）我说怎么$_{\text{FocP}}$**这么**$_{\text{AP}}$熟悉啊，谁记得丽星邮轮？

（31）哎哟，我说老刘，你$_{\text{FocP}}$**可是**$_{\text{FocP}}$**真**$_{\text{VP}}$是的。

（29）诶，我说，咱们$_{\text{NegP}}$**不是**$_{\text{VP}}$说好了吗？

（34）就说我在大阪，你也$_{\text{NegP}}$**不**$_{\text{VP}}$能断定都$_{\text{VP}}$喜欢关八吧$_{\text{DM}}$我说。

这几种成分也可叠加出现在左缘结构上。话题成分位于限定符组左侧，如例（28）：

（28）我说，$_{\text{TopP}}$**你**$_{\text{DP}}$**这儿**掺什么乱？

限定符组位于焦点成分左侧，如：

(28) c. 我说，$_{TopP}$ 你$_{DP}$ **这儿**$_{FocP}$**到底**掺什么乱？

焦点成分还可和否定成分同时出现，但位置比较灵活，根据否定形式的类别不同而采取不同的顺序。否定词为“不、不是”时，焦点成分位于否定成分左侧，可记为 $NegP^1$，如例（29）、例（31）、例（33）：

(29) 诶，我说，$_{FocP}$ **真的**$_{NegP^1}$ **不**是说好了吗？

(31) 哎哟，我说老刘，你$_{FocP}$ **可是**$_{FocP}$**真**$_{NegP^1}$ **不**是玩意儿的。

(33) 右边$_{FocP}$ **绝对**$_{NegP^1}$ **不**是错觉吧我说。

否定词为“别”时，否定成分位于焦点成分左侧，可记为 $NegP^2$，如例（27）：

(27) 我说，咱们$_{NegP^2}$ 别$_{FocP}$ 老提我过去干的事儿了。

否定词为“没、没有”时，否定成分位于焦点成分的左侧或右侧均可，如例（35）：

(35) a. 我说呢，$_{NegP}$ **没有**$_{FocP}$**真的**发生这种事就好。

b. 我说呢，$_{FocP}$ **真的**$_{NegP}$**没有**发生这种事就好。

第五，左缘结构上焦点成分和修饰词组可以多次出现。焦点成分多次出现，如例（27）、例（31）：

(27) a. 我说，咱们$_{NegP^2}$ 别$_{FocP}$ 老提我过去干的事儿了。

b. 我说，咱们$_{FocP^2}$ **真的**$_{NegP}$别$_{FocP}$ **老**提我过去干的事儿了。

(31) 哎哟，我说老刘，你$_{FocP}$ **可是**$_{FocP}$**真**是的。

修饰词组多次出现，如例（30）、例（34）：

(30) a. 我说主任，$_{MP}$ 以后有这种事情，您就别声张了。

b. 我说主任，$_{MP}$ **以后**$_{MP}$**再**有这种事情，您就别声张了。

(34) a. 就说我在大阪，你$_{MP}$ 也不能断定都喜欢关八吧我说。

b. 就说我在大阪，你$_{MP}$ **目前**$_{MP}$**也**不能断定都喜欢关八吧我说。

由例（24）至例（35）可以看出，话语标记“我说”居于句首使用频率最高，左缘结构最高层可视为话语标记“我说”的原型句法层级。值得注意的是，有一定比例的话语标记“我说”也会出现在句子中间，但是仔细分析可以看出，所谓居于句中的“我说”本质上仍然是位于所属小句句首位置。也就是说，从复句角度看，居于句中的“我说”实际上是位于单独的小句句首，因此句中出现的“我说”，其功能和分布规律同样符合本段结论。例如：

（36）哎哟，我上……我今天就看了机票了，你知道从大连到合肥的机票……好贵哟，比我上次……从武汉到大连的机票一样价钱，而且还要贵一点，**我说**妈呀，这，这旺季旅游机票是太贵了。

（37）对，后来就能给就给，我的妈呀，**我说**我刚开始都看不到什么满分，后来我这题经常是满分哦。

少量居于句末的“我说”则是由句首移位而来的，如：

（32）t_i [$_{TopP}$这 [$_{VP}$ [$_V$见] 了鬼了] $_{DM}$**我说**$_i$]，给给给你二分，别跟我这儿裹乱。

（33）t_i [$_{TopP}$右边 [$_{FocP}$绝对 [$_{VP}$ [$_V$是] 错觉吧] $_{DM}$**我说**$_i$]]。

（34）就说我在大阪，t_i [$_{TopP}$你 [$_{MP}$也 [$_{NegP}$不 [$_{VP}$ [$_V$能断定 [$_{FocP}$都 [$_{VP}$ [$_V$喜欢] 关八吧] $_{DM}$**我说**$_i$]]]]]]]。

根据表达需要，话语标记“我说”可以回位于句首的原型位置，对于句子真值不会产生影响，句义没有变化，句子同样可以成立。例如：

（32）a. [$_{DM}$我说 [$_{TopP}$这 [$_{VP}$ [$_V$见] 了鬼了]]]，给给给你二分，别跟我这儿裹乱。

（33）b. [$_{DM}$我说 [$_{TopP}$右边 [$_{FocP}$绝对 [$_{VP}$ [$_V$是] 错觉吧]]]]。

（34）c. 就说我在大阪，[$_{DM}$ 我说 [$_{TopP}$你 [$_{MP}$也 [$_{NegP}$不 [$_{VP}$ [$_V$能断定 [$_{FocP}$都 [$_{VP}$ [$_V$喜欢] 关八吧]]]]]]]]]。

可见，话语标记“我说”所在的左缘结构上不同话题和焦点成分的排列与分布应为：

DM（话语标记“我说”）＞TopP ＞ IntP ＞ DP ＞ MP^* ＞ $NegP^1$（“不、不是”）＞ FocP ＞ $NegP^2$（“别、没、没有”）＞ VP/AP

三、话语标记“我说”的层级图谱

陈家隽（2016）指出话语标记“我说”在语音和韵律方面的表现异于其他用法，表现为句法位置比较灵活，句首句中均可出现。众所周知，功能成分的句法位置与其语篇功能密切相关。从左缘结构角度来看，居于句首即处于左缘结构高层，投射范围最大，关涉到的成分最多。因此，话语标记“我说”的左缘结构成分分布如图 3-7 所示：

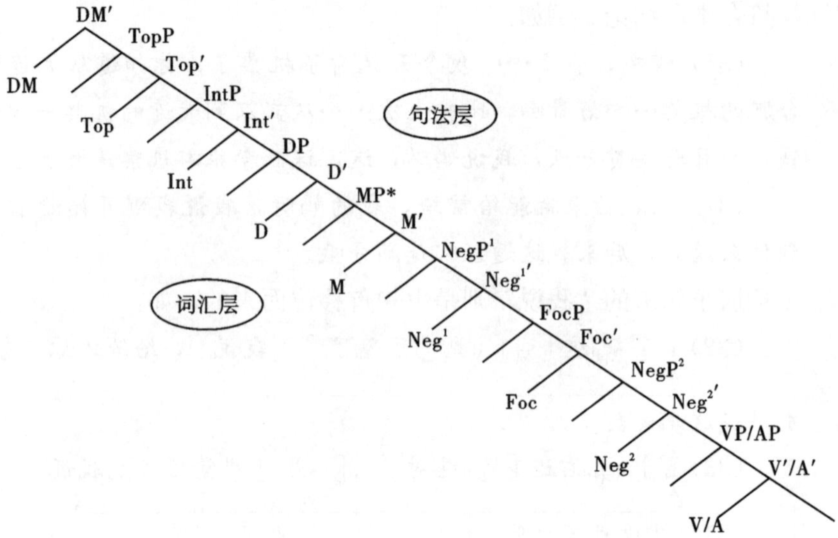

图 3-7　话语标记“我说”左缘结构分布示意

由图 3-7 可知，话语标记“我说”所在的左缘结构上各功能成分按所处句法层级依序排列：话题成分（TopP）必须位于疑问成分（IntP）左侧；疑问成分位于限定符组（DP）左侧；修饰词组（MP）可多次出现；否定成分（NegP）根据否定词的不同分布在焦点成分（FocP）左右侧；话语标记（DM）居于左缘结构高层，原型句法位置为句首，投射范围为全句。例（27）中话语标记投射范围如图 3-8 所示：

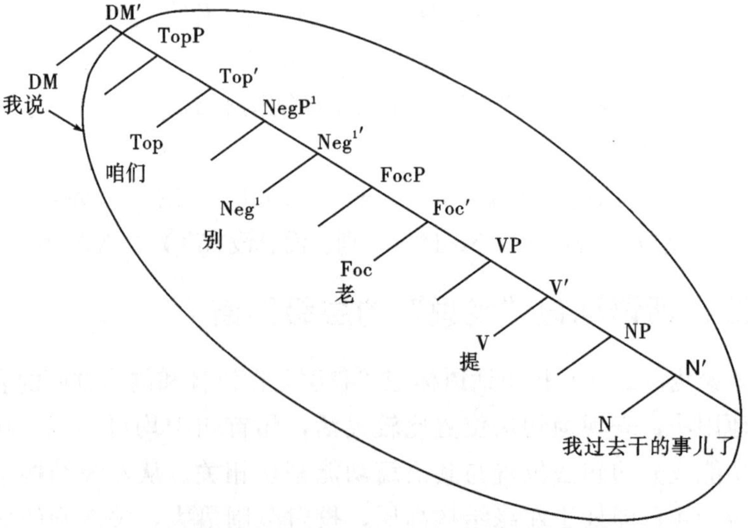

图 3-8　句首话语标记“我说”投射范围

如图 3-8 所示，例（27）中位于左缘结构高层的话语标记“我说”涵盖全句表述内容，可投射由 TopP＋$NegP^1$＋FocP＋VP 组合构成的整个句子，以表达言者对听者的建议或提醒。位于句首的“我说”与会话中前文联系紧密，往往针对对话方所述内容提出倡议，表达言者本人的主观看法或意见，同时传递期望对方能够听取并采纳的预期。再如：

（38）志国：（上）志新呀，你说你嫂子一早出去买东西怎么到现在还没回来呀……

志新：我哪儿知道呀？你得说她去哪儿了，买什么去了？

志国：问题就是啊，她没有什么具体目的，只是说出去转转，转的地方吧，倒是也不多……

志新：都哪儿啊？

志国：燕莎蓝岛，赛特长安，然后再到城乡转个弯儿说……

志新：还不多呐？**我说**赶紧报警吧啊，估计嫂子是跑丢了（志国：啊?）这天马上就黑下来了，拍花子的这一出来，可就麻烦了，咱嫂子长的那么漂亮（坐）……

志国：是啊，她和平自小迷糊，今又没带着圆圆一块儿去，没孩子领路，弄不好还真得迷了路。

例（38）中志新和志国两个人就“和平从早上出去到现在还没回来”这件事展开讨论。志新首先就和平的去向提出了疑问，在志国做出回答之后，判断对方也并不清楚和平具体去了什么地方（“燕莎蓝岛，赛特长安，然后再到城乡转个弯儿说……”），再以反问句表达不满后（“还不多呐?”），紧接着提出了自己的意见（“赶紧报警”）。位于句首的“我说”具有提醒对方注意自己接下来要提的意见和建议，同时凸显言者主观立场的多种语用功能。

如前文提到的，位于复句句中的话语标记“我说”本质上仍然是位于小句句首，在小句的左缘结构上依然处于高层位置，如例（37）：

（37）①对，②后来就能给就给，③我的妈呀，④**我说**我刚开始都看不到什么满分，⑤后来我这题经常是满分哦。

例（37）这段话是由 5 个小句构成的复句。从复句角度看，话语标记出现在第 4 个小句中，属于整段话的中间部分，但由于组成复句的每个小句本身都是完整的独立结构，仅看第 4 小句的话，话语标记“我说”仍然是位于小句句首，处于本小句左缘结构的最高层，如图 3-9 所示：

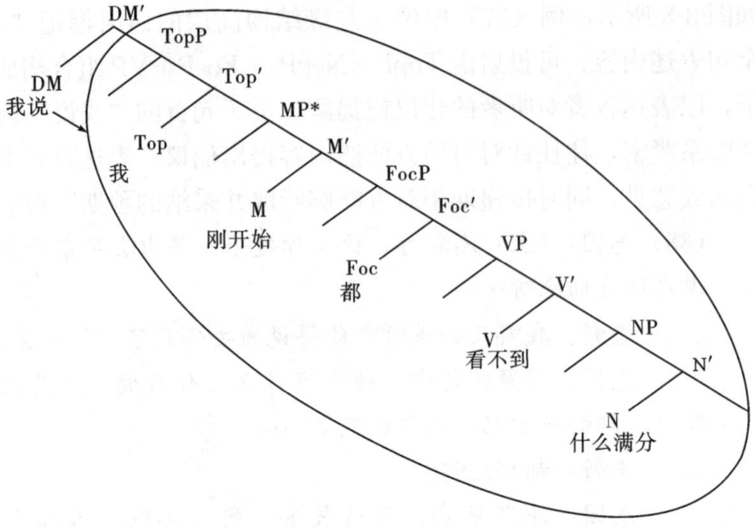

图 3-9　句中话语标记“我说”投射范围

少数出现在句末的话语标记“我说”本质上是由句首高层移位而来的，其所处句法层级虽然产生了变化，但投射范围仍然是主句整个句子。例（33）中话语标记投射范围如图 3-10 所示：

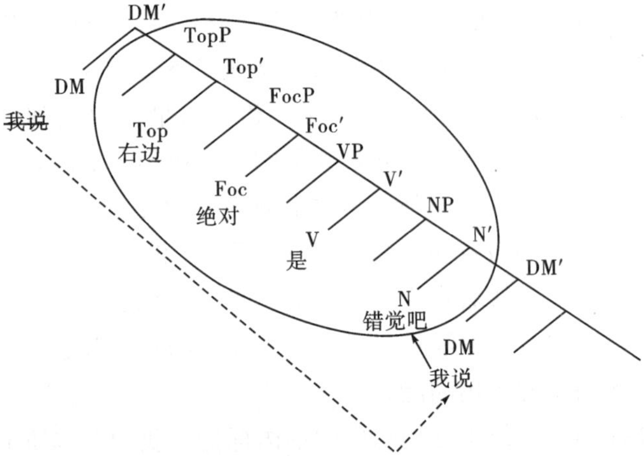

图 3-10　句末话语标记“我说”投射范围

话语标记“我说”由句首移位至句末后，其在左缘结构上的所处层级也随之由最高层降至最低层。虽然通过回指“我说”的投射范围仍然覆盖全句，但其语用功能和位于句首高层的“我说”不同，表述重点由提请对方注意、提出意见建议转至强化言者主观立场和态度。此外，句末追加的“我说”还可以将主句所述内容由客观视角转换为主观判断，同时加强言者语气，如：

(33) a. 右边绝对是错觉吧我说。

b. 我说右边绝对是错觉吧。

c. 右边绝对是错觉吧。

对比例（33）a 至例（33）c，可以看到例（33）c 主要表达的是言者对事实的判断，说话者对于自己的结论很有信心（“绝对”），又因为过于有信心而选择在句末加上语气助词“吧”来缓和过于强烈的语气。例（33）a 中句末的话语标记“我说”则使得主句的表述从对客观事实不容置疑的判断变为言者的主观评价，同时传递出言者犹疑和不确定的语气，有向他人寻求认同的意图。相比之下，例（33）b 的表述中言者的语气和感情最为平和，没有较为激烈的情绪传递出来，位于句首的“我说”主要用于提请对话方关注接下来的内容，以及表达言者恍然大悟或求证释疑等语用功能。

四、本节小结

话语标记“我说”与 VP 结构之间的话题类型多为常规话题，指向性明确。引导的焦点类型则多为非典型认定焦点，即具备疑问语气，但疑问功能并非只能通过疑问代词实现，可以采用疑问副词与疑问语气词结合的方式，还可以是选择疑问句句式。话语标记“我说”可以出现在左缘结构首位，也可以移位至 VP 后，顺序变化并不影响语义表达。故此，话语标记“我说”引导的话题和焦点成分在左缘结构上的分布可表述为：

DM（话语标记“我说”）＞ TopP ＞ IntP ＞ DP ＞ MP* ＞ $NegP^1$（“不、不是”）＞ FocP ＞ $NegP^2$（“别、没、没有”）＞ VP/AP

值得思考的是，从前文的分析可以看出，话语标记“我说”的灵活性要高于话语标记“别说”的，能够实现的语用功能更多，能表达的言者态度和立场也更强烈。这种差异主要与语义因素有关。“我说”由第一人称代词＋言说动词“说”构成，而“别说”由否定副词＋言说动词“说”构成。第一人称代词“我”的语义指称对象的生命显著等级明显高于否定副词“别”的，因而更能体现说话者的主观意识。

第四节　话语标记“你说你”及其左缘结构

一、话语标记“你说你”

现阶段的现代汉语中“你说你”的组合通常有以下几种不同情况：

(39) 你还记得几分钟前你进来时，我对你说你看起来多精神，我多高兴见到你吗?

(40) 你说你要打电话给她，可到现在为止，你并没有这样做。

(41)《天下美人》的话，你说你借鉴《越狱》就借鉴吧，但是这也借鉴得太多了。

可以看出，例(39)至例(41)中的“你说你”虽然语言形式一样，但是实际上三个“你说你”的实际结构各有区别。根据在句中充当的成分和功能，对例句进行划分后可看出：

(39) 你还记得几分钟前你进来时，[我(对你)][说][你看起来多精神，我多高兴见到你吗]?

(40)[你][说][你要打电话给她]，可到现在为止，你并没有这样做。

(41)《天下美人》的话，[你说你]借鉴《越狱》就借鉴吧，但是这也借鉴得太多了。

例(39)中，“你说你”可以切分为“[我(对你)][说][你]”，前一个“你”和“对”一起充当句子的状语，“说”充当句子的谓语，后一个“你”则是“你看起来多精神”这一主谓短语中的主语成分，和“我多高兴见到你吗”构成并列短语，一起充当“说”的宾语。例(40)中，“你说你”切分为“[你说][你]”，“你说”是句子的主谓成分，第二个“你”则是“你要打电话给她”这个主谓短语的主语成分。

从切分情况可以得知，按Schiffrin(1987)、Traugott(1995)、吴福祥(2005)、董秀芳(2007)等人提出的标准，只有例(41)中的“你说你”才满足话语标记具有的多种特征，如话语标记是一个完整的不可二次划分的结构，句法上有非强制性和可删除性、独立性和灵活性、非命题性，语音上有可识别性，功能上有连接性和主观性，形式上有固定性，语体上偏向口语语体等。由“你说你”的结构划分情况可知，本节的研究对象为例(41)中的“你说你”，即作为整体结构充当句子独立成分的话语标记形式。

二、话语标记“你说你”的左缘结构

要明确话语标记“你说你”左缘结构上各功能成分的分布和排列顺序，以及所属的不同句法层级，还是先看几个具体语例：

(41)《天下美人》的话，你说你借鉴《越狱》就借鉴吧，但是这也借鉴得太多了。

(42) 你说你困难时期您不跟着党中央毛主席共渡难关?

(43) 你说你做就做吧，你别让我看见呀……你不成心馋我吗……

(44) 你说你这河南英语评论听得懂啊?

(45) 你说你，好好的一个人，可惜长了张嘴。

(46) 哎呀，挺大岁数的，你说你较个什么真儿吗!

(47) 你说你买地凭什么就买前面这楼，不买咱这楼啊?

(48) 这都十几辈子以前的事了你说你。

(49) 弟弟哎，看姐姐是多疼你啊。你可得好好学习啊。老是这样啊，你说你。

例(41)至例(49)中话语标记“你说你”所在CP层的左缘结构上，不同成分按功能和顺序可标示如下：

(41)《天下美人》的话，[$_{DM}$ 你说你 [$_{TopP}$ 借鉴《越狱》[$_{FocP}$ 就 [$_{VP}$ [$_{V}$ 借鉴] 吧]]]]，但是这也借鉴得太多了。

(42) [$_{DM}$ 你说你 [$_{TopP}$ 困难时期 [$_{TopP}$ 您 [$_{NegP}$ 不 [$_{VP}$ [$_{V}$ 跟着] 党中央毛主席] [$_{VP}$ [$_{V}$ 共渡] 难关]]]]]。

(43) [$_{DM}$ 你说你 [$_{TopP}$ 做 [$_{FocP}$ 就 [$_{VP}$ [$_{V}$ 做] 吧]]]]，你别让我看见呀……你不成心馋我吗……

(44) [$_{DM}$ 你说你 [$_{DP}$ 这 [$_{MP}$ 河南 [$_{MP}$ 英语 [$_{TopP}$ 评论 [$_{VP}$ [$_{V}$ 听] 得懂啊]]]]]]?

(45) [$_{DM}$ 你说你，[$_{MP}$ 好好的 [$_{MP}$ 一个 [$_{TopP}$ 人，[$_{MP}$ 可惜 [$_{VP}$ [$_{V}$ 长] 了张嘴]]]]]]。

(46) 哎呀，挺大岁数的，[$_{DM}$ 你说你 [$_{VP}$ [$_{V}$ 较] 个什么真儿吗]]!

(47) [$_{DM}$ 你说你 [$_{TopP}$ 买地 [$_{IntP}$ 凭什么 [$_{FocP}$ 就 [$_{VP}$ [$_{V}$ 买] 前面这楼]]]]]，不买咱这楼啊?

(48) [$_{\text{TopP}}$这[$_{\text{FocP}}$都[$_{\text{MP}}$十几辈子[$_{\text{MP}}$以前的[$_{\text{NP}}$ [$_{\text{N}}$事]了]]]]]$_{\text{DM}}$你说你]。

(49) 弟弟哎，看姐姐是多疼你啊。你可得好好学习啊。[$_{\text{MP}}$老[$_{\text{FocP}}$是[$_{\text{NP}}$ [$_{\text{N}}$这样]啊]]，$_{\text{DM}}$你说你]。

由例（41）至例（49）可以看出和话语标记“你说你”位于同一个CP层的不同功能成分在左缘结构上的分布与排列同样呈现出明确的规律性。

第一，多种功能成分，包括话语标记（DM）、话题（TopP）成分、焦点（FocP）成分、修饰词组（MP）、否定（NegP）成分等，都可以直接位于句子谓语核心成分左侧，通常是VP。具体情况如以下各语例所示。

话语标记直接位于VP左侧，即DM > VP，如：

(46) 哎呀，挺大岁数的，$_{\text{DM}}$ **你说你**$_{\text{VP}}$**较个什么真儿**吗！

话题成分直接位于VP左侧，即TopP > VP，如：

(44) 你说你这河南英语$_{\text{TopP}}$ **评论**$_{\text{VP}}$**听得懂**啊？

焦点成分直接位于VP左侧，即FocP > VP，如：

(41)《天下美人》的话，你说你借鉴《越狱》$_{\text{FocP}}$ **就**$_{\text{VP}}$**借鉴**吧，但是这也借鉴的太多了。

(43) 你说你做$_{\text{FocP}}$ **就**$_{\text{VP}}$**做**吧，你别让我看见呀……你不成心馋我吗……

(47) 你说你买地凭什么$_{\text{FocP}}$**就**$_{\text{VP}}$**买前面这楼**，不买咱这楼啊？

焦点成分直接位于作为句子谓语核心成分的NP左侧，即FocP > NP，如：

(49) 弟弟哎，看姐姐是多疼你啊。你可得好好学习啊。老$_{\text{FocP}}$**是**$_{\text{NP}}$**这样**啊，$_{\text{DM}}$ 你说你。

修饰词组直接位于VP左侧，即MP > VP，如：

(45) 你说你，好好的一个人，$_{\text{MP}}$ **可惜**$_{\text{VP}}$**长了张嘴**。

否定成分直接位于VP左侧，即NegP > VP，如：

(42) 你说你困难时期您$_{\text{NegP}}$ **不**$_{\text{VP}}$**跟着党中央毛主席共渡难关**？

第二，与话语标记“你说你”处于同一左缘结构的话题类型多为悬挂话题，与复指代词相关联，如：

(50) a. 你说你一副眼镜你戴了好长时间。

b. 你说你一副眼镜**你**戴了好长时间。

(51) a. 你说你，不琢磨琢磨学会了再说。

b. 你说你，不琢磨琢磨（**你**）学会了再说。

(52) a. 你说你，非把自己弄哭了才算完。

b. 你说你，非把**自己**弄哭了才算完。

话题成分通常位于焦点成分左侧，即 TopP > FocP，如：

(41)《天下美人》的话，你说你$_{\text{TopP}}$**借鉴《越狱》**$_{\text{FocP}}$**就**借鉴吧，但是这也借鉴得太多了。

(43) 你说你$_{\text{TopP}}$**做**$_{\text{FocP}}$**就**做吧，你别让我看见呀……你不成心馋我吗……

(48)$_{\text{TopP}}$ **这**$_{\text{Foc P}}$**都**十几辈子以前的事了你说你。

焦点类型多为“连”字焦点，其具体表现形式为可省略的“连”、“连”出现则出现和“连”不出现则也不出现的“都”（Paul，2005），可以出现在话题和 VP 左侧。VP 也可以是否定形式，即 NegP+VP 结构。话题成分和焦点成分的排列顺序可标记为 FocP（“连”字焦点）> TopP > FocP > NegP > VP，如：

(50) a. 你说你一副眼镜你戴了好长时间。

c. 你说你$_{\text{Foc P}}$**（连）**$_{\text{TopP}}$一副眼镜你$_{\text{Foc P}}$ **都**戴了好长时间。

(51) a. 你说你，不琢磨琢磨学会了再说。

c. 你说你，$_{\text{Foc P}}$ **（连**$_{\text{TopP}}$**你**$_{\text{Foc P}}$**都）**$_{\text{NegP}}$**不**琢磨琢磨学会了再说。

(52) a. 你说你，非把自己弄哭了才算完。

c. 你说你，$_{\text{Foc P}}$ **（连**$_{\text{TopP}}$**你**$_{\text{Foc P}}$**都）**$_{\text{NegP}}$**非**把自己弄哭了才算完。

话题成分和焦点成分之间还可以填入其他成分，如疑问成分，标记为 TopP > IntP > FocP，如：

(47) 你说你$_{\text{TopP}}$**买地**$_{\text{IntP}}$**凭什么**$_{\text{FocP}}$**就**买前面这楼，不买咱这楼啊？

第三，左缘结构上可以容纳多个不同类型的话题成分，即话题成分可多次出现，但不同类型的话题排列顺序不一样。话题根据指称对象的生命显著等级依序排列，生命显著等级低的话题位于较高句法层级，为非指人话题，可记为 TopP^{1}，居于指人话题左侧，指人话题可记为 TopP^{2}，分布和排列顺序为 TopP^{1} > TopP^{2}，如：

(42) 你说你$_{\text{TopP}^1}$ **困难时期**$_{\text{Top P}^2}$ **您**不跟着党中央毛主席共渡难关？

(50) a. 你说你$_{\text{TopP}^1}$ **一副眼镜**$_{\text{TopP}^2}$ **你**戴了好长时间。

左缘结构上高于话题成分的层级可以接受限定符组（DP）和修饰词组（MP），限定符组的层级比修饰词组的高，居于左侧，可标记为 DP > MP

> TopP，如：

（44）你说你$_{DP}$**这**$_{MP}$**河南**$_{MP}$**英语**$_{TopP}$**评论**听得懂啊？

修饰词组可以多次出现，例如：

（45）$_{DM}$你说你，$_{MP}$**好好的**$_{MP}$**一个**$_{TopP}$人，可惜长了张嘴。

（48）这都$_{MP}$ **十几辈子**$_{MP}$**以前的**事了你说你。

由此可见，这三种类型的成分排列可表述为：DP > MP^{*} > TopP，如例（44），再如例（52）：

（51）c. 你说你，$_{MP}$ **连你**都非$_{MP}$ **把自己**弄哭了才算完。

第四，修饰词组（MP）和焦点成分（FocP）的位置比较灵活，修饰词组在焦点的左右侧均可出现，但类型不同。当句子述语成分为 VP 时，修饰词组出现在焦点成分左侧，这类修饰词组可记为 MP^{1}，如：

（49）b. 弟弟哎，看姐姐是多疼你啊。你可得好好学习啊。$_{MP^1}$ **老**$_{FocP}$**是**$_{VP}$**偷懒**啊，$_{DM}$ 你说你。

当句子述语成分为 NP 时，修饰词组出现在焦点成分右侧，这类修饰词组可记为 MP^{2}，如：

（48）这$_{FocP}$ **都**$_{MP^2}$ **十几辈子**$_{MP^2}$ **以前的**$_{NP}$ **事**了你说你。

此外，从使用频率判断，话语标记“你说你”的原型句法位置也和话语标记“别说”“我说”相同：居于句首、处于左缘结构最高层级是其常规范式。类似于“我说”，部分出现在复句中间的“你说你”实质上仍然位于所属小句首位，也处于该小句左缘结构的最高层级。例如：

（46）哎呀，挺大岁数的，**你说你**较个什么真儿嘛！

（47）**你说你**买地凭什么就买前面这楼，不买咱这楼啊？

极少数在句末出现的“你说你”可以根据表达需要随时移回句首，移回句首的“你说你”虽然会进一步凸显言者语气，增加语用功能，但并不会对句子真值、语义造成影响。例如：

（48）[$_{DM}$ 你说你[$_{TopP}$这[$_{FocP}$都[$_{MP}$十几辈子[$_{MP}$以前的[$_{NP}$ [$_{N}$ 事] 了]]]]]]]。

（49）弟弟哎，看姐姐是多疼你啊。你可得好好学习啊。[$_{DM}$ 你说你[$_{MP}$老[$_{FocP}$是[$_{NP}$ [$_{N}$这样] 啊]]]]。

可以就此推出，出现在句末的“你说你”应该是从句首移位而来的，故此能够根据言者主观选择随时恢复。例如：

(48) t_i [$_{TopP}$这[$_{FocP}$都[$_{MP}$十几辈子[$_{MP}$以前的[$_{NP}$ [$_{N}$事] 了]]]]]$_{DM}$**你说你**$_i$]。

(49) 弟弟哎，看姐姐是多疼你啊。你可得好好学习啊。t_i [$_{MP}$老[$_{FocP}$是[$_{NP}$ [$_{N}$这样] 啊]]]，$_{DM}$**你说你**$_i$]。

需要注意的是，和话语标记“你说你”出现在同一个 CP 层的句子谓语核心成分可以是 VP，也可以是 NP。和话语标记“别说”“我说”不同的是，和话语标记“你说你”出现在同一个 CP 层的句子谓语核心成分是 VP 还是 NP 会对左侧成分所属的句法层级和排列顺序产生影响。因此，话语标记“你说你”所在 CP 层的左缘结构上各功能成分的分布和排列依核心成分类型的不同被分为两种，分别依序标示如下：

a. DM（话语标记“你说你”）＞ FocP（“连”字焦点）＞ DP ＞ MP^* ＞ $TopP^1$ ＞ $TopP^2$ ＞ IntP ＞ MP^{1*} ＞ FocP ＞ NegP ＞ VP

b. DM（话语标记“你说你”）＞ FocP（“连”字焦点）＞ DP ＞ MP^* ＞ $TopP^1$ ＞ $TopP^2$ ＞ IntP ＞ FocP ＞ MP^{2*} ＞ NP

三、话语标记“你说你”的层级图谱

与原型话语标记“别说”“我说”类似，话语标记“你说你”最常见的句法位置也是句首，是左缘结构的最高层，投射范围最大，涵盖后续小句全部内容。根据句子谓语核心成分类型的不同，Ⅰ型核心成分为 VP，Ⅱ型核心成分为 NP，具体结构和层级分布可如图 3-11、图 3-12 所示。

如图 3-11 和图 3-12 所示，虽然核心成分和核心成分最左侧的两个功能成分类型及排序略有不同，但总体而言在核心谓语分别为 VP 和 NP 的两种类型句子中，位于句首、居于左缘结构最高层的话语标记“你说你”依然可以最大范围地投射所引导主句的全部内容。在左缘结构上低于话语标记的不同类型功能成分，其排序与所处句法层级密切相关：特殊焦点成分（“连”字焦点）位于除话语标记外的句法

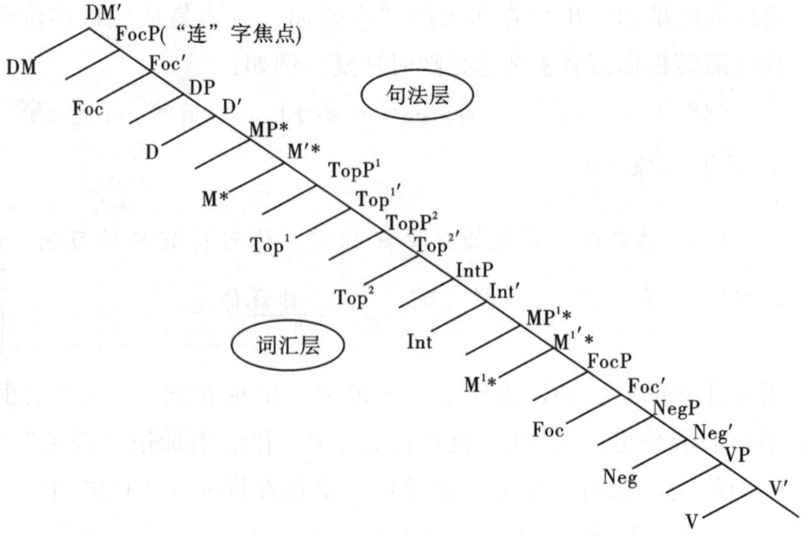

图 3-11　话语标记“你说你”Ⅰ型投射范围

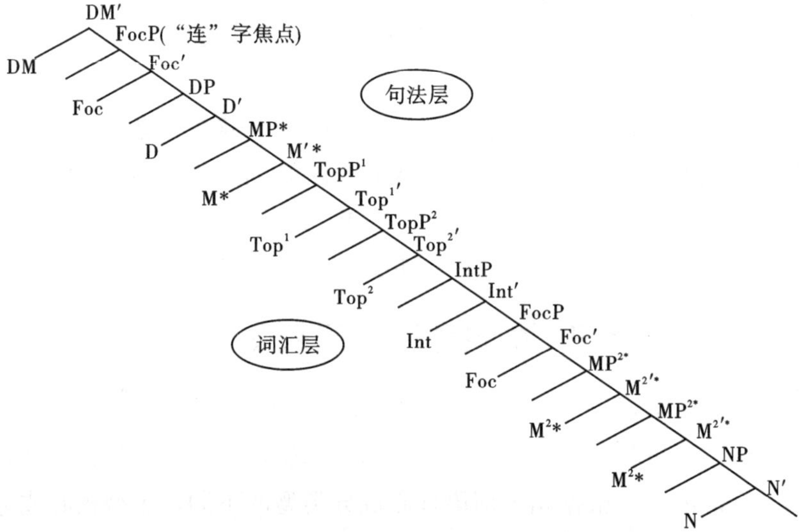

图 3-12　话语标记“你说你”Ⅱ型投射范围

结构最高层；居于限定符组和话题成分之间的修饰词组可以多次出现；不同类型的话题根据所指对象的生命显著等级依次排列；话题成分与焦点成分之间可容纳疑问成分；根据核心成分不同，修饰词组分为两种不同类型，分布层级和排列顺序也有区别。左缘标记最高层的话语标记，如例（45），话语标记“你说你”投射范围的具体表现如图 3-13 所示：

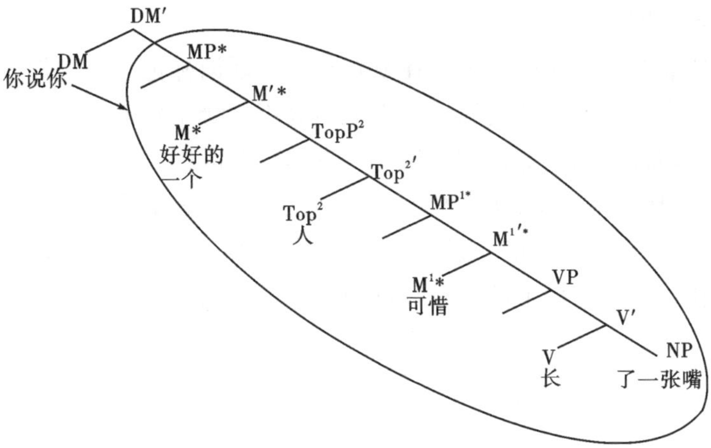

图 3-13　句首话语标记“你说你”投射范围

话语标记“你说你”位于句法结构高层，其投射范围涵盖全句所有成分，在例（45）中即为由 MP＋TopP²＋MP¹＋VP 组合而成的主句，表达言者对所述内容的惋惜感叹，体现对听者的戏谑或讽刺。居于句首的话语标记“你说你”往往是承接对方话语而来的，传递对上文所论信息的反馈，揭示的感情多为负面情绪，常常表现为言者对听者言行的不认同或反感。再看一个对话：

（53）小桂：这一天终于来到了……

和平：你说你……

小桂：大姐，俺觉得俺妈呀，咋不早生俺几年，让你受了这么多委屈，好在这日子，一去不复返了……

和平：（笑）噢是，你挨这儿我找爷爷去。

小桂：中！

例（53）的对话中，首先是小桂在感叹和平的际遇，表现得非常感慨和唏嘘。但她的理解并不正确，与和平的真实感受相差甚远，因此和平截断了小桂的抒发，使用话语标记“你说你”起头，试图表达自己的真实想法，以及对小桂所述内容的不赞同。不过由于小桂本身并无太大恶意，她的错误理解是囿于认识不足，传递给和平的是心疼、怜惜（“让你受了这么多委屈”）。这种情况下，和平既无法继续说出真实感受使对方尴尬，又不能违心附和造成更深的误会。她的后续行动（“笑”）和明显敷衍的话语（“噢是，你挨这儿我找爷爷去”）可以证实她上句“你说你”表达的就是不赞同、无奈等情绪，体现了对对方言行的委婉否定。

正如前文所分析的，出现在复句句中的话语标记“你说你”实质上仍然位于小句句首，在所属小句中依然处于左缘结构最高层，其投射范围和居于句首的话语标记“你说你”没有什么区别，如例（46）：

(46)①哎呀，②挺大岁数的，③你说你较个什么真儿吗！

话语标记“你说你”在组成复句的第 3 小句中位于句首，其所处句法层级和在左缘结构上的分布与排列可标示如图 3-14 所示：

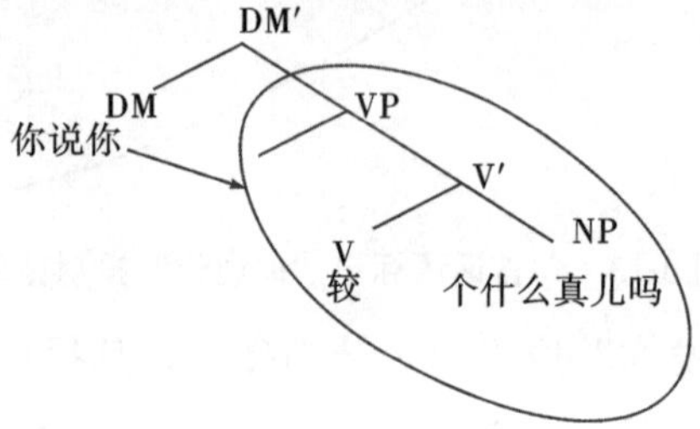

图 3-14　句中话语标记“你说你”投射范围

当话语标记“你说你”由句首移位至句末后，所属句法层级也随之由高层转为底层，投射方向由从高层向下层顺指转为由下层向高层回指，如例（48）。句末话语标记“你说你”投射范围如图 3-15 所示：

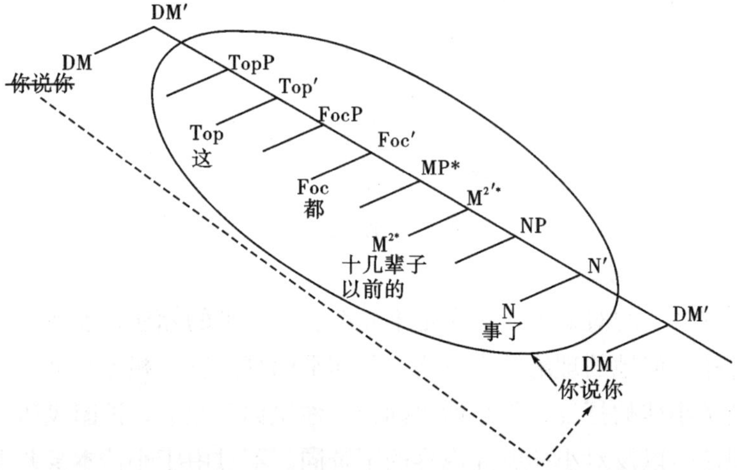

图 3-15　句末话语标记“你说你”投射范围

需要注意的是，虽然话语标记“你说你”移位后句子的真值、语义和语气不会改变，但其语用功能会产生一定变化。对比例（48）移位前后可以看到：

(48) a. 这都十几辈子以前的事了你说你。

b. 这都十几辈子以前的事了。

c. 你说你这都十几辈子以前的事了。

由例（48）a 至例（48）c 可以看出，话语标记“你说你”出现与否或出现在句子哪一层级，都对句子的最终语用功能有实际影响。例（48）b 中言者并未表现出明显的情绪，仅为对客观事实的陈述。例（48）a 中句末的话语标记“你说你”使主句除表达对客观事实的陈述外，还同时表达了言者对这一事实的肯定或感叹，体现了言者怀念或伤感的语气，并且隐含了言者对听者反应的不认同或批评。相比之下，例（48）c 的表述中言者的语气和感情更为明显，位于句首的“你说你”不仅可用于指责或批评对话方已有的言行，还可表达言者对已知信息的否定或是对评价对象的惋惜之情等。

四、本节小结

综上所述，话语标记“你说你”所在 CP 层的左缘结构上各功能成分的分布和排列依核心成分类型的不同分为两种，分别依序标示如下：

a. DM（话语标记“你说你”）＞ FocP（“连”字焦点）＞ DP ＞ MP^{*} ＞ $TopP^{1}$ ＞ $TopP^{2}$ ＞ IntP ＞ MP^{1*} ＞ FocP ＞ NegP ＞ VP

b. DM（话语标记“你说你”）＞ FocP（“连”字焦点）＞ DP ＞ MP^{*} ＞ $TopP^{1}$ ＞ $TopP^{2}$ ＞ IntP ＞ FocP ＞ MP^{2*} ＞ NP

位于句首的话语标记与作为句子谓语核心成分的 VP 或 NP 之间，可以容纳多种不同类型的功能成分，这些功能成分按照一定的顺序依次在不同句法层级上排列。话语标记“你说你”通常居于左缘结构高层时，投射范围为向下覆盖全句，是出现频率最高的原型句法位置。当话语标记“你说你”由最高层降至最低层时，投射方向也由顺指变换为回指，但仍然可以投射到全句。话语标记“你说你”的句法位置和所处句法层级的变化虽然对句子真值和语义影响不大，但会进一步凸显言者语气，增加评判、指责、批评等语用功能。

第五节　本章小结

在本章中，我们采用左缘结构分析理论，对以“别说”“我说”和“你说你”为典型代表的“说”类话语标记的左缘结构进行了分类考察，通过描写这些话语标记在所属句子左缘结构上的涵盖范围，辨析其话题成分和焦点成分的类型与出现顺序，寻找各自的典型特征，以确定不同“说”类话语标记之间的差异。

话语标记“别说”“我说”和“你说你”综合引导的话题成分和焦点成分，在各自所在CP层的左缘结构上具体分布和排列各有不同，可分别表述如下。

第一，话语标记“别说”：

DM（话语标记“别说”）$>$ DP $>$ AP $>$ TopP $>$ $ModP^{EPI}$ $>$ DP $>$ $ModP^{DEO}$ $>$ MP^{*} $>$ FocP $>$ MP^{*} $>$ VP/AP

第二，话语标记“我说”：

DM（话语标记“我说”）$>$ TopP $>$ IntP $>$ DP $>$ MP^{*} $>$ $NegP^{1}$（“不、不是”）$>$ FocP $>$ $NegP^{2}$（“别、没、没有”）$>$ VP/AP

第三，话语标记“你说你”依谓语核心成分类型的不同分为两种：

a. DM（话语标记“你说你”）$>$ FocP（“连”字焦点）$>$ DP $>$ MP^{*} $>$ $TopP^{1}$ $>$ $TopP^{2}$ $>$ IntP $>$ $MP^{1\,*}$ $>$ FocP $>$ NegP $>$ VP

b. DM（话语标记“你说你”）$>$ FocP（“连”字焦点）$>$ DP $>$ MP^{*} $>$ $TopP^{1}$ $>$ $TopP^{2}$ $>$ IntP $>$ FocP $>$ $MP^{2\,*}$ $>$ NP

可以看出，即使同为典型“说”类话语标记，“别说”“我说”和“你说你”的区别还是比较明显的。

首先，话语标记“别说”倾向于表述陈述性内容，隐含“与说话者预期不同”的语义。话语标记“别说”所在的左缘结构上出现了模态词组（ModP），并根据类型不同，如知识模态词组和义务模态词组，依次排列于不同句法层级。话语标记“别说”引导的话题成分和焦点成分中尚未观察到疑问成分的出现。相对其他两个话语标记，与话语标记“别说”共现的话题成分和焦点成分类型相对较少，并且各功能成分与话语标记“别说”之间的联系没有那么紧密，导致话语标记“别说”的投射范围依所处句法层级的变化而变化，主要表现为语音上有明显停顿，书写时需要有标点与主句其他成分隔开，允许多种变体形式存在。

其次，话语标记“我说”倾向于表达疑问性内容，隐含“说话者疑惑或不耐烦”的语义。话语标记“我说”所在的句中左缘结构上根据出现的否定（NegP）成分类型不同，会有句法层级和排列顺序的差异。话语标记“我说”由第一人称代词与言说动词组合而成，凸显言者主体意识和立场，与句中其他功能成分结合更为紧密，位于左缘结构高层的使用频率最高。出现在中层或低层的话语标记“我说”要么实质上仍然是所在小句左缘结构的最高层，要么整体由首位移位而来。言者使用话语标记“我说”时指向的是言者自己，用以凸显自身主观评价或态度。

最后，话语标记“你说你”则倾向于表达评价性内容，隐含“说话者不认同或批评”的语义。“你说你”根据所属句子谓语核心成分的不同而存在两种不同类型的左缘结构排列。同时，话语标记“你说你”引导的话题成分和焦点成分区分更为细致，与之同现于同一左缘结构的话题成分、焦点成分、修饰词组均需依照不同类型归属不同句法层级，表层排列顺序也会随之产生变化。话语标记“你说你”与其他功能成分的联系，比话语标记“别说”紧密，但比话语标记“我说”疏远，原因可能在于话语标记“你说你”组合的构成成分中虽然也有人称代词，但是“你”作为第二人称，比起第一人称的“我”与言者关系更远，更偏向听者那方。“你”的重复出现更加深了这种指向性，同样是由位于左缘结构最高层移位而来的话语标记，“你说你”居于句末时不指向言者自己，而指向会话的对方，从而达到凸显说话人对听话人评价的目的。

蔡维天（2019）指出，句法范畴的语法化与左缘层次发展的虚化程度相一致，越往左缘层次发展的范畴其语法化程度就越高。“说”类话语标记结构固定，考察不同话语标记在左缘结构上出现的位置，为辨析和判断不同“说”类话语标记的语法化演变提供了重要的研究角度。

第四章 “说”类话语标记的语法化

言说类动词语法化为话语标记比例很高，尤以“说”类话语标记最为典型（李宗江，2010；方梅、乐耀，2017；方迪，2019）。很多“说”类话语标记都具有元话语性质，即言者用此类话语标记来谈论话语本身，从中语言的自反性得以充分体现（曹秀玲、杜可风，2018）。言说动词“说”用于元语性评价的过程，体现了其指称对象与交际行为本身的合一性。

第一节 话语标记“别说”的语法化

前文已对话语标记“别说”在现代汉语中的左缘结构分布情况、构成成分的类型和分布特征做了较为详细的分析，本节我们将从语法化角度对话语标记“别说”的演变过程和语法化路径进行梳理，以话语标记“别说”为典型个例之一，了解“说”类话语标记的语法化。

一、话语标记“别说”的已有研究成果

对于话语标记“别说”，研究者从不同研究视角进行了探讨。从分布和功能视角出发的研究关注话语标记“别说”的句法特征和语用功能。刘永华、高建平（2007）指出其出现位置通常在话轮开端，能够发挥引发或反应功能，具有强化、提示的语用功能。韩蕾、刘焱（2007）分析会话过程中话语标记“别说”常出现在话轮开头，具有认同、反对两种语用功能；话语标记“别说”在语篇中则出现在中间和开头，具有引发和转换话题两种语用功能。话语标记“别说”的核心义是“意外”，标明说话者在认知方面的反预期性，包括自身认知倾向上不一致，或是反应与听话者预期不一致。邱沉香（2010）考察了四种不同类型的“别说”，在口语中主要用于显示说话者的态度、感受、观点等，具有强化语气、语篇连贯、引发预期等语用功能。黄伟（2013）探讨了“别说”

的位置分布与功能特点，提出它在语篇中可以出现在句首或句中，标示说话者的态度情感，具有加强篇章衔接、表达意外之情等语用功能。王森（2013）归纳了“别说”的句法位置。“别说”通常出现在话轮中第二句答语的开头部分，体现了说话者对于语境的顺应和衔接，出现在语篇中则有确认、标异、引发和提醒功能，“别说”的变体形式具有互补分布特征。李宗江（2014）指出“别说”的句法位置多为话轮开头，用于说话者接过对方话轮的情况。在不同语言环境中，“别说”都具备凸显说话者在认知上不一致的功能。

有的研究则从语法化视角出发，关注话语标记的来源及演化。董秀芳（2007）指出“别说”并非来源于连词用法，而是由“别说”在会话中对于听话者的提醒功能经语法化后进一步扩展而来。尹海良（2009a，2009b）提出这一结构是由副词＋动词经语法化演变而来，有13个语用变体。邱沉香（2010）则认为这一结构来自副词与言说动词的组合，从“NP＋别说＋NP”结构衍变而来，原本用于提醒听话者关注未预料到的新信息，后从结构中获得表示提醒和强化的语用功能，同时在语篇中起到联系上下文的作用。唐善生、华丽亚（2011）将修辞学与语法化理论相结合，研究“别说”在使用过程中不同变体的演化过程及其修辞解释。李思旭（2012）认为“别说”从连词语法化而来。黄伟（2013）认为“别说”是经由副词与动词构成的动词短语语法化，从开始的表示劝阻义、否定义衍变而来。周莉（2012，2013）区分了不同类型的“别说”，认为它们分别来自短语结构的阻止义、比较义和概念义。不同语义和功能的“别说”之间具备并列与隐含特征的立体发散关系。李宗江（2014）认同话语标记“别说”的来源并非连词“别说”，而是直接来自否定副词与动词构成的动词短语。与董秀芳观点不同，李宗江认为话语标记“别说”不是来自提醒功能的扩展化，而是由表示“你不要这样说”语义的否定性祈使小句发展而来，先否定对方意见，再提出自己的看法。总的来说，话语标记“别说”主要用于提醒听话者接受说话者提供的与以前信息有异的新信息。

对于“别说”在现代汉语普通话中的使用频率、句法分布、共现成分特征、变体构成和比例等方面目前尚无定性描写与定量分析，历时角度下对“别说”语法化路径的研究也较少，本章期望能够厘清这些问题。

二、话语标记“别说”的历时发展

话语标记“别说”由动词短语“别说”虚化演变而来（侯瑞芬，2009）。本章基本认同这一结论，但对“别说”的具体演化阶段和发展过程有不同意见，现说明如下。

“别说”最早作为表“不要说”义的动词出现在元代：

（1）客人们不要见怪，实在今年艰难。若是似往年好收么，别说你两三个人，就是十数个客人，我也能都给茶饭吃。（《老乞大新释》）

例（1）中“别说”意为“不要说（你两三个人）”，明确表达出否定或劝阻义。此时的“别说”显然仍是否定副词“别”和言说动词“说”的组合，具有真值。在句中充当祈使句的谓语，主语不出现的时候只能位于句首，句法位置固定。后接NP，表示对宾语成分或表述内容的否定。

明代“别说”后接宾语成分出现了小句：

（2）后来做了官，别说没有一个钱的东西给他们，连昨日回来祭祖也没叫他们到跟前吃个馍馍。（《醒世姻缘传》）

例（2）中“别说”后接成分是一个完整的小句，证明可进入这一结构的宾语选择范围拓展了。宾语部分可以用来指称实际说出的言语，也可以对未说出口的内容做预防性阻止，让其他人不要说出与说话者预期相反的话。因为是尚未发生的事实，所以有时可以不出现，如清代已经出现“别说”后省略宾语的用法了。例如：

（3）正说着，忽听得唿喇喇一片风声，吹了好些落叶，打在窗纸上。停了一回儿，又透过一阵清香来。众人闻着，都说道：“这是何处来的香风？这像什么香？”黛玉道：“好像木樨香。”探春笑道：“林姐姐终不脱南边人的话，这大九月里的，那里还有桂花呢。”黛玉笑道：“原是啊，不然怎么不竟说是桂花香只说似乎像呢。”湘云道：“三姐姐，你也别说。你可记得‘十里荷花，三秋桂子’？在南边，正是晚桂开的时候了。你只没有见过罢了，等你明日到南边去的时候，你自然也就知道了。”探春笑道：“我有什么事到南边去？况且这个也是我早知道的，不用你们说嘴。”李纹李绮只抿着嘴儿笑。（《红楼梦》）

这个场景中众人在讨论清香的来源。林黛玉首先提出了自己的看法，贾探春不认同。在林黛玉解释后，史湘云紧跟着发表了自己的意见，并对贾探春的否定意见提出反驳，因此使用了“你也别说”，后面却没有出现其他成分。根据上下文我们可以补出缺失的内容：“你也别说林姐姐是南方人的话”。宾语隐匿不现，从必须出现的成分发展为可选择性出现的成分，说明句式的灵活度加大，进一步摆脱句法位置的限制，这一句也可调整语序说成：

（3）b. 湘云道：“你也别说，三姐姐。你可记得‘十里荷花，三秋桂子’？在南边，正是晚桂开的时候了。你只没有见过罢了，等你明日到南边去的时候，你自然也就知道了。”

“别说”句法位置的改变对于句义没有影响，表达内容仍然成立。

“别说”的否定功能继续发展，由否定对方的预设或意见发展为否定自身的预设或是由语境推导而出的结论。例如：

（4）刘：其实挺简单的，你就适当地把节奏放慢了，就像念讣告那个节奏，在加上点儿啊啊啊，那两分钟没问题。

李 & 牛：哈哈。

李：你还别说，老刘说的这个，还真不失为一条妙计。

戈：诶。（《编辑部的故事》）

例（4）中“别说”已经没有否定功能了，后接言说内容与前面语义上也没有相反或相对关系，反而是对对方观点和态度的肯定或认同。真值丧失，仅用于表示语用功能。“别”和“说”凝结成一个固定结构，中间不能插入其他成分，同时独立于主句之外，删去不会影响句子的命题义和真值条件。这些都是话语标记的典型特征，说明“别说”已经语法化为话语标记了。

“别说”成为话语标记后句法位置更加灵活，能够适应的语言环境更多。由于“别说”最初的核心功能是否定后续宾语成分，语法化为话语标记后其核心功能是凸显后续成分与前文的不一致，对于听话者来说是未曾预料的新信息，有必要提请对方加以关注，因此逐步演变出提醒功能。有时新信息与原有信息并无直接关系，转而开发新话题，故此再度发展出开启话题的功能。由此，话语标记的语法化演变过程可以表示为：

图 4-1　话语标记“别说”的语法化路径

三、话语标记“别说”的功能和特征

为了全面调查话语标记“别说”的功能与特征，笔者对国家语委现代汉语语料库、北京大学现代汉语语料库（CCL）、北京语言大学现代汉语语料库（BCC）和自然口语语料库进行了检索和整理，共得到含有词汇项“别说”的语料 1394 条，其中话语标记“别说”96 条，占全部语料数量的 6.89%。由于不同语料库搜集到的语料偏重不同，比如国家语委现代汉语语料库和北京大学现代汉语语料库偏向书面语体，而北京语言大学现代汉语语料库和自然口语语料库则具有更明显的口语语体色彩，因此笔者对语料进行了二次筛查，得出的数据分布情况如表 4-1 所示：

表 4-1　话语标记“别说”的频率和占比

语料库	语料总数	话语标记“别说”	占比
国家语委语料库	177	1	0.56%
CCL	509	24	4.72%
BCC	685	69	10.07%
自然口语语料库	23	2	8.70%

数据说明话语标记在不同语言环境中出现频率有较大差异。国家语委语料库和 CCL 语料库的语料以书面语为主，且多为科技类、新闻类等语体，话语标记出现的比例很低。而 BCC 语料库和自然口语语料库中有大量口语语料出现，更接近日常生活中的口语，更加真实地反映语言现实面貌，故此话语标记的出现比例几近翻倍。不过，“别说”虽然偏重于口语语体，在书面语风格的文体中数量和频率比较低，但也不是不出现。

（一）“别说”的句法分布和搭配成分

第一，话语标记“别说”单独使用，出现在句首：

（5）别说，这仿品质量是越来越好了。

第二，话语标记“别说”与语气词组合使用，出现在句首：

(6) 嘿，别说，你照得比我们还兴奋噢!

第三，话语标记“别说”与副词组合使用，出现在句首：

(7) 还别说，好像真是那么回事!

第四，话语标记“别说”与人称代词组合使用，出现在句首：

(8) 你别说，这家常饭还真不错。

第五，话语标记“别说”与多种词类叠加组合使用，出现在句首：

(9) 你还别说，限时服务还真有赔偿的。

(10) 您别说，还真对得起咱这双眼儿。

第六，话语标记“别说”与副词组合使用，出现在句中：

(11) 南昌的房价还别说，是挺高。

第七，话语标记“别说”与人称代词组合使用，出现在句中：

(12) 我们这些所谓的名模就坐在公共汽车上，你别说，这么多车中就这公共汽车有空调。

第八，话语标记“别说”与多种词类叠加组合使用，出现在句中：

(13)《PDD 洪荒之力》，你还别说，还挺带感的。

第九，话语标记“别说”与人称代词组合使用，出现在句末：

(14) 我也热闹过一阵子的呢，你别说。

第十，话语标记“别说”与多种词类叠加组合使用，出现在句末：

(15) DC 冰龙教学互动还真赢了，你还真别说。

根据语料呈现的具体组合，根据搭配成分不同，话语标记的组合情况分类经总结后一共有 12 种区别形式，除去话语标记“别说”单独使用之外，剩余的 11 种组合搭配形式可归纳为：

表 4-2 话语标记“别说”组合特征

	构成成分	出现次数
语气词+“别说”	哎+别说	1
	嘿+别说	1
	哈哈+别说	1
副词+“别说”	也+别说	2
	可+别说	1
	还+别说	24
人称代词+“别说”	你+别说	11
	您+别说	1

续表

	构成成分	出现次数
复合结构＋“别说”	你＋可＋别说	1
	你＋还＋别说	10
	你＋还＋真＋别说	2

不同组合形式的活跃程度有着较为明显的差异。最为活跃的是副词加“别说”的结构形式，其中“还别说”出现次数最多，一共出现了24次，占全部语料的43.64%，接近一半的比例。其次是含有人称代词的组合形式，包括人称代词与“别说”的组合及人称代词与副词组合后再加“别说”的结构形式，这两类组合形式一共出现了25次，占比达45.45%。语气词与“别说”组合的形式出现得最少。其实这类结构与其说是话语标记“别说”的变体，更倾向于是与出现在句首的语气词在表达时居于前后顺序，依次出现从而看似构成固定结构。比如出现在句首的话语标记“别说”或变体都不排斥在前面加上语气词，如例（5）和例（7）至例（10）可改写为：

（5）a. 哎/哈哈，别说，这仿品质量是越来越好了。

（7）a. 哎/嘿，还别说，好像真是那么回事！

（8）a. 哈哈/哎，你别说，这家常饭还真不错。

（9）a. 哈哈/哎，你还别说，限时服务还真有赔偿的。

（10）a. 哈哈/嘿嘿/哎，您别说，还真对得起咱这双眼儿。

话语标记“别说”及各种变体在全部语料中的句法位置具体分布如表4-3所示：

表 4-3　话语标记“别说”句法位置具体分布

“别说”及变体形式	句首	句中	句末
单用	40	0	0
语气词＋“别说”	3	0	0
副词＋“别说”	25	2	0
人称代词＋“别说”	8	3	1
复合结构＋“别说”	12	1	1

从表4-3可以看出，话语标记“别说”的句法分布特征明显，主要出现在会话或句子的句首部分，以单独使用为最常见的形式，副词后接“别说”出现次数次之，语气词加“别说”的情况最少。单独使用话语

标记或是与语气词组合时，“别说”的出现位置仅限于句首，不会在句中或句末出现。副词与“别说”的组合出现位置相对灵活，可以出现在句首和句中，但不能出现在句末。带有人称代词的“别说”变体句法位置最灵活，句首、句中或句末都可以出现。从出现次数上看，句首位置是最常见的选择。

三、话语标记“别说”的语用功能

话语标记“别说”的句法位置与其语用功能有密切联系。话语标记“别说”出现在句子的不同位置，体现了不同的语篇功能（尹海良，2009a，2009b）。如出现在句首，则体现语段关系；如出现在句中，则体现句际关系。两种类型都起语篇衔接的作用，偶有出现在句末的情况。例如：

(16) 梁天：哎，不过我倒有一主意，我那意思是说呀，既然他们家人觉得咱们演得不像，那干脆，让他们家人自己来演这出戏，怎么样？

英达：让他们？业余的？外行的？演电视剧？演情景喜剧？

梁左：别说，这还真是一主意。

众人：……（《我爱我家》）

(17) 志新：（哼着歌上，看饭桌愣住）不是，就说现在我跟外面混的惨点儿家里也不能不让我吃饭呐。

傅老：谁不让你吃饭啦，坐下来吃。（见空空的饭桌）

和平：怨我，我不知道你几点回来，我给你准备去。（下）

志新：不给你留条儿了吗？我写那水电费那本上了，今儿不该交水电费么，是圆圆算吧？

圆圆：嘿嘿，我昨天就算完了，也别说，等下月再算水电费兴许能看见你那纸条儿。

志新：我就知道你心里没有我，这大侄女儿我算白养了。

圆圆：是我爸我妈养活的我，也不用你养活，唉妈，我爸怎么没回来，赶紧找找有没有纸条，省着到时候连女儿都白养活了。（下）（《我爱我家》）

(18) A：看，我的选举证！证明我成年了。

B：嘿，你还真别说。（口语语料）

例（16）中“别说”出现在梁左的话语开头部分，表明后续所说内容与前文众人的意见有关。梁天提出让他们家人自己来演情景喜剧，英达连用五个反问句表示强烈的质疑和反对。通常情况下，作为编辑的梁左应该是与导演英达专业意见一致，可是这里梁天采用话语标记“别说”表明自己接收到了信息，但是却与英达意见相反，体现了会话之间的语篇衔接功能。例（17）中“别说”同样体现了衔接功能，但不是跨越句子的语篇层面，而是句内层面。针对贾志新提出的“圆圆算水电费”的疑问，贾圆圆首先告知对方“昨天就算完了”，这就意味着“留了条也看不到”。可是贾圆圆使用“别说”推翻了这一潜在推理，引出新的可能“下月再算水电费时兴许能看见”。“别说”标明了句内前后小句之间的对立关系，同样具备衔接功能。例（18）中A向B展示了自己的选举证，B用了“你还真别说”表示感叹，显示了“A有选举证，已成年”这一客观事实与B的预想不一致。

“别说”的前后句类以肯定性陈述形式为最常见，如例（16）至例（18）均为此种句式类型。“别说”主要用以表示与说话者预想不一致的情况，引出新信息加以修正，同时还可以体现说话者对听话者的提醒或劝告。因此，“别说”有四种不同的语用功能。

（一）标示异议

（19）傅老：别叫了！不会真把你扔下去的。
春生：您老点得我全身瘫痪，连小手指头都动不了咧。
傅老：动不了也好，躺在这里好好反思反思吧！
和平：就别再想吃喝了！
春生：嗯，你还**别说**，就剩这部分机能还正常。
众人：……（《我爱我家》）

话语标记“别说”具备标明不同意见的功能。例（19）中纪春生被傅明教训，身体不能移动，对此和平提出“就别再想吃喝了”这一意见，纪春生表示不赞同、不接受，于是用“你还别说”表明后续言说内容与和平的意见肯定不一致。

（二）确认新信息

（20）李：过来坐吧。什么事儿啊？我是说是好事儿还是坏事儿？

夏：坏事儿。我敢说您就从来没听说过比我这还坏的事儿。

李：是吗？是哪儿又政变了，还是谁又给谁吞并了？

夏：你小看我了。就为地球上这点儿俗事儿，我犯不上跑这么远的路跟您磨牙来，再说了，国内外的事儿我一点儿也不比你们知道得多，就是真知道的也不爱跟你们瞎传。您听新华社的就行。

李：对，您说得在理儿。可是您跟我说的坏事儿既不是国外的也不是国内的，话里话外又透着地球上的事儿俗，我就不明白了。您是不是想跟我说月球上的事儿？

夏：**贴边儿**，您还别说，**有门儿**，再往远里想想。

李：对不起您了。最远，我就想到月亮，其实知道月亮都多余，我们是《人间指南》，地球以外的事儿我们不操心。(《编辑部的故事》)

例（20）中夏雨兆向李冬宝通报消息，可是又不肯直说，于是李冬宝只能根据夏雨兆话语中的线索猜测。从好事坏事猜到“月球上的事”，对于李冬宝的猜测，夏雨兆用“您还别说”予以肯定，同时在话语标记前后分别使用“贴边儿”和“有门儿”，表明了对李冬宝提供的新信息的确认。

（三）提请关注

（21）邢捕头：（抢）好好儿的，人家凭啥送手绢给你呀？

燕小六：我哪知道。想叫我帮她洗？

邢捕头：你就笨死算啦。（闻）别说，还挺香。

燕小六：**再香也不敢用啊，你瞧这花的**。(《武林外传》)

话语标记“别说”可以提请听话者注意，关注说话者的表述重点。在例（21）中，邢捕头和燕小六原本在讨论一个女孩子送手绢给燕小六的目的。在暗示无效的前提下，邢捕头不想再继续这一话题，于是用话语标记“别说”配合身体动作“闻”，提示燕小六终止前一话题，把注意力从送手绢的目的转移到手绢本身的特征上来。燕小六的回复“再香也不敢用啊，你瞧这花的”说明他已经接收到邢捕头的暗示，把关注焦点转移到新话题上了。

（四）引发阐释

(22)（小郭是村妮打扮，大嘴挖土，白装筐，小六打快板。）

燕小六：……闲言碎语不要讲，单表这山东好汉武二郎……

李大嘴：你还别说，小六看着不机灵，还挺内秀，帮我接下土，啥才艺都会。

燕小六：干活时候不许说话！（《武林外传》）

这个会话场景中众人原本是在一起干活，燕小六打着快板在讲山东快书。李大嘴用“你还别说”插入原本话轮中，强行转换并开启新话题，将会话内容改变为对燕小六本人的评价（“看着不机灵，还挺内秀”），并且在后续内容中补充说明自己观点的论据（“啥才艺都会”）。这种对原本话轮的打断被听话者燕小六察觉到，于是他使用祈使句（“干活时候不许说话!”），态度强硬地试图把会话拉回到最初话题。

需要注意的是，在话语标记“别说”的多项语用功能中，确认新信息功能表明听话者和说话者认知倾向的一致性，标示异议功能表明交际过程中说话者和听话者认知倾向的不一致，这两种功能是话语标记“别说”的核心语用功能，也是出现频率最高的功能。

四、话语标记“别说”形成的动因机制

“别说”由最初的动词短语语法化为话语标记，引发和推动这一过程的动因机制主要有重新分析、主观化与交互主观化，以及去范畴化，共同作用使得否定副词“别”与言说动词“说”逐步靠拢，最终融合成一个固定组合，失去真值，演变为程序义，用于表达说话者的主观态度、认识、评价和情感，语法化后成为典型的“说”类话语标记。

（一）重新分析

话语标记“别说”最开始时并不是一个固定的凝结结构，而是一个动词短语，由否定副词“别”和言说动词“说”组成。“别说”表劝阻义，后接宾语成分。当主语或是说话者对宾语内容有疑义的时候，会使用“别说”劝阻或告诫他人。例如：

(23) 燕小六：佟掌柜，你的好意小六心领了，但怎么当捕头，

我自己会琢磨，用不着别人教！

佟湘玉：好，那你自己琢磨去吧，回头碰了壁，别说我没提醒过你！(《武林外传》)

这一会话中佟湘玉给燕小六提出建议，燕小六并不接受，因此佟湘玉预设一个情境（“回头碰了壁”），然后提醒对方如果遇到假设的情况不要说“我没提醒过你”这样的话。前设条件与后续建议之间往往存在语义上相反或相对的关系。这个句子中“别”和“说”没有联结到一起，“别”是否定副词，“说”是言说动词，有具体语义，两者之间可以区分开。

这一阶段“别说”作为动词出现，可以充当句子谓语成分，句式结构可以表示为：

P，别［说 X］　（X 为宾语）

(24)（圆圆着一旧绿上衣蓝裤子上，红领巾，背绿军包上）

志国：圆圆，感觉怎么样啊？

圆圆：哼哼，爸，您还别说，这衣服真叫一难看。那时候少年儿童就穿这个呀？

志国：不愿意穿别穿，我早就说了，这活动你跟小桂别参加，又不是那时代的人，装也装不像，我怎么这么难受啊。(《我爱我家》)

虽然例（24）中“您还别说”后面没出现具体内容，但是根据语境和上下句内容可以补出，如“您还别说感觉怎么样”。因此，句式可以简化为：

P，［别说 Ø］

“别说”逐渐靠近形成一个固定不可拆分的结构，与句中其他成分的距离变大，直至脱离主句管辖范围，成为独立成分，真值彻底消失，仅用于表达说话者的主观态度。例如：

(25) 牛：诶，你听，还有呢。乡长说，可以支援全国嘛？政协委员笑着说，不行啊，全国都丰收了，没人要你的萝卜了。乡长说，那我可不知道怎么办了。政协委员拍着乡长的肩膀说，要想想办法，不但要会种还要会吃，可以酿酒嘛？萝卜酒，诶，诶诶诶，办法总是会有的。

戈：好。

余：这萝卜酒味儿准差不了，你还别说，这老同志就是点子多。

牛：这篇报道的题目就叫“丰收后的喜和忧”。

李：嗯，内容好，题目也好。(《编辑部的故事》)

例（25）中“别说”出现在句子前后两个小句之间，前一个小句是说话者余得出的结论，“别说”提醒听话者后述小句是对这一结论的阐释说明。但是“别说”没有真值，仅表达程序意义，体现语用功能，因此可以删除，并不影响主句的命题义和真值条件。例如：

(25) a. 这萝卜酒味儿准差不了，这老同志就是点子多。

“别说”的句式结构因而可调整后表示为：

P，[别说] ‖ Ø

“别说”的结构演变发展过程可表述如下：

Ⅰ P，别 [说 X]　　(X 为宾语)

Ⅱ P，别 [说 Ø]

Ⅲ P，[别说] ‖ Ø

第Ⅰ阶段中副词“别”对言说动词“说”及所带的宾语 X 进行否定，句法结构上“说 X”构成一个整体，共同接受“别”的制约。第Ⅱ阶段由于 X 常常因为语境或上下文的关系不必说出，造成句法上的空位，所以虽然句法层面上仍然是“说 Ø”更为接近，可是从表达形式上看，此时的结构是“别说”后无其他成分。句法结构与形式的不一致使得“别”与“说”之间的引力加大，直至最终形成一个固定组合“别说”，达成了结构和形式的一致。同时，“别说”的合并造成了句法层面的被迫调整，原本的“否定副词＋言说动词/谓语＋宾语（小句）”的结构变成了“话语标记‘别说’＋小句”，副词与动词的组合由谓语成分降格为功能标记，游离于主句之外，与其他成分拉开距离，话语标记“别说”后出现明显停顿，原本的宾语小句升格成主句，语法化在第Ⅲ阶段完成。

（二）主观化和交互主观化

日常会话交际中说话者在表达语义的同时还要表明自身的立场、态度和情感。Traugott（1995，2010）指出主观化就是说话人从自我的视角出发，用会话隐含义或语用推理来表达未用语言形式表述的意义，揭示说话者主观信息和态度的形式与结构演变可识别的语法成分的过程。交互主观化是自然语言结构及其常规表达为说话者提供的表达他对听话者态度或信念意识的方式，体现了说话者对听话者反馈、态度、评价等方面的关注。

主观化体现意义对说话者的聚焦，交互主观化体现意义对听话者的聚焦。“别说”的提请关注和启发阐释功能就分别体现了说话者的主观态度和对听话者的关注。例如：

(26) 佟湘玉：你还别说，老邢还挺能干吗！

白展堂：总共就那么两件衣裳，洗了一下午！(《武林外传》)

例(26)中佟湘玉使用“别说”表明自己的意外，标异功能体现了说话者的主观态度。与此同时，“别说”也提示听话者去关注说话者自己觉得惊讶、意外的信息，使得听话者将注意力同样转移到自己关注的焦点上。提请注意功能体现了交互主观性，表明了说话者对听话者态度或反馈的期待。听话者白展堂的回答回应了说话者佟湘玉的期待，但他并不认同佟的观点，认为老邢并不能干，还提出了反驳的理由：衣服就两件，洗了一下午。这种表明态度、说明原因的明确回复证实了佟湘玉的发言确实传递出对白展堂态度或评价的关注，体现了会话的交互主观性。

(三) 去范畴化

“别说”由动词短语发展为话语标记的过程中，作为动词的语义和功能逐渐脱落，朱德熙(1982)、邢福义(1996)指出动词通常可带宾语、可重叠、可接“着、了、过”、可受副词修饰、可充当句子的谓语或谓语中心等。语法化后“别说”不再具备这些功能，失去了作为动词的典型范畴特征，由表具体的言说义发展为表抽象的程序义或功能义，逐步获得话语标记的典型范畴特征，如位置灵活，具有多种语用功能，其存在本身不影响句子的真值意义或是命题意义，对语境依赖程度高，能直接表述说话者本身的情感功能，同时具备篇章语用功能等。刘正光(2006)认为这一演变过程的重要推动因素即是去范畴化。例如：

(27) 江：给他，给他。那合同都给他。好像咱们求他似的。我告诉你，想当初我就不同意跟你们单位合办，一毛儿不拔，我找哪个单位不行？啊？嘿，哭着喊着找咱们一块儿参加主办单位的，多了去了。给他！

李：诶。你可别说这话啊，你要这么说，我也不高兴了。要不是何主任……

何：算了，算了，小李，什么都**甭说**了，啊，不办就不办。这事儿本来也是双方自愿办的事儿，好合好散。说那些难听的话也没意思。

李：不是，我不是那意思。我**是说**，……

何：什么都**不要说**了，这件事儿就到此为止。啊。这是以你们的名义上的合同，都拿回去。(《编辑部的故事》)

(28) 甲：我刚躺下，只见外面昏天暗地、狂风大作、雷鸣电闪，倾盆大雨外加龙卷风呀，好家伙，这得着没去，这要去钓鱼还指不定谁钓谁呢！和着小强把我的糖饼给吃……哎，别说这小强还真救了我了，敢情这吉普赛鼠算得真行呀！

乙：还不定怎么回事呢。

甲：哎哟，我太感激小强了。(《郭德纲相声集》)

例（27）中“别说”充当句子谓语，前面受副词“可”修饰，后接宾语成分“这话”。同时表达实际言说语义“不要说”，从后续何必、李冬宝两人反复提到的“甭说”“是说”“不要说”可以看出，除了“是说”前面用“不是”先表明否定立场，说明与“别说”表达相反语义之外，“甭说”和“不要说”在语义表达上与“别说”是顺承关系。邢福义（2001）指出，这种语义上的一致性证实了“别说”的否定义。

“别说”在例（28）中体现出来的语义和功能则与在例（27）中的完全不同。“别说”没有真值，与后面的句子成分“小强还真救了我了”有明显的间隔，可以加入语气词或停顿。例如：

(28) a. 哎，别说啊这小强还真救了我了。

b. 哎，别说，这小强还真救了我了。

也可以直接删除，如：

(28) c. 哎，这小强还真救了我了。

不能接受其他成分的修饰，如：

(28) d. *哎，可别说这小强还真救了我了。

也不能把组成成分拆开理解，如：

(28) e. *哎，不要说这小强还真救了我了。

f. *哎，别讲这小强还真救了我了。

可见，话语标记“别说”作为一个独立结构，在句中体现的是程序义，用于凸显说话者的意外、惊喜等主观情感态度，体现了增加新信息和阐释说明的语用功能。

综上所述，话语标记“别说”由动词“别说”语法化而来，句法分布特征明显，主要出现在会话或句子的句首部分，以单独使用为最常见，前后句类以肯定性陈述形式为最常见。“别说”作为动词最早出现在元代，由动词短语语法化为话语标记。“别说”用以指示与说话者预想不一致的情况，引出新信息加以修正，同时还可以体现说话者对听话者的提醒或劝告。“别说”有四种不同的语用功能：标示异议、确认新信息、提请关注和引发阐释。前两种是“别说”的核心语用功能。引发和推动语法化过程的因素主要有重新分析、主观化与交互主观化，以及去范畴化。这些形成机制及动因共同作用使得否定副词“别”与言说动词“说”逐步靠拢，最终融合成一个固定组合，失去真值，体现程序义，主要用于表达说话者的主观态度、认识、评价和情感，语法化后成为典型的“说”类话语标记之一。

第二节　话语标记“我说”的语法化

话语标记“我说”在现代汉语中的左缘结构分布情况、构成成分的类型和分布特征在前文已有较为详细的描写和分析，本节我们将从语法化角度对话语标记“我说”的演变过程和语法化路径进行梳理，以“我说”为典型个例，了解“说”类话语标记的语法化。

一、话语标记“我说”的已有研究成果

以往的研究可以分为两类，一类以“X说”为研究对象，“我说”作为“X说”的一种形式被纳入研究范围，如董秀芳（2003）、邱沉香（2010）、刘祥祥（2016）等；还有一类专门以作为话语标记的“我说”为研究对象，这类研究成果比较丰富，如刘嵚（2008）、尹海良（2009）、李宗江（2010）等；还有一些学者研究“我说”的变体形式，如张先亮、倪妙静（2015）对“我说呢”的探讨。

较早关注话语标记“我说”的学者有孟琮（1982）、陈建民（1984）、刘月华（1986）等人，他们主要关注话语标记“我说”的语用功能。孟琮认为“我说”的功能在于唤起听话者注意。陈建民指出“我说”可以作为称呼语使用，比较老派的人用于指称自己的老伴儿。刘月华则认为“我说”标明说话者态度，可以用于引出对方的看法或建议。

董秀芳（2003）将“我说”看作语气词，认为这一结构主要作为语气表达成分出现，有提醒听话者、开启新话题、插入话轮、引用话语、表达语气等语用功能，常与“呢”组合出现表示恍悟义。尹海良（2009）将自然会话中的话语标记“我说”分为三种不同类型，考察了它们的语用标记功能，认为这三类“我说”在功能上有交叉，其核心语用功能是引发、插话、确认和恍悟。张旺熹、姚京晶（2009）提出“我说”具有话语提示功能，可以凸显话语焦点以吸引听话者的注意力。邱沉香（2010）认为作为话语标记的“我说”主要功能是判断命题或掌控对话，其语用功能主要是批评、建议、询问或感叹，常与情态助词“呢、啊、呀”等组合出现。李鑫（2013）总结了“我说”的语用功能，即在会话交际过程中可调节会话者言语行为的施事语力，凸显交际意图以及引起听话者注意。

有一部分研究者对“我说”的语法化过程进行了调查和分析。刘嵚（2008）认为“我说”首先可以分为行为义和认知义两类，表认知义的“我说”由表行为义的“我说”发展演化而来，再进一步发展为表篇章义，即话语标记。“我说”作为话语标记连接上下文的整体单位，具有篇章调控的语用功能，能够调节会话、维持连贯性、引入新话题等，有主观化倾向和元语言特征。李宗江（2010）与刘嵚的观点不同，认为“我说”并非源于表行为义的“我说”，而是直接来自言说义。李宗江还指出话语标记的词汇化与一般实词的词汇化不同，其语形不固定，也不会随时间而改变，而变体是始终存在的。

“我说”其他方面的特征也引起了部分研究者的关注。陈家隽（2016）结合历时语料考察了“我说”的韵律特征，发现话语标记“我说”在语音和韵律方面表现异于其他用法，表现为在句法位置灵活，句首句中均可出现；韵律自足，“我”和“说”都不承担重音，部分语例中还有语音融合现象出现。刘祥祥（2016）认为“我说”是最常见的人称代词类话语标记，出现频率大于包括“你说”在内的其他组合。“我说”成为话语标记是主观化和语法化共同作用的结果，演化机制包括语用推理和重新分析。张先亮、倪妙静（2015）专门考察了“我说呢”这一变体形式，认为“我说”在使用频率、自带构式义和凸显感叹语气的方面与之相比有较为明显的差异。

“我说”作为话语标记的语用功能是研究者关注的重点，但是句法分布特征、句式结构、出现语境等方面信息的定性描写和定量分析略显不足。语法化研究也多以共时平面考察为主，从历时角度出发分析语法化具体路径的较少。本部分通过对这一话语标记句法特征、语用功能的描写分析，结合历时平面真实语料，推导话语标记“我说”的形成、发展和演变过程，揭示促进其语法化的动因机制。

二、话语标记“我说”的历时发展

张龙（2011）考察了“我说”的历时演变，认为“我说”有6种不同用法：表言说、表引用/引语、表确认、表批评、表提醒和表恍悟。6种用法之间的演变分为两条不同路径：

a. 表言说＞表引用/引语＞表确认＞表恍悟

b. 表言说＞表批评＞表提醒

张龙对“我说”的调查非常详细，功能的描写与演变也很清晰，但没有将“我说”的语义与语用功能区分开，同时也没有提及“我说”的劝导建议、求证释疑和赞同表扬功能。本书赞同张龙的部分观点，但对话语标记“我说”的功能划分和演变路径持不同意见。

据我们的调查，“我说”连用最早出现在魏晋南北朝时期佛经中，如：

(29) 若人入禅修四梵行。归佛法僧。受持五戒。我说彼人无量无数。善根福报。无穷无尽。后得涅槃。（《无垢优婆夷问经》）

(30) 若比丘离四念处者，则离如实圣法；离如实圣法者，则离圣道；离圣道者，则离甘露法；离甘露法者，不得脱生老病死、忧悲恼苦，我说彼于苦不得解脱。（《杂阿含经》）

例（29）、例（30）中“我”是第一人称代词，“说”是言说义动词，表具体言说行为，“我说”即“我解说”，分别充当句子主语和谓语，后接宾语为经文具体内容。

元代“我说”发展出引述义，后接引语内容，但只有直接引用语例，未出现间接引用语例，如：

(31) 一日在船上，只见岸上一簇人在那里啼哭，我问那门子，那些人为何啼哭？那门子说：没有了个脸。我说：打官话说来。他说道：没有了个儿子，在那里啼哭。（《王十朋荆钗记》）

(32) ［末指丑欲下丑］老不死。

［末转身上］你骂我老不死？

［丑］我说你牛一般健，老了不死的。（《幽闺记》）

元代“我说”还出现了认知义，“说”不再表示具体言说动作，后接宾语可以说出口，也可以是内心想法或看法，如：

(33)［丑］老爷，请吃酒的在外。

［净］说在家便好。

［丑］说在家。

［净］我说下颏子痒，定有酒吃。(《荆钗记》)

(34)(费无忌云)嗨，这弟子孩儿跌落我这一交，他去了么?

(卒子云)去了也。

(费无忌云)我说他不敢不去。正是：养得一子孝，何用子孙多。(《说鱄诸伍员吹箫》)

话语标记“我说”在元代也已经出现，且具有多种语用功能，但句法位置比较集中，只出现在句首。例如：

(35)我说外郎，买卖来了。我则凭着你，与我拿将过来。(《钱大尹智勘绯衣梦》)

(36)我说，你允不允可不干我事。老相公说来，我料兄弟你也不肯。(《李太白匹配金钱记》)

(37)我说老延，你就不与我个牛蹄儿吃？(《降桑椹蔡顺奉母》)

(38)我说哥，你少嘴舌罢。量你兄弟，不足贤兄挂齿，哥的那喉舌，何人敢及?(《降桑椹蔡顺奉母》)

(39)我说亏你还做管事的人哩！且休说我刀马武艺，我见今为监军之职，我倒不合去，倒举别人去不成？(《阀阅舞射柳蕤丸记》)

鉴于“我说”在例(35)至例(39)中不表言说义或认知义，后面不能接“着、了、过”，不受副词修饰，也不充当句子具体成分，与句子其他成分结构联系不紧密，可以被删除，句子的命题义和真值条件不变，不影响句义表达，可以认定为话语标记。例如：

(35) a. 外郎，买卖来了。我则凭着你，与我拿将过来。

(36) a. 你允不允可不干我事。老相公说来，我料兄弟你也不肯。

(37) a. 老延，你就不与我个牛蹄儿吃?

(38) a. 哥，你少嘴舌罢。量你兄弟，不足贤兄挂齿，哥的那喉舌，何人敢及?

（39）a. 亏你还做管事的人哩！且休说我刀马武艺，我见今为监军之职，我倒不合去，倒举别人去不成？

例（35）至例（39）中“我说”的使用主要是出于语用目的。例（35）、例（36）为提醒告知，例（37）、例（38）为劝导建议，例（39）为批评指责。以上几例证明最迟至元代，“我说”就已经凝结成一个固定结构单位，可以作为话语标记出现，并且具备多种语用功能了。但目前尚无实际语料证实话语标记“我说”在元代是否已经出现恍悟释因、求证释疑和赞同表扬功能。

“我说”的恍悟释因功能在明代已经出现，如：

（40）刚打发卜龟卦婆子去了，只见潘金莲和大姐从后边出来，笑道：“我说后边不见，原来你每都往前头来了。”（《金瓶梅》）

（41）有几个在前面的士兵说道：“我说这神道最灵，你们只管在里面缠障，引的小鬼发作起来！”（《水浒传》）

“我说”表达恍悟释因功能时最典型的变体是“我说呢”，通常后接解释说明的内容。例（40）和例（41）都可以在“我说”后面加“呢”，语义不变，感叹的语气增强，例（40）后接“你们都往前头来了”解释“后边不见”的原因，例（41）后接“你们缠障引得小鬼发作”解释“神道很灵”，这两例中“我说”均表恍悟义。

“我说”的求证释疑功能在明代也已出现，如：

（42）那些邻里不晓得的，认以为真，便道：“我说他一向家事不济，如何忽地买起房屋，开这样大铺子，又与儿子定亲？**只道**他掘了藏，**原来**却做了这行生意，故此有钱。”（《醒世恒言》第二十卷《张廷秀逃生救父》）

“我说”标志着说话者对所说内容的求证。首先陈述事实，然后用疑问句提出问题，说明说话者无法确信所说内容，需要补充更多信息才能解除疑虑，后续出现的“只道”“原来”表明说话者意识到了原本的猜测是错误的。

具备赞同表扬功能的“我说”最迟至清代也已出现，如：

（43）我说姨太太是待我最好的，都是这老货说不清，几乎误了事。（《红楼梦》）

例（43）中“我说”可以删除，如：

（43）a. 姨太太是待我最好的，都是这老货说不清，几乎误了事。

"我说"后接内容是对姨太太的称赞，说明此处的"我说"作为话语标记出现，主要用于凸显说话者对所说话语的认同和肯定态度。

至此，具备全部语用功能的话语标记"我说"出现，语法化路径可表示为：

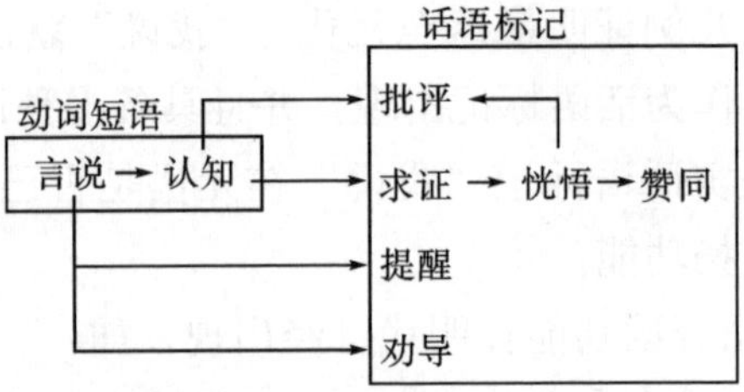

图 4-2　话语标记"我说"的语法化路径

三、话语标记"我说"的特征和功能

以"我说"为关键词对北京大学现代汉语语料库（CCL）、北京语言大学现代汉语语料库（BCC）、国家语委现代汉语语料库，以及自然口语语料库进行检索，获得包含"我说"的语料共计 2774 条，其中"我说"作为话语标记出现 326 次，占全部语料数量的 11.75%。不同语料库中"我说"作为话语标记的出现次数和所占比例情况如表 4-4 所示：

表 4-4　话语标记"我说"的频率和占比

语料库	语料总数	话语标记"我说"	占比
国家语委语料库	506	59	11.66%
CCL	675	39	5.78%
BCC	555	48	8.65%
自然口语语料库	1038	180	17.34%

从表 4-4 可以看到，不同语料库中话语标记的出现频率有差别，这种差异性与会话内容和环境有较为明显的关联。同样作为综合性语料库，CCL、BCC 和国家语委的语料库对于书面材料和口语材料的偏重程度并不一致。口语材料所占篇幅越多，话语标记出现的频率就越高。而以自然口语为主的语料库中，"我说"的出现频率甚至可以达到 CCL 这种以书面材料为主的语料库的三倍多。

（一）话语标记“我说”的句法特征

通过整理发现，结构上“我说”分为两种，其核心差异在于“我说”后指人形式出现与否，即“我说＋（指人形式）＋VP/NP＋VP”，如：

（44）小雨：你生病了？

刘星：没有！

小雨：考试不及格？

刘星：我说**小鬼**，你能不能别假装聪明啊？

小雨：我可是E时代的新新人类！一看你那样，就是犯错误的疑似病例！

刘星：你别说那么吓人成吗？（《家有儿女》）

（45）A：什么先改的人[占便宜]？

B：　　　　[就是先]被改的卷子，因为到后面老师真的就烦了，就不好好……开始糊弄了，[是吧]？

A：　　　　[不，但]是我们准确率挺高的，就是那种，它，因为先改的，先改的反而错误会高，因为有一些标准不统一。

B：哎对，先改的老师严一些是吧？然后后来……后来[就是分数]

A：　　　　[@@，好狠]。

B：对，后来就能给就给，我的妈呀，我说刚开始我都看不到什么满分，后来我这题经常是满分哦。（口语语料）

例（44）中，小雨针对刘星的反常表现提出了一连串疑问，刘星使用“我说”打断他的猜测，再用“小鬼”点明自己的年龄优势，后续用反问句的形式表达指责（“你能不能别假装聪明”），以此作为对小雨的回应。指人形式的是否出现与说话者做出的是不是针对性发言有密切的关系。当指人形式在“我说”后出现时，说话者所说的内容仅仅只针对听话者一人，精准性高，同时期待听话者的迅速回应，后续命题涉及内容往往较为严肃正经，或是针对性强，直指听话者，要求听话者迅速做出反应，即尹海良（2009a）所说的话语标记“我说”的回应和引发开启话轮功能，有时也有插话功能。

例（45）中“我说”可以用在疑问得到解答的情况下，表明说话者恍然大悟的语气。董秀芳（2003）指出即使“我说”后指人形式不出现，听话者依然存在，听话者后续的回应证明交流没有中断，但是说话者所说内容更倾向于表达一种恍悟、感叹的态度。听话者并不一定必须立刻回应，甚至可以不回应，因为这种情况下出现的话语内容往往没有很强的针对性，并不会具体落实到哪个对象身上。

我们对语料中“我说”的句法位置分布情况进行了统计，具体情况可如表 4-5 所示：

表 4-5　话语标记“我说”的句法位置具体分布

句法位置	数量	占比
句首	221	67.79%
句中	103	31.60%
句尾	2	0.61%

从表 4-5 可以看出，句首出现的“我说”占有压倒性优势，超过全部语料的三分之二。耿小敏（2006）、李丽群（2010）、司罗红（2016）等人的研究证实“我说”具备提醒对方注意、开启新话题等功能，句首位置与这些语用功能一致，如：

(46)（和平打电话，有说有笑，志新西装革履上）

志新：（不耐烦地看看表，跟家里表一对还差几分钟）啊……我说这位女同志，现在是上班时间啊，请您别老占着本公司业务电话行不行？（靠近电话提高音量）不是你耽误多少生意呀！

和平：（对电话）唉唉唉你别挂……（无奈地放下电话）我就从来没见着你做成过一笔生意！（《我爱我家》）

例（46）中和平正在打电话，贾志新为了引起她的注意，使用了“我说”，并且随后插入新的话题，提醒对方已经是上班时间，不能再继续使用电话。“我说”出现在话轮开头，具备引出说话者对客观情境的主观认识或态度。司罗红（2016）指出，“我说”前面往往出现语气词，以引起听话者注意。出现在句首的“我说”体现出明显的提醒注意和开启话题功能。

出现在句子中间的“我说”接近全部语料的三分之一，如：

(47) A：哎哟，我上………我今天就看了机票了，你知道从大连到合肥的机票………好贵哟，比我上次………从武汉到大连的机票一样价钱，而且还要贵一点，我说妈呀，这，这旺季旅游机票［是太贵了。］

B：［肯定是的］，它肯定那个……班次不太多吧？所以它贵一点。（口语语料）

例（47）中A与B正在谈论机票的价钱。A先对机票价格的昂贵进行说明，然后使用“我说”表示对这种现象的惊讶。“我”作为形式上的主语有对说话者身份的强调，“说”在言说行为义上可以表达陈述观点，刘嵚（2008）指出“我说”在演变的过程中发展出表达说话者对命题内容的观点和态度。由于机票的价格是否昂贵与个人的经济能力和心理价位有关，所以很多时候是比较主观的评价，“我说”的出现也体现了说话者的主观性。

值得注意的是，我们观察到有两个例句出现了罕见的情况，“我说”出现在了句尾位置，如：

（48）这表都是单向的，完全不能逆运算的啊我说。

（49）圣诞节你有什么活动？我没陪你去你就没去啊我说。

这两个例句出自BCC语料库，标明的来源是微博。我们知道微博作为年轻人活跃的社交媒体之一，一个很显著的特征就是语言风格非常口语化，而且微博的口语化和日常生活中的口语化还有着明显的差异，即许多用户的表达方式二次元化。所谓“表达方式二次元化”，指的是许多微博用户在表述过程中大量运用具有典型日式汉语表达特色的形式，表面上看是现代汉语，但其模仿的句法结构、语序特征、词汇选择却均具有强烈的日语风格。较为典型的如：

（50）高中毕业这么久又一次被**KY**的高中同学气哭了。

（51）6月份老版全本的《四郎探母》网络直播票买了却因事情没能看成，好遗憾的说。

这两个例句中体现了较强的“二次元化”语言风格。这两句话都不是现代汉语中常见的表达形式。例（50）中的“KY”，事实上是由日语短语中“空気が読めない”中“空気（音kuuki）”和“読めない（音yomenai）”的第一个字母截取而成，指不会看场合、看脸色的行为或人。例（51）中“的说”一词的使用方式，如秦岭（2010）所言不能排除日语的影响，日语中“です/でしだ/こと”等助词位于句尾表确定语气，“的说”的语义、功能与这些助词类似，句法位置也会受到影响。

这是由于青少年或年轻人群倾向于使用语言的新奇形式，尤其是网络语言，依骆昌日、何婷婷（2015）所言，语言形式崇尚创新，追求个性。仿拟其他语言构成的表达形式天然地带有异域风格，加上30岁以下人群对日本文化有较强的接受能力，都是促使这种表达形式普及流行的因素。

类比可知例（48）和例（49）中“我说”出现在句尾的原因。日语口语中常有“って言う”的结构，接在表达具体命题内容的体言和活用词终止形后面，“って言う”置于句尾表示言者的立场和态度，如对所说内容的肯定、感叹等，语气比较随便。例（48）中前面小句是说话者的指责内容（“表单向”“不能逆运算”），例（49）中前面小句是说话者的不认同（“我没陪你去你就没去”），位于句尾的“我说”体现了加强语气、凸显说话者主观感情的语用功能。需要注意的是，这种表达顺序常见于ACGN[①]等语域，有鲜明的年龄特色，多见于青少年或年轻人的口语或网络语言中。

（二）话语标记“我说”的语用功能

“我说”语用功能较多，主要有提醒告知、恍悟释因、批评指责、劝导建议、求证释疑、赞同表扬等。

1. 提醒告知

作为话语标记，“我说”的首要功能是引起听话者的关注。在陈述某些事实或客观状况的前提下，说话者使用“我说”引起听话者注意，使对方的关注焦点转移到随后出现的言说内容上。司罗红（2016）指出句法形式上前句中有时会出现表示提醒的语气词。例如：

（52）李：嘿，怎么又看上电视了？

戈：这电视看得我心里好难受好难受。

李：哟，你说话怎么也串味儿了？跟我妈似的呀。我说，你版面儿安排好没有啊？

戈：好了，你看看。好合适好合适啊。（《编辑部的故事》）

例（52）中李冬宝打断戈玲对于电视中说话方式的模仿，使用“我说”唤起对方关注，将话题转换为版面安排的问题，同时提醒对方，如果工作还没有完成要赶紧去做。戈玲以肯定回答“好了”作为回应，说

① ACGN是animation（动画）、comic（漫画）、game（游戏）和novel（小说）的首字母缩略词，主要流行于华语文化圈。

明她察觉到了李冬宝的提示，就新话题展开新一轮会话。

2. 恍悟释因

在疑问得到答案的情况下，“我说”的出现表达了说话者恍然大悟的语气，后面有时会出现语气词，如“呢”，构成变体“我说呢”。董秀芳（2003），曹秀玲（2010），张先亮、倪妙静（2015）等人指出，恍悟释因功能的“我说”后面出现的内容往往会加上说话者疑惑的内容，确认和加强恍悟义。例如：

（53）A：我没有。他好像［是一个］……

B：［绝对有。］

A：是一个他们之前考研那会儿不是我帮他们找资料干吗的，他们给我寄的。

B：哦，我说怎么突然来个包裹，原来这样。我打电话给我姐，我姐说，你怎么可能吃那些东西，我才没给你寄东西。我瞬间那个心就拔凉拔凉的。<@@><@@>这是我亲姐啊，我怎么感觉我是……这就是路边捡来的啊！唉……（口语语料）

例（53）中A、B在讨论A突然收到的一个包裹。在询问他人知道寄包裹的是谁之后，A使用“我说”表明自己终于弄清楚“突然来个包裹”的原因了。据董秀芳（2003）、刘嵚（2008）、尹海良（2009a）的研究，标示恍悟义是“我说”的语用功能之一。

3. 批评指责

耿小敏（2006）、李丽群（2010）指出在言语交际过程中，说话者表达自己的不满或是对他人的责怪时，“我说”后接内容常是指责性反问句，针对对方的言论或行为展开批评，以凸显说话者内心的不满情绪。例如：

（54）小张：二哥哥你这个说法我可就不同意了，解放40多年我怎么又成丫头了？我们这个行业叫作家庭服务员，属于劳动人民。劳动人民当家作主么，我不作主哪个作主？

志国：那说的是国家的事儿你能作主，我们家里这点儿事儿……

小张：哎哟大哥，国家的事儿我都能作主，就别说你们家这点小事情啦！

和平：我说小张你跟这儿掺什么乱？我们这儿正哄着爷爷……瞧瞧，我也乱了不是？我们这儿正劝着爷爷回家来担任领导工作那！（《我爱我家》）

例（54）中大家在就“家里谁作主”这个问题劝说爷爷时，保姆小张主动提出自己来作主，并在贾志国委婉地回绝后仍然坚持。这时和平使用“我说”插入会话，后接反问句“你跟这儿掺什么乱”进行明确的指责，表达对小张言论和行为的不满。

4. 劝导建议

人称代词类话语标记具备话语引导功能，可用于说话者对话语进程的掌握。当说话者对听话者的关注焦点、思路观点等进行引导时，话语标记常出现在说话者提出自己的观点、建议或意见后，对自己的观点、看法加以阐释，或对听话者加以劝导（张旺熹、姚京晶，2009）。“我说”作为典型的人称代词类话语标记，可以出现在建议型语境中，后多接表观点的祈使句或征询意见的疑问句，李丽群（2010）认为其表明了说话者对听话者意见的征求。例如：

（55）傅老：哎，我可以用啊，对比的方法，啊即给他讲人民解放军的三大纪律八项注意，也给他讲一讲日本的“三光政策”烧杀抢劫，啊这个我就不多说什么了，让他自己呀去对照，看看他呀，到底像谁。

和平：爸您这去了根啊，认错谁不会呀，架不住他不改呀！

志国：**就是**。

和平：我说要不然咱就不解决，要解决咱就彻底的。

志国：**唉**。（《我爱我家》）

例（55）中众人在讨论如何赶走孟朝阳的问题。傅明提出了自己的建议，和平表示这种做法可能收效甚微，起不了根本性的作用，贾志国以“就是”表示赞同。在否定了傅明的建议之后，和平顺理成章地以“我说”提出自己的看法，表示要用彻底的方法解决问题，将众人的思路从使用温和教育的方式引导转向以激烈决绝的方式引导。贾志国的回答表达了对该建议的肯定和认同。

5. 求证释疑

“我说”作为表明说话者主观意识的言说类话语标记，后续为陈述句或疑问句时，可以表明说话者对所说内容的主观推测，或是对于某些信息的不确定，向对方求证，希望对方提供相关信息证实（李丽群，2010）。例如：

（56）李：你来正好。我该下班儿了，啊。熬了王师傅一宿，啊，白天你接着熬，还是不能让他睡。

王：我说你们三班儿倒，就让我连轴儿转，这、这合适吗，这个？

余：全是为您好。(《编辑部的故事》)

例（56）中王师傅对于李冬宝和余德利两人不让他休息的行为感到不可思议，于是在李冬宝表示和余德利交接班，并且特地嘱咐不能让王师傅休息之后，王师傅使用“我说”强行切入话轮，将话语的主导权抢过来，并且在陈述事实“你们三班儿倒，就让我连轴儿转”后，使用疑问句“这合适吗”表示自己的质疑，希望对方能够解决自己的疑问。后续余德利使用回应“全是为您好”，就是委婉地肯定，以消除王师傅的疑虑。

6. 赞同表扬

言说类话语标记常用于表示说话者的主观感受、态度、评价和看法，“我说”作为第一人称引导的话语标记，主观性更强。司罗红（2016）、孙利萍（2016）指出在陈述某种客观事实或现象后，“我说”引出说话者的主观评价是常见用法，通常是贬损或不赞同，但也可以是肯定赞扬的。例如：

(57) 唾：呸！你想下解放军这枪，冲这条就够了！呸！

金：我说班长，您是个明白人。您自个琢磨琢磨：我这刀螂胳膊蛤蟆腿。除了张嘴不饶人，没别的厉害。不信您试试，给我一杆枪，我扛得动么？我拉得开闩么？我抢枪干嘛？当文明棍拄着，那也不得劲哪。

唾：认不认不要紧，我们“重证据不轻信口供”，有俩人死证着你呢。(《金豆儿》)

例（57）中唾沫班长在指责、批评金豆儿。金豆儿作为被监管人员，处于弱势地位。面对班长的指控，他既要反驳，又不能削了对方面子，因此首先使用“我说”提醒班长注意，后接内容是对班长的赞扬（“您是个明白人”），表明自己无意挑战对方的立场和态度。接下来对自身情况的一连串贬低性陈述及反问，意在提醒对方，作为“明白人”，这些疑问的答案一想即知，可见先前的指控是不成立的。班长的回应“认不认不要紧”，以及特地提及人证的存在，其实就是变相承认和肯定了金豆儿的说法，接受了金豆儿对自己是个“明白人”的称赞。

不同语用功能的话语标记“我说”在话语中的分布情况如表 4-6 所示：

表 4-6　话语标记“我说”的语用功能具体分布

语用功能	数量	占比
提醒告知	64	19.63%
恍悟释因	35	10.74%
批评指责	105	32.21%
劝导建议	39	11.96%
求证释疑	56	17.18%
赞同表扬	27	8.28%

从表 4-6 可以看出，“我说”的语用功能分布并不平衡。批评指责是“我说”最常见的语用功能，占全部语料的三分之一左右。提醒告知和求证释疑的比例较为接近，提醒告知功能略高于求证释疑。劝导建议和恍悟释因的比例各占一成。赞同表扬最少，不到全部语料的 1/10。这种分布情况也许与“我说”的语义指向性有一定联系。人称代词“我”和言说动词“说”均有凸显说话者主观意识和认知的功能，组合后固化形成话语标记仍然带有强调说话者自身观点、看法的色彩，一般来讲语气比较强硬，带有负面情绪的批评指责功能与带有正面情绪的赞同表扬功能因而处于使用频率的对立两极。

话语标记“我说”出现的句式结构范围广泛，可以用于陈述句、疑问句、祈使句和感叹句。例如：

(58) 我说你这位同志，来的不是时候，有关负责同志正在开会，不能接见。(陈述句)

(59) 我说你们怎么还没吃完饭呢?(疑问句)

(60) 我们是同村，只隔一条街，我说，还是回去吧。(祈使句)

(61) 我说他们那群人，没个好东西!(感叹句)

“我说”后可接多种句式，分布差异明显，如表 4-7 所示：

表 4-7　话语标记“我说”的句式分布

句式类型	数量	占比
陈述句	163	50.00%
疑问句	76	23.31%
祈使句	51	15.64%
感叹句	36	11.05%

话语标记“我说”在不同句型的出现频率和占比有明显的不同。陈

述句使用概率最高，占了全部语料的一半。其次是疑问句，占了近四分之一。祈使句的出现比例略高于感叹句的。需要注意的是，疑问句中的“我说”很多时候其实并不是真的表明说话者的疑问，而是采用疑问句的形式表达否定、指责、批评等功能。如例（59），显然说话者此时并不是真的想要知道还没吃完饭的原因，而是以此来表达对对方还没吃完饭这一事实的不满。

“我说”的语用功能与句式分布有一定相关性。“我说”最主要的语用功能就是批评指责和提醒告知。在这两种情况下，说话者确信所说内容的真实性，所以倾向于采用可确定内容的句式。例如：

（62）我说人啊总是逃避不敢面对，总是去选择相信自己希望相信的东西。

（63）第三点，为什么写出了北京大宅门这么多的东西呢？我说就是因为赶上了这个好时代。文化政策的宽松，就使得文学艺术非常宽松，现在。

例（62）中说话者对后述内容很有把握，但是并不赞同，因此使用“我说”表明批评态度，例（63）中说话者首先提出问题，再以“我说”提醒听话者注意，自己将就这一问题展开解答。

“我说”用于求证释疑时往往后接反问句或疑问句，有时会借用疑问句表达讽刺、否定、批评、指责等功能，因此疑问句的使用频率也相对较高，如：

（64）我说呀，你跟我们去捉小虾好不好？

（65）我真实在忍不住要替人李湘说句话了，我说你们能不能不给人湘姐瞎P照片了？人胖得容易吗？

例（64）中说话者首先以“我说”提醒听话者注意，接着提出一个建议，为了缓和语气而采用了疑问句式。而例（65）则是以“我说”凸显说话者的主观情感，以反问句式表示说话者强烈的不满和否定倾向，体现出明显的指责功能。

由于“我说”后接指人形式的针对性强，因此显得有一定的攻击性，再加上说话者使用“我说”往往强调自身观点和看法，劝导建议他人的功能性较弱，故而祈使句的使用频率不高。

（66）哎哟喂，我说小天使们，不要太无知太可笑太不可理喻哦！

（67）我说堂主老小于，不必急着走啦。

例（66）中说话者先使用了一串语气词，紧接着以“我说”提醒对方注意，强调自身的存在，再以祈使句的形式委婉地表达了自己的讽刺，“不要太无知太可笑太不可理喻”其实就是“你们太无知太可笑太不可理喻”的意思，使用祈使句使得语气稍微缓和了一些。例（67）中说话者以祈使句的形式表达了自己的建议，希望听话者能够采纳自己的意见。

“我说”后接的感叹句有正面肯定表扬的，也有负面否定批评的，相比而言负面否定批评更多。但“我说”发挥恍悟释因功能时，有时会选择使用感叹句，因此可以看到感叹句的使用频率略高于“我说”表达赞同表扬语用功能的频率。例如：

（68）我说你们也太过分了吧！

（69）我说宝贝，你这是赤裸裸的勾引啊！

“我说”与感叹句的配合使用使得说话者的语气更加凸显。例（68）中“我说”强化、凸显了否定、批评的功能，而例（69）中则体现了感叹、释怀的功能。

可见，“我说”在不同句式类型中的分布与语用功能呈正相关关系。

四、话语标记“我说”形成的动因机制

“我说”由最初的动词短语语法化为话语标记，引发和推动这一过程的主要有高频使用、重新分析和主观化。这些动因机制的共同作用使得第一人称代词“我”与言说动词“说”逐步靠拢，最终凝结固化成为一个固定组合，失去真值，演变为程序义，主要用于表达说话者的主观态度、认识、评价和情感，语法化为典型的“说”类话语标记。

（一）高频使用

吴福祥（2006）指出使用频率是语法化的重要条件或因素之一。国内外的众多研究者都曾经从不同角度探讨过重复使用和高频率使用对语法化的促进作用，如 Haiman（1994）、Haspelmath（2001）、Hopper & Traugott（2008）等。Hopper & Traugott 指出，频繁作为整体出现的组合形式在认知上会变得自动化，即人们在使用和解析这些结构形式时倾向于将它们作为整体理解。故此，语音会磨损，语义变得模糊，语用功能增加，从而能够在更大范围和更多样的语境中使用。殷树林（2009）等人的研究证实了话语标记的语法化与词频有较为密切的关系。

"我说"在现代汉语中属于使用频率极高的话语标记之一。如果将人称代词＋"说"类结构按使用数量高低排序，据燕慧（2013）的统计顺序为：

"我说"＞"你说"＞"他们说"＞"我们说""您说"＞"你们说"＞"咱们说"

从这个顺序可以看到，这个序列与人称代词＋"说"类结构语法化程度高低基本一致。语法化程度较高的两个结构"我说""你说"已经固化凝结成为话语标记，其他使用频率较低的结构则仍然处于可自由组合的阶段。张黎等人（2016）的统计结果也证实了这一结论。在 91 个现代汉语口语最常用的话语标记中①，"我说"排在全部话语标记的第 34 位，在所有"说"类话语标记中排第 4 位。刘祥祥（2016）对话语标记"我说"在古今不同时期语料中的用例数量和出现频率进行了统计，发现现代汉语中话语标记"我说"的用例数量增加了两倍，使用频率增加了 0.6%。表 4-4 的数据也证实，现代汉语中话语标记"我说"的平均使用频率约有 11.75%，自然口语中更是高达 17.34%。不同研究者从不同角度对话语标记"我说"使用频率的统计都得出类似的结果，说明话语标记"我说"在现代汉语中属于高频使用的话语标记是客观事实。

（二）重新分析

"我说"由实义短语语法化为话语标记，同样也受到汉语句法结构特征的制约。从最初的名词加动词构成主谓结构逐步演化成独立不可分割的组合，从句中成分经重新分析转为句间连接成分，句法层面覆盖范围扩大。

"我说"最初作为主句的主语和谓语，作用和目的在于引出后述内容，强调重点也在后面叙述。因为要表达出自己的想法，"说"本来就是一个该有的动作，这个动作属于应有之义，无需强调，因此命题要表述的重点往往会偏移到后面的那个动词上，使"我说"的动词性进一步被削弱，直到最后完全丧失。汉语句子的语法结构特征决定当句中有多个动词时语义中心容易偏向后一个动词（邹韶华，1996）。句子结构和构成成分之间的关系经不断调整而产生新的变化，直至最终语法化为话

① 具体排序情况详见表 4-13《现代汉语口语常用话语标记》。

语标记。例如：

(70) A：你居然大胆地告诉她你觉得她很作。

B：我总是对她说呀。

A：@@

B：我说她作又矫情，她说是啊，她说她一直都很作啊，所以越作越矫情啊，她还虚荣，她自己都知道啊，她又不是不知道，没看，都有缺点呀。(口语语料)

(71) A：当初都是我跟高佩拽的，＜@然后要不是我们俩，估计你也能考上@＞

B：拽的什么啊？

A：就是每天复习就＜@这事儿那事儿啊@＞。

B：没有啊，＜@不要紧啊，不要紧啊@＞。关键是**我觉得**，我说就是面对这种工作，一直犹犹豫豫的，总说考研吧，到了关键时候忘记了啊，或者是因为有时候太忙了又忘记了啊，又有时候又动摇了啊，特别是一想到学英语啊，我就好头痛啊，我真的觉得现在让我去捡起英语我觉得是最头痛的。

A：唉。(口语语料)

(72) 莫小贝：我要是说了，就让我满脸长小痘痘。

众人：脚心！

莫小贝：好吧，我确实跟她说了……是她严刑逼供喔。

佟湘玉：怪不得，我说她咋忽然这么有骨气了？

吕秀才：她本来就有，活活让咱们给磨没了。(《武林外传》)

例（70）至例（72）中，“我说”的结构变化很清晰。例（70）中“我说”是句子的主语和谓语，“说”可受副词修饰，后接宾语，句式结构可表示为：

(P₁) 我［说 X］　　(X 为宾语)

例（71）中“我说”已经从言说义发展为认知义。根据“句管控”理论，“我说”前面出现的“我觉得”证明说话者这时正在选择语义比较接近的表达形式以准确表达自己的思想，“我觉得”和“我说”的调整说明这两种形式在语义上没有太大区别。不过这时“我说”虽然保留了动词功能，仍然充当句子的主语和谓语，但中间不能插入其他成分，也不能受副词修饰。句式结构因而调整为：

(P₂)［我说］X　　(X 为宾语)

例（72）中“我说”已经固化，凝结成一个不可拆分的结构，不再具有真值，彻底丧失动词功能，不充当句子成分，与其他句子成分之间也有一定距离，可插入语气词隔开，即使删除，也不会影响句子命题和真值条件。例如：

(72) a. 怪不得，我说呢她咋忽然这么有骨气了？

b. 怪不得，她咋忽然这么有骨气了？

“我说”在句子不表言说义或认知义，只表达程序义，本句中体现了恍悟释因功能，凸显说话者的主观观点和态度。句式结构再次调整为：

（P,）［我说］‖ X　　（X为宾语）

因此，“我说”的句式结构演变过程可表示为：

Ⅰ（P,）我［说X］　　（X为宾语）

Ⅱ（P,）［我说］X　　（X为宾语）

Ⅲ（P,）［我说］‖ X　　（X为宾语）

在句式结构调整和改变的过程中，“我说”的真值由最初的言说义向认知义发展，再经高频使用丧失实际语义最终发展出功能义，成为话语标记。

（三）主观化

主观化也是促使“我说”成为话语标记的动因机制。沈家煊（2001）指出主观性是语言的特性，话语中总是含有说话者自我的表现成分，留下自我的印记。“我说”中第一人称“我”在会话中充当说话者自身的角色，用以表达说话者在当前语境下的情感、态度等主观感受。许多研究者，如耿小敏（2006）、司红霞（2006）等，都证实主观化了的“我说”不再是句子主语，而是体现元语言功能的言者主语，表现的是说话者“自我的成分”，因此具有较强的言者主观性。

据姚占龙（2008），刘嵚（2008），张旺熹、姚京晶（2009）等人的研究，说话者使用“我说”旨在希望对方能够将关注对象集中到自己的表达内容上，强化说话者自身的存在，凸显其态度和立场。

(73) A：你知道吗，**我**有时候在**想**，**我**即使有一天，**我**凭借我的努力和幸运考上了一个很好的学校的研究生，我说那又怎样呢？**你**未来还有几年的学习要学习，到时候**你**会看出来差距，到时候肯定有很多，蛮、蛮，肯定有很多很厉害的学生，是吧，然后到时候，**你**的差距不止一点两点，很多时候**你**的偷懒，<u>你</u>不可能说是那几个月的复习就可以弥补过来的，所以<u>我觉得</u>，唉……

B：所以……

A：真的是太牛的人了，好多。（口语语料）

例（73）中A的一段话中多次出现“我”和“你”，实际的指称对象均为说话者自己。说话者整段话表述的都是自己对于考研的内心想法，是说话者的主观看法而非客观现实。因此，出现在语段中间的“我说”体现了说话者对自己无法确定的事实的疑问，凸显了“我说”求证释疑的语用功能。据崔奉春（1992）考察，汉语中人称代词“你”也可以用来表示“我”，体现了说话者将自身客体化、对象化的一种用法，因此虽然表达形式上有第一人称和第二人称的区别，但在说话者自己的意念中其实是采用了同样的视点。

综上所述，“我说”的联合使用最早出现在魏晋南北朝时期，经由主谓短语凝结固化后语法化为话语标记。话语标记“我说”的使用在句法形式上有明显的倾向性，其句法位置多在话轮或句子开头，偶尔会出现在话轮或句子中间，但很少出现在话轮或句子末尾。话语标记“我说”的语用功能主要为提醒告知、恍悟释因、批评指责、劝导建议、求证释疑、赞同表扬等。话语标记“我说”的多种语用功能与其出现的句法环境有着较为密切的对应关系，促使其由实义动词短语逐步演化为话语标记的形成机制及动因是高频使用、重新分析和主观化。

第三节　话语标记“你说你”的语法化

前文我们已经较为详细地描写和分析了话语标记“你说你”在现代汉语中的左缘结构分布情况、构成成分的类型和分布特征，本节中我们将以“你说你”为典型个例，从语法化角度对话语标记“你说你”的演变过程和语法化路径进行梳理，了解“说”类话语标记的语法化。

一、话语标记“你说你”的已有研究成果

不少研究者采用了语法化和主观化的相关理论，解释和阐明人称代词＋“说”类话语标记的发展与演化过程。如董秀芳（2003）认为，这类词的形成机制是短语词汇化，具体演变方式是从言说义向认知义转

变。于静丽（2009）指出人称代词＋“说”类话语标记的主观化历程主要表现为从表达具体的、客观的词汇意义发展为表达抽象的、主观的语用意义，其间经历了从动作义到认识情态义再到话语标记的主观历程，因此如“你说”类话语标记暗含说话者的主观性。高莉（2014）提出由于言语行为动词“说”与作为言语主体的说话人有关，因此具有体现主体言语行为的能力。在标记说话人主观性时，可提示其后内容的交际性，并强调说话人施加给听话人的言语行为力，建议性较强。此外，刘嵚（2008）、李宗江（2010）等人也都从不同角度对人称代词＋“说”类话语标记进行了研究，而盛继艳（2013）、于晓东（2015）等人则对“你说”进行了集中考察。郑娟曼、张先亮（2009）指出“你看你”作为话语标记主要用于表达责怪义。“你说你”与“你看你”同属责备义话语标记。这些研究成果都对本书的探讨有重要的参考价值。

目前为止，专门针对“你说你”的研究不多，主要有胡艳（2015）、高怡喆（2015）、李美善（2015）和杨江（2016）。胡艳没有严格区分话语标记“你看你”和“你说你”，指出“你看/说你”在语篇功能角度具备话轮功能和话题功能，在人际功能角度具备凸显主体、拉近距离、引起共鸣、提醒注意、表达情绪或态度、加强语气和活跃气氛等功能。重新分析、主观化与交互主观化、情态意义的浮现是推动“你看/说你”演变与虚化的主要机制。高怡喆与胡艳观点有相似之处，认为“你说你”具有指出事实，责备和否定听话者的行为或做法的语义分布特征，其强烈的责备义来源于语境认知和语用推导。“你说你”主要体现出求证反问、提醒注意和表明见解的语用功能。作为“你V你”构式中的个案，李美善指出“你说你”主要出现在句首，可以表达说话者的感情色彩，附有不如意的主观评价义，具有强化语气、否定评价、提领过度等语用功能。杨江分析了“你说你”出现的语境，认为“你说你”具备话语提示、话题转接和话题评述三种功能，其中话题评述是核心功能。

已有研究对“你说你”的句法特征、语用功能看法不一，但均未对语法化过程及路径进行详细描写和解释，对促使“你说你”由短语语法化为话语标记的动因机制也尚无统一看法。

二、话语标记“你说你”的历时发展

杨江（2016）对“你说你”的演变做过简单的梳理。杨江将最初形态的“你说你”称为“截断块”，认为这种“你说你”是一个类短语结构。本书对此有不同看法，我们认为最初的“你说你”分属句子不同层面，充当不同句子成分，各司其职，并没有构成一个短语，三个成分是在发展的过程中分层次联合，最后凝结成为独立结构。

“你说你”最早出现在元代语料中。句中“你”“说”“你”三个成分在主句中的句法地位清晰，各成分之间的关系明确。例如：

(74)（各跪开科）（孤云）唤原告上来，你说你那词因，等我与你做主。（搽旦云）小妇人是马均卿员外的大浑家。（元杂剧《包待制智勘灰阑记》）

(75)（李老儿云）俺庄农人家，欲要富，土里做；欲要牢，土里刨。你说你会武艺，你就在这草堂上敷演一遍，我试看者。（元杂剧《摩利支飞刀对箭》）

例（74）和例（75）中，“你说你”在句中充当不同成分。第一个“你”和“说”分别充当句子主语和谓语。第二个“你”在语义和句法位置上更靠近后面成分，在例（74）中属于中心语“词因”的前置限定成分，在例（75）中充当主谓短语中的主语。此时第一个“你”和“说”属于主句层面，第二个“你”作为后接宾语的一部分，受到“说”的语义管辖，属于从句层面。三个成分各属不同句法层面，层次分明。

明代的“你说你”结构产生了一定变化，“你”和“说”逐渐靠拢，有向话语标记“你说”演变的趋势。不过，此时“你说”还保留了一定言说义，有提请听话者发言的意味。但也可以理解为其组合成一个独立结构，主要表达说话者寻求认同，希望与听话者形成一致立场的主观意图。

(76) 三奶奶，你是个极好的善人，人都说你是成佛作祖的，再有待族人厚的似你老人家么？你说你敢招架他不？家有贤妻，男儿不遭横祸哩。(《醒世姻缘传》第五十七回《孤儿将死遇恩人　凶老祷神逢恶报》)

(77) 你说你那咱不得来，亏了谁？谁想今日咱姊妹在一个跳板儿上走，不知替你顶了多少瞎缸，教人背地好不说我。奴只行好心，自有天知道罢了。(《金瓶梅》)

例（76）中“你说你敢招架他不？”这句话可以有两种理解。第一种“你说”仍然有命题义和真值，说话者有邀请听话者发表自己感想的意图，“你敢招架他不”是说话者希望听话者谈论的话题，这时“你”“说”“你”仍然分属不同句子层面。第二种“你说”可以理解为话语标记，表达说话者试图加强与听话者的交流互动，于晓东（2015）认为体现了人际互动功能。作为说话者的主观标记，盛继艳（2013）提出“你说”可以体现说话者对听话者态度和观点的关注。因此“你说你”可以理解为话语标记与真实主语的组合，话语标记“你说”独立于主句之外，第二个“你”成为主句的真实主语。例（77）中此结构也是如此，两种理解都可以成立，说明至少在这个时期，“你说你”尚未完全语法化为话语标记。

民国时期的“你说你”在结构上虽然还没有彻底固定，但在理解上“你说你”开始偏向作为一个整体出现，如：

（78）方儿呀！你说你一走十好几年，你爸爸说你在广东学艺呢。这个，我也信。可你十二年没回来了，我想你呀！（《雍正剑侠图》）

（79）他一口一个小儿、一口一个小儿骂你，你还管他叫燕师傅，你说你这人怎么学得这么有涵养了？（《雍正剑侠图》）

杨江（2016）对这两例进行了语音考察①，证明大部分情况下“你说你”被认为是一个整体，不可拆分，结构也趋向于作为组合理解，与其他句子成分距离更远，可以用语气词隔开，如：

（78）a. 方儿呀！你说你啊一走十好几年，你爸爸说你在广东学艺呢。这个，我也信。可你十二年没回来了，我想你呀！

也可以删除，如：

（79）a. 他一口一个小儿、一口一个小儿骂你，你还管他叫燕师傅，这人怎么学得这么有涵养了？

由此可见，“你说你”作为话语标记出现在民国时期是合理推测，可以成立。

还可以看出，从明代开始，“你说”后由“你”引导的具体言说内容可以是陈述句，说明已经发生的事实，也可以接疑问句形式表征询，话语内容语义色彩不明显，如例（78）和例（79）。有些后述引导的话语内容在语义上则隐含责怪义，如：

（80）我晓的你倚官仗势，倚财为主，把心来横了，只欺负的是我。你说你**这般威势**，把一个半个人命儿打死了，不放在意里。（《金瓶梅》）

---

① 杨江（2016）对这两例进行了语音调查，例（78）中“你说你”被处理为一个完整结构的比例为80.95%，例（79）中为66.67%。

说话者叙述了已经发生的事情后，使用“你说你”表明自己的看法，后接贬损义话语（“这般威势”“一个半个人命儿打死了”“不放在意里”）将说话者隐含的不满和讽刺凸显出来，体现了指责批评的语用功能。例（78）中说话者表达的话语内容也隐含有对“方儿”的不满和埋怨。

“你说你”的指责批评功能占有主导地位与构成成分和形成过程有较为密切的关系。郑娟曼、张先亮（2009）证实语义的固化受到语义规约化规则的制约，一旦某种语言形式所含有的语义与另一种语义结合并高频率使用，共同用于表达一个完整的语篇意义时，这个形式就倾向于作为一个整体被感知和使用。长期广泛使用使该种语义与前一语言形式的联系固化，前一语言形式的出现会引领听话者推导与之高频共现的下一语义。“你”单用时会带有命令、指责的语气，如根据崔希亮（2000）的统计，《红楼梦》中第1—70回中“你”共出现3940次，单独用“你”称呼对方的时候都是高势位人对低势位人的情况，具有“居高临下”的意味。管志斌（2011）指出言说动词“说”与“你”的结合使话语标记“你说”衍生出说话者对听话者提出指令，或是弱化缓和语气后的建议或征询。刘丽艳（2005）、曹秀玲（2010）等人的研究证实，话语标记“你说”在使用中逐渐发展出多种语用功能，如征询、认同、责备、愤怒、否定、羡慕、无奈等，以及语篇上的引发话题、转换命题、引导推理、主观评价及人际互动等。话语标记“你说”在与“你”再次结合后衍生属于“你说你”的语用功能，并且由于人称代词的介入直指听话者，将话语标记“你说”后隐而不显的听话者凸显出来，表达了说话者对听话者的关注，体现了会话的交互主观性。

因此，话语标记“你说你”的语法化路径可以表示为：

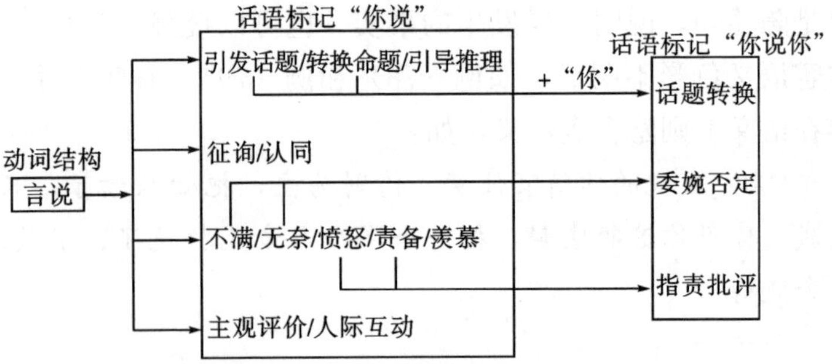

图4-3　话语标记“你说你”的语法化路径

三、话语标记“你说你”的特征和功能

以“你说你”为关键词对北京大学现代汉语语料库（CCL）、北京语言大学现代汉语语料库（BCC）、国家语委语料库，以及自然口语语料库进行检索，一共获得了3651条语料，其中话语标记“你说你”共出现280次，占全部语料总数的7.7%，具体分布情况如表4-8所示：

表4-8 话语标记“你说你”的频率和占比

语料库	语料总数	话语标记“你说你”	占比
国家语委语料库	108	16	14.8%
CCL	500	35	7.0%
BCC	3000	214	7.1%
自然口语语料库	43	15	34.9%

不同的语料库中话语标记“你说你”出现的比例不一样。CCL和BCC语料库的结果比较接近，因为它们所搜集的语料来源都比较广泛，既有书面语语料，如政府工作报告，也有口语语料，如电视访谈节目，而话语标记“你说你”通常更多地出现在偏向口语语体的语料中，因此所占比例很小。国家语委语料库多以文艺作品为主，且有很多会话、独白或是口语化的叙述体，“你说你”作为话语标记的比例有一定程度的上升。在日常口语会话中，以话语标记形式出现的“你说你”所占比例高达34.9%，意味着口语中大约有三分之一的“你说你”属于话语标记。此外，我们还对老舍、张爱玲、莫言、余华、王小波、王朔、刘震云等几位现当代作家近920万字的作品进行了检索，发现“你说你”仅在莫言、王朔和刘震云的作品中出现了52次，其中作为话语标记的次数为12次，占总数的23.1%，介于国家语委语料库和自然口语语料库使用比例之间。这一数据说明话语标记“你说你”虽不排斥在书面语中出现，但也仅限于非常接近于口语的当代作品之中。当然，由于条件所限，本书调查的语料并不能全面反映话语标记“你说你”的实际分布情况，但大体而言，话语标记“你说你”在使用时主要出现在口语或会话语体中的分布特征还是表现得相当明显的。

通过对语料的整理，我们发现，与话语标记“你说你”共现频率最高的多为贬损或否定语义的内容，在280条语料中，“你说你”后出现贬损义的共有173条，占全部语料的61.79%。例如：

（81）你说你一个大男人，宰个鹅还哆嗦，你还能干什么？

（82）你说你整天忙啥呢，不就结个婚吗？

（83）这样做好吗？你说你厚道吗？

话语标记“你说你”在这三个例子中不能充当主句的主谓成分，不能插入其他成分。“说”不能受副词修饰，不能接“着、了、过”，表达的不是实际言说义而是程序义，与句中其他成分之间较为疏离，因此有插入其他成分的空间，也可以被删掉，句子的命题义和真值条件没有变化，不会影响整个句子的完整性和句义表达。例如：

（81）a. 你说你呀/啊一个大男人，宰个鹅还哆嗦，你还能干什么？

（82）a. 你说你呀/啊整天忙啥呢，不就结个婚吗？

（83）a. 这样做好吗？你说你呀/啊厚道吗？

或是：

（81）b. 一个大男人，宰个鹅还哆嗦，你还能干什么？

（82）b. 整天忙啥呢，不就结个婚吗？

（83）b. 这样做好吗？厚道吗？

可见“你说你”的插入主要出于语用目的。例（81）中“你说你”表示说话者贬斥了听话者的行为，“宰个鹅还哆嗦”显然并不符合说话者对“大男人”的心理定位，体现了批评指责的语用功能。可“大男人宰鹅应不应该哆嗦”这个问题事实上没有统一标准和依据，本句中说话者的否定态度和观点反映的只能是说话者本身的主观认知，并不具备客观现实性，体现了会话的主观性。

“你说你”还可以体现说话者否定或不赞同的语气。例（82）中“整天忙啥呢”体现了疑问义，表示说话者不知道听话者在忙什么。可后续“不就结个婚吗”，特别是“不”和“就”的使用，说明其实说话者清楚听话者的行为，并且对这种行为不能认同。王立和（1995）指出否定副词“不”在日常口语中用在另一个副词前，如“都”“很”等，并不表示否定，而是用于体现说话者语气。例（82）中“不”和“就”的组合表达了说话者对后续内容的轻视，认为并不是什么重要的大事，而“你说你”出现在句首则更加凸显了说话者不赞成或否定的态度。例（83）中“你说你”同样体现了该语用目的。显然在说话者看来，“这样做”既不好也不厚道，但没有直接否定对方，而是连用两个反问句。邵敬敏（2013）辨析了不同反问句的话语功能，指出反问句主要表示否定功能，可以用来表示说话者对他人的提醒。当某些事情说话者认为对方本应记住或知道却没有做到时，为了表示不满，说话者可以使用反问句式表示提醒，希望对方能够多加注意，不过通常这种情况下说话者的语气比较平稳，否定性不是很强烈。

（一）话语标记“你说你”的分布特征

“你说你”在句法分布上也表现出了比较明显的特征。通过对搜集到的280条语料进行分析，我们发现话语标记“你说你”在句中出现的位置比较灵活，基本可以分成以下四种不同类型：

第一类为“P，你说你X”。例如：

(84) 来到袁绍的大帐里面，发现袁绍的大帐里面放着图书、珍宝、古玩，你说你出去行军打仗你带这些东西干什么？

(85) A：一个女生都为你做成这样了。

B：你要么就不来啊，你说你来了你站在那个路口**就十米开外**，[然后**站**在那里**不过来**]。

A：[对呀，你那是干吗]。（口语语料）

第一类句式中前一小句先对事实或事件进行陈述，后一小句以“你说你”引导凸显说话者对于事实或事件的评价、态度。例（84）中，说话者先交代了袁绍帐内的陈设情况，紧接着用了一个反问句“出去行军打仗你带这些东西干什么”。冉永平、方晓国（2008）指出反问句具有消极语用用意，能够用于表示委婉的批评、讽刺、异议等语用功能。加上“你说你”，说话者强烈的责备和不认同的态度得到了进一步凸显，并且隐含有说话者试图唤起听话者共鸣，强化命题的意图。例（85）中B先预设一个未曾出现的场景，隐含“要么就不来，不来还更好”的意思，后一个小句对男生的行为进行描述，使用“就十米开外”和“站”“不过来”等词凸显对方行为的不合理：距离并不远，可是男生站着不过来。男生的举动在B看来显然是不合适的，于是使用“你说你”表达指责批评。

第二类为“P，你说你，X”。例如：

(86) 就是想着怎么算计别人，浪费多少脑细胞啊，你说你……就算你得逞了又能怎样，能得到什么好？

(87) 老胡：（转身）我说老傅啊，我要买我就得买个明白，你跟我说清楚，到底是你们家不要了，还是你照顾我。

傅老：哎呀，**挺大岁数**的，你说你，**较个什么真儿嘛**！

老胡：我今天就要较这个真。(《我爱我家》)

第二类句式与第一类句式关系很密切，主要区别在于第二类句式中“你说你”与句中其他成分的距离更远，自成一个独立结构的意味更强，因此在语音上出现了明显的停顿，原本斥责批评的语气被缓和了，主要体现的是说话者对于对方行为的不认同或否定。例（86）中，前两个小句中说话者对已经发生的事情和付出的代价进行了陈述，“你说你”的使用体现了说话者明显的不赞同，但是直接提出批评语气过于强烈，会对听话者的面子造成影响，于是说话者在“你说你”后略有停顿，使得语气不会过于激烈。朱姝（2004）证实反问句能够较为温和地表示说话者的不满，以及对于客观事实主观上无法苟同的心理。“你说你”的插入，以及之后的停顿，一方面缓和了语气，使得后面由反问句体现的斥责义不那么激烈，另一方面也暗含了说话人期望通过唤醒听话人已有认知从而使听话人认同自己观点的意图。例（87）中傅明先使用了语气词“哎呀”，缓冲了一下，避免直接回答问题。然后又指出老胡“挺大岁数”，隐含有“岁数挺大了就不要较真”的意思。后续使用“你说你”有提醒对方注意这个事实的目的，表达了对听话者行为的不认可。

第三类为“你说你X”。例如：

(88) 你说你结了婚了你就**努力**地继续去工作，这个家庭的事情也顾不上管。

(89) 郭：嗯，他有一块青石板，拿这勺啊舀这糖，**在上边画**。

李：唉。

郭：你说你**不会画画来得了这个吗**？

李：那来不了！(《郭德纲相声集》)

第三类句式中“你说你”后接小句可以表达对事实的陈述，如例（88）；也可以表达对事件的判断，如例（89）。因为主要用来陈述客观事实或是根据前提进行常规推理，所以主观性或评价义较弱。例（88）中说话者回忆和叙述已经发生过的事情时使用了“努力”一词，徐志民（1980）指出与人的品性、行为和思想感情相关的词通常具有不同程度的感情色彩，“努力”显然带有褒义色彩，证明说话者并不是想要否定或是批评这种行为，而是陈述一种客观存在的因果关系。例（89）中前后表述内容也有类似关系，“拿勺舀糖在青石板上画”是结果，“会画画”是原因。李宇明（1990）考证了特指问形式的反问句可以表示单纯否定，其中出现的疑问词可以理解为一个否定词。可见例（88）、例（89）中说话者使用“你说你”吸引对方注意力，目的在于提醒听话者关注可能存在的推衍关系。

第四类为“你说你，X”。例如：

（90）你说你，自己身体**不好**，还有**高血压**，又**这么大年纪**了，这么拼**图**个啥呀？

（91）甲：什么叫老头儿拄老头儿？**这都像话吗这个**！你说你，**不琢磨琢磨学会了再说**。什么叫老头儿拄老头儿啊？老头儿啊……

乙：哎，你等会儿，你等会儿。（《郭德纲相声集》）

第四类句式与第三类形式上看起来相似，但表达的语气和语用功能有差别。例（90）中说话者在使用“你说你”提醒听话者注意之后，语音上停顿了一下，提示听话者将关注焦点集中到后续话语，然后说话者接连使用了三个陈述句列举对方的不利条件，通过一系列表负面和消极意义的词汇表明自己的态度与看法，体现了说话者对于听话者行为的负面评价，最后用疑问句的形式委婉地表达了自己的不赞同，隐含批评，但程度不算太高。例（91）中“你说你”之前出现的“这都像话吗这个”，和之后跟着的“不琢磨琢磨学会了再说”，前后小句表达的都是斥责内容，说话者想要表达的其实是“这都不像话”“应该琢磨琢磨学会了再说”。第四类句式中“你说你”与句中其他成分距离比第三类的更远，为了让听话者将关注焦点集中到所说话语，语音上有间隔停顿。通常“你说你”后续话语体现了说话者对听话者行为的强烈的不认同，具备指责批评的语用功能，语气程度比第三类句式更强。

四种不同类型的句式结构可以总结为句式：

（P，）你说你 X　　（X 为宾语）

具体分布情况及占比情况如表 4-9 所示：

表 4-9　话语标记“你说你”句式结构具体分布

句式结构	数量	占比
P，你说你 X	166	59.29%
P，你说你，X	17	6.07%
你说你 X	83	29.64%
你说你，X	14	5.00%

从表 4-9 中的数据可以看出，话语标记“你说你”虽然句法位置灵活，可以出现在句中，也可以出现在句首，但是分布的倾向性还是很明显的。如“你说你”在句中出现的第一、第二类句式，共有 183 条，占全部语料的 65.36％，而在句首出现的第三、第四类句式则共有语料 97 条，占全部语料的 34.64％。这种分布特征与话语标记“你说你”的语用功能有密切关系。由于话语标记通常用于加强语言的主观性，凸显说话人对于命题的主观认识和立场态度。“你说你”通常用以表达说话人的责备情绪，余奕（2010）认为表现了说话人主观上的否定态度和强烈的不赞同立场。这种明显的否定主要来源于交际双方的语境认知和对话过程中的语用推导。高怡喆（2015）提出在推导过程中，“你说你”的语用功能发生了主观化与交互主观化。这种对语境的唤起和推导使得“你说你”倾向于与所要判定的命题联系在一起，中间不要有间断，才有一气呵成、顺理成章、理所当然的语用效果。由此可以看出，在“P，你说你（，）X”这类语境中，P 主要表示言语交际中被评价对象所实施的动作或行为，X 表示说话人对 P 的认识、评价或要求，多为说话人的负面评价，从中凸显的是说话人的主观态度和否定立场。同时，因为这种与命题的紧密连接性，单用的“你说你”在态度和立场上表达力度就显得相对较弱，不够鲜明。这样虽然也能表明说话人的不赞成、不认同等主观性，但是更多的仍是依赖于听话人的主动推导，因而主观意图揭示不够直接明显。

（二）话语标记“你说你”的语用功能

我们总结了所有语料中“你说你”的功能，主要有转换话题、委婉否定、指责批评这几种。

1. 转换话题

日常交际中同一段会话常会出现话题转换的多种类型，包括话题开始、话题遮蔽、话题恢复和话题插入。话题开始指开展新会话，话题遮蔽指通过建立与之前话题联系的方式引出新话题，话题恢复指一个或几个话题讨论完毕之后回到之前的某个话题，话题插入指说话者在讨论某一话题的过程突然插入新话题，但是新话题没有成为会话焦点，或是没有引起回应，或是回应时间过短（Crow，1983）。言语交际会话中“你说你”最常见的功能之一就是用于话题开始，如：

(92) A：我家那边没有初、高中啊，都是幼儿园、小学。

B：哦。

A：嗯，因为我家那边是新开发的一个，一个，一个小区嘛。

B：如果你说你要是从，从你家坐车到那个正门的话，我［倒］建议你去正门。

A：

［嗯］，嗯。

B：到正门，然后每天就是作为你公交车的钱以外。

A：嗯。

B：你再到了正门以后坐一块钱的校车。

A：嗯。这样会好一点。（口语语料）

例（92）中A、B两人原本在谈论A家附近的情况，A说了自己家是新小区之后，B将话题从小区转换到“从你家到正门怎么走”。说话者先是用假设标记“如果”，紧接着以“你说你”为分隔标记，将前一话题终止，开启了新的话题（“从A家坐车到正门”），话语标记在这里起到的语用功能明显表现为将原本的话题与新话题隔开，终结原有话题，开启新话题。随后话题就一直沿着“路要怎么走”的话题延续下去，没有回到原来的话题了。话语标记“你说你”体现了开启新话题的语用功能。

也可以用于话题插入，如：

（93）志国：哟，回来啦，报纸买了吗？

和平：买了。

志国：中了吗？

和平：没敢瞅。

志新：嗨，（拿过报纸）你要能中奖，我把这卷手纸我给吃了。那我给你念念啊，头等奖一名，三居室住房一套。

和平：啊？

志新：别紧张别紧张，要是朝向不好交通不便，咱不去。

和平：你赶紧着吧。（志国：快说快说）

志新：幸运号码是，0608250，中了吗？

和平：0……没有。

志新：别泄气啊，还有二等奖，奥运银牌一样光荣啊。这二等奖啊是夏利轿车一辆。（众人讨论）（向傅老等）你说这上牌子特别难，考本子就更难了，（和平：唉唉你赶紧吧。）你说你不要什么他偏给你什么（众人催），噢噢，号码号码啊，嗯嗯，二等奖这号码是2300763，中了吗？

和平：……没有……

志新：重要地在于参与啊，还有三等奖，三等奖，三等奖也非同小可，香港七日游。（向众人）这还真麻烦，（压过众人声）麻烦啦，麻烦了，还得现学广东话。你到了香港，像我嫂子这跑丢了，跟香港警察叔叔你饼巩饼巩你说不清楚。（众人催）对对对，唉，三等奖这号码是7006070，还没中吗？

和平：中了……（众人兴奋，上前对），（提高音量）7006070我中啦！（众人兴奋）

燕红：（拿过一卷手纸，拍志新）嗨嗨嗨，请吧，祝你好胃口！（《我爱我家》）

例（93）这段对话中，中奖与否是话题的中心，所有人都围绕着这一话题展开讨论。在核对到二等奖中奖号码的时候，针对“万一中了二等奖就会有夏利轿车，有车就得上牌考本很麻烦”这种预设，贾志新插入了新话题“不要什么偏给你什么”，可是这个话题并没有持续多久，在众人催促之下话题重新回到兑奖上来了。话语标记“你说你”在这里体现了话题插入功能。

2. 委婉否定

“你说你”可以使说话者在表达否定意图时显得不那么直接、激烈，不对听话者造成面子上的影响，降低或减少交际中可能出现的风险或冲突，有利于人际关系的管理。冉永平（2004）认为缓和语的使用可以使“以言行事”更有效，这样说话者的意见才能更好地被听话者接受。Leech（1983）认为否定需要语用推理的空间较小，因此压缩了回旋余地，显得语气更强，在言语交际中很容易威胁到对方的面子，不符合礼貌原则。Lakoff（1973）指出在会话双方权力和地位差别不大，并且关系不是非常密切的时候，说话者需要注意自己的意见或请求有可能不被接受，因此说话倾向于采取更为委婉、缓和的表达方式，给双方留有一定余地。Brown & Levinson（1978，1987）的面子论中也提出了类似的交际策略。李捷等人（2011）认为言语交际中说话者需要采取一定策略以避免面子影响或减轻影响程度。例如：

（94）志新：这满大街都唱这歌儿，你说这是咱圆圆写的？

和平：我也弄不清楚啊。这后面还一首呐，这叫“其实你不懂我的心”，你说你那么点儿孩子你有什么心呐……

志新：我说我说唉，这是童安格写的，啊别说是圆圆写的，回头人童安格跟你打官司。（《我爱我家》）

例（94）中贾志新与和平在查看贾圆圆笔记本上的歌词，和平误以为歌词“其实你不懂我的心”是贾圆圆自己的想法，虽然不能赞同，但是还不到强烈反对、大肆批评的程度，于是使用“你说你”委婉地表达自己的不理解、不认同。再例如：

（95）A：看看的就是你的指导老师，你就跟着他做呗。

B：那我希望碰到一个，额，浑水摸鱼的班主任。

A：哇，什么思想，你。

B：我就可以浑水摸鱼，我也摸一下算了。啊，轻松地让我有大把的时间干其他的事情。

A：还没开始就想着，混一个，浑水摸鱼的班主任。

B：额。

A：你说你这，可见态度不正确，思想不正确。

B：我一直都是态度不正确，思想不正确。（口语语料）

例（94）中A、B两个人在比较轻松的氛围中谈论着对班主任的期待。对于B想要一个“浑水摸鱼的班主任”的想法，A表示不赞同。不过显然B是开玩笑地在说，A也不是正经严肃地展开批评，所以用“你说你”委婉地表达自己不认同或否定的态度，但语气较为轻微，不会损害B的面子，在不损害两人之间关系的前提下清楚地表明自己的看法。

3. 指责批评

指责批评功能是话语标记“你说你”最常见的语用功能。在280条语料中表指责批评的共有127条，占全部语料的45.36%，几近一半的比例说明指责批评是话语标记“你说你”的主要功能。

盛继艳（2013）考察了话语标记“你说你”的语境特点，指出“你说”的共现话语多为评注性表达和阐发性内容，具有显著的主观性倾向，并且以消极情绪的表达为主，次之为表达个人无奈或困惑的情绪。“你说你”由“你说”进一步演变发展而来，在语义和功能上沿袭了“你说”的部分功能和用法。例如：

（96）小贤：你说你用**那么多**假洋鬼子来**干吗**，新郎新娘又不是外国人，搞不清楚的还以为要嫁到墨西哥去呢！

一菲：照你这么说，我要是弄两只企鹅过来，新娘还得嫁到南极是不是！(《爱情公寓》)

例（96）中曾小贤对胡一菲在婚礼上邀请“假洋鬼子”的行为非常不满，使用“你说你”凸显对方存在，接着使用“那么多”形容人数超出预计，并且“来干吗”隐含这些人并没有起到什么正面积极作用的意思，表达了说话者对既有事实的强烈不满和对设计这一环节的对方的指责批评。

(97) 看到**就讨厌**，你说你一天两天**就**算了，天天这样**谁受得了**，我不生气不代表我认同你这样，**只是**我不想说话**而已**，**别得寸进尺**，换作以前我早就生气了。

例（97）中说话者先是直接使用“讨厌”表明自己的态度和负面情感，并用“就”强调情绪的产生速度快和程度高，“你说你”表明说话者的反感、厌烦和明确指责，“谁受得了”以疑问形式表否定内容，实际表述的是“谁都受不了/没有人能受得了”的意思，接着使用“只是……而已”构式强调本意并非认同，“别得寸进尺”更是体现说话者对听话者预期行为的命令，隐含对听话者以往行为的否定性评价。会话中说话者使用了多种表达形式共同配合，用于表示对听话者的严厉斥责。

话语标记“你说你”形成固化的时间并不算很长，目前为止仅有转换话题、委婉否定和批评指责等功能，这些语用功能的形成及发展与第二人称“你”、言说动词“说”和话语标记“你说”的组合固化有关。

四、话语标记“你说你”形成的动因机制

“你说你”由最初的代词＋动词＋代词组合最终语法化为话语标记，引发和推动这一过程的主要有重新分析、去范畴化和主观化与交互主观化。这些形成机制及动因的共同作用使得第二人称代词“你”首先与言说动词“说”组合固化，再吸引第二个“你”逐步靠拢，最终凝结固化成一个不可二次拆分的组块，失去真值，演变为程序义，主要用于表达说话者的主观态度、认识、评价和情感，语法化为典型的“说”类话语标记。

（一）重新分析

“你说你”事实上最开始由“你/说/你”三个成分构成，第一个“你”和“说”由于常常组合在一起使用，逐渐形成稳定结构，新的形式和语义随之浮现并通过反复使用被保留下来，直到固化后成为话语标记“你说你”。心理学和认知语言学研究表明，人在认识事物时，倾向于将认知对象组合成有意义的固定模块进行整体感知，从而提高辨识的速度和有效性。由于出现频率高范围广，“你说你”同时出现的概率很高，因此在面对这一表达形式时，人们就逐渐把它作为一个整体结构进行处理。模块化的结果就是原本为主谓结构的“你/说/你”最终成为整体，并在反复使用的过程中固定成话语标记。

话语标记“你说你”的结构变化可如下所示。首先是动词结构：

(98) 你腰包鼓了，你说你有本事，人家才佩服你，不然你有登天的本事也枉然了。

例(98)中，第一个“你”充当句子主语，“说”充当句子谓语，第二个“你”充当构成宾语的主谓结构中的小主语，三个成分彼此之间的关系层次分明，可以表示为：

(P,)［你］［说］［你 X］　　(X 为宾语)

随着使用频率的增加，“你”和“说”之间距离缩短最终融合成一个新的结构：话语标记“你说”。后续成分被剥离开独立成句，具体表现可如：

(99) 别人捡便宜也就算了，你说你一女的，跟着瞎凑什么热闹啊？

例(99)中“你说”成为话语标记后，从句子主语降格为言者主语，而人称代词和后接成分 X 从宾语升格成为真正的句子主谓成分，结构层面的变化和调整可以表示为：

(P,)［你说］［你 X］　　(X 为宾语)

“你 X”结构共现次数多了之后，组合层次逐渐产生了变化。由于“你 X”部分中“你”是固定不变的，有变化的只是 X，因此根据具体表达意图的变化，每个句子都会随之产生变化的 X 被切分出去了，句子结构再次发生变化。例如：

(100) 你说你一米七二的瘦高个儿还穿个这么高的高跟鞋。

(P,)［你说］［你］［X］　　(X 为宾语)

例（100）中，首先出现的是话语标记“你说”，紧接着是直指听话者的人称代词“你”，引起对方关注后再就具体话题展开表述。这个例子中不变的不是“你说”和“你”开始靠近融合成一个整体，而是根据具体表达需要而灵活组合的X部分与第二个“你”开始拉开距离，直到最后“你说”和“你”彻底凝结固化，成为一个新的话语标记。再如：

（101）你说你整天跟人家在一块儿，怎么就学会了玩儿，好的一点儿没学着呢？

例（101）中说话者明显对听话者的行为感到不满意，话语内容中体现了强烈的批评指责义（“就学会了玩儿”“好的一点儿没学着”）。出于说话者对听话者行为评述的需求，话语标记“你说”之后有一部分话语内容会以“你X”的形式出现，形成“你说/你X”的组合表达方式，并且X的内容往往倾向于表达对听话者的不认同、不满意等负面情绪。“你说”与这种表负面评价义的“你说/你X”经过分解并二次组合之后，形成了“你说你/X”形式，与句子其他成分距离进一步拉大，新的句式可以表述为：

（P，）［你说你］‖［X］　　（X为宾语）

综上所述，话语标记“你说你”的重新分析过程可如下所示：

Ⅰ（P，）［你］［说］［你X］　（X为宾语）

Ⅱ（P，）［你说］［你X］　　（X为宾语）

Ⅲ（P，）［你说］［你］［X］　（X为宾语）

Ⅳ（P，）［你说你］‖［X］　（X为宾语）

值得注意的是，随着使用范围的扩大和使用频次的增加，X的变化形式越来越多，从词到小句都能进入这个结构，说话者能够表达的主观意图和立场也更加丰富，能产性更高，又反过来促使“你说你/X”进一步语法化，主观化与交互主观化更强，直至最终形成稳定的结构，成为典型的话语标记。

（二）去范畴化

去范畴化指的是在一定条件下，某个句法范畴的成员失去该范畴的部分特征，主要表现为语法化过程中非强制性的分类标记脱落。Hopper & Thompson（1984）将去范畴化定义为词类在一定的语篇条件下脱离基本语义与句法特征的过程。词类主要指名词和动词，因此在这个意义上去范畴化也可以看作是名词形式不再意味着会话参与者，动词形态也不再意味着报道事件的过程。与 Hopper 不同，Heine 等人（1991）将语法化看作是不同认知域之间的转移，语法化程度高低可依抽象程度判断。

“你说你”的去范畴化使得这一原本的短语结构在语义上失去具体言说义，彻底抽象化为程序义或功能义。参照朱德熙（1982）、邢福义（1996）等人对动词特征的描述，我们可以发现，话语标记“你说你”已经失去了典型的动词范畴特征，如句法形态上不能带宾语，不可重叠，不能接“着、了、过”，不能受副词修饰，也不能充当句子的谓语或谓语中心等。与此同时，“你说你”逐步获得了话语标记的典型范畴特征，如位置灵活，具有多种语用功能，其存在本身不影响句子的真值意义或是命题意义，对语境依赖程度高，能直接表述说话者本身的情感功能，同时具备篇章语用功能等。刘正光（2006）认为这一演变过程的重要推动因素即是去范畴化。

(102) A：“你去给我倒杯水来。我给你加一分。你把卫生打扫一下，我给你加一个加号，是加号不是分。”你知道一个加号是多少分？0.2 吧？

B：哎。

A：对，一个加号就是 0.2，你说你就为了个 0.2，你**累死累活**？**我的天哪**。她每次就，**特别嚣张地**，就来一句：“谁帮我发讲义？”

B：额。(口语语料)

例（102）这一场景中 A、B 两人在讨论班主任规定学生帮忙做事可以获得更多分数的行为。这个例子中的“你说你”已经完全失去言说义，彻底演变为表程序义和说话者主观态度的话语标记。不能接“着、了、过”，也不能受副词修饰，如：

(102) a. ＊对，一个加号就是 0.2，你说了/着/过你就为了个 0.2，你累死累活？我的天哪。

b. ＊对，一个加号就是 0.2，你只/很说你就为了个 0.2，你累死累活？我的天哪。

“你说你”在此体现出的是话语标记的典型范畴特征，如存在本身不影响句子的真值意义或命题意义，可以删除且不影响句义。例如：

(102) c. 对，一个加号就是 0.2，就为了个 0.2，你累死累活？

我的天哪。

对语境依赖程度高，能直接表述说话者本身的情感功能，例（102）中A对班主任行为的表述，以及一些负面评价义的词语的使用（“累死累活”“特别嚣张地”），以及感叹词“我的天哪”和话语标记“你说你”，全都表达出了说话者对班主任的强烈不满，体现了批评指责的语用功能。

（三）主观化与交互主观化

Traugott（1989）提出意义倾向于表现说话者对命题的主观信仰和态度是语义变化的路径和趋势之一。Lyon（1995）认为表现自我的性质就是主观性，也是作为意识的主体或施事主体的性质。沈家煊（2001）指出语言可以表达命题意义和说话者的情感态度。说话者在话语中留下的“自我”印记就是语言的主观性。说话者主观信息和态度的形式与结构逐步衍生出可识别的语法成分的过程是主观化。姚占龙（2008）指出现代汉语中第一人称和第二人称有主观化倾向，言说动词“说”可表认知义，话语标记“你说你”经由语义感染获得表达说话者主观态度或观点的语用功能。

语法化后的“你说你”不再作为句子的主语、谓语和宾语出现，而是凝结成一个固定组合，此时人称代词“你”不再充当句子的真实主语，而是作为言者主语，表明认知情态的来源，是说话者主体意识在句中的投射，说明将第二人称视角放到了说话者立场上，代表说话者试图拉近与听话者心理距离的心理。说话者通过“你说你”将听话者强行拉入主观视角，反映了说话者希望听话者参与会话的意图，具有较强的主观性，体现了语言的元功能。因此，“你说你”的使用凸显了说话者想要获取听话者反馈的主观意识，说话者经由指称客体的行为引起注意，观察听话者的反应，关注对方对命题内容的立场和态度，从而具备交互主观性的作用。

鲜丽霞（2012）列举了篇章中与话语标记“你说”共现的一些形式化成分，如其他话语标记或称谓，包括“我说”“哟”“是吧”和“是不是”等。我们发现“你说你”也有一些常见的共现表达形式，用以体现主观性和交互主观性。例如表达委婉否定功能时“你说你”后接话语常采用疑问句形式，如：

（103）“唉，”我有点动情地说，“小英，你说你**一个弱女子**，跑到国外来干什么？在家待着多好！”

（104）你说你**一个大男生**，对着几个女的讲同一番话，**你**无聊**不**？

（105）你说你**一个加V的**做出这种事，丢不丢脸**啊**？

（106）你说你**一个“奔六”的女人**，装**哪门子**的性感妖娆？

（107）你说你这是闹**哪样**啊？

（108）你说你有必要**吗**？

从例（103）至例（108）可以看出，“你说你”出现的句式有一定共性特征，如疑问句。徐盛桓（1998）指出疑问句在表示说话者的特殊语用目的时会发生语用性嬗变，从问发展为非问，从句义的表面义变为语用义。孙帮俊（2008）提到这种疑问句形式的运用并不是出于说话者求知的目的，而在于说话者在不同语境中通过不同话语内容表达的语气和意图，如警告、威胁、讽刺、挖苦、恼怒、训斥、提醒、惊讶、感叹等语用功能。这些语用功能与话语标记“你说你”的委婉否定和指责批评功能一致，配合使用能够强化凸显说话者的主观情感、态度和立场。如例（103）中说话者显然认为“一个弱女子不应该跑到国外来”，但是他的本意显然不是对听话者提出严厉的批评，因此直接指责是不合适的。

还有，“你说你”出现的句子往往句末带语气词，如例（104）中句尾的“不”，例（105）中的疑问词“啊”，例（106）中的“哪门子”，例（107）中的“哪样”和例（108）中的“吗”等具有否定、贬损义的成分，表明了说话者指责、讽刺、不认同、否定、批评等负面评价和态度，凸显了说话者的主观性。话语标记“你说你”的使用使得说话者能够委婉地表达自己对对方行为的不赞同。朱冠明（2007）、陈柯言（2014）证实后续话语的否定性话语内容与句末语气词的使用能凸显说话者的语气，

此外，“一个＋NP”结构与“你说你”的共现频率也很高，例（103）至例（106）中均出现了此类结构。“一个＋NP”类指句在表达说话者立场时有较强的交互主观性。话语标记“你说你”与“一个＋NP”类指句的共现说明这两种语言形式在语义表达上具有一致性，均能体现会话的交互主观性（姚双云、喻薇，2018）。如例（104）中说话者在陈述了对方的不妥行为（“一个大男生，对着几个女的讲同一番话”）之后，表明了自己的看法（“无聊”），第二人称代词“你”直指听话者，要求对方做出回应，体现了说话者对听话者的关注，表明了会话的交互主观性。“你说你”的使用表明说话者不只试图表达自身对命题内容的观点，还提醒听话者将注意力焦点转移到目标话题上，希望听

话者能够认识到自身的问题或不妥，且认同说话者的判断与评价，表明了说话者对听话者反应的关注，体现了交互主观性。

“你说你”联合使用的形式最早出现在元代语料中，从表示实际意义的“你说/你”逐步虚化凝固，演变成表示说话者主观意图的话语标记，其词汇化乃至语法化主要来自说话者的语用推理过程，将原本属于客观世界的说明和推论主观化，最终表现为说话者的主体认知情态。现代汉语中话语标记“你说你”更多出现在口语或会话语体中，有 4 种不同的句式结构，句法分布、语义特征明显，具有转换话题、委婉否定、指责批评的语用功能。“你说你”作为话语标记的形成、发展和最终固化，是重新分析、去范畴化、主观化与交互主观化共同作用的结果。

第四节　“说”类话语标记语法化动因机制

话语标记的产生不是孤立偶然的，而是语言中广泛存在的具有实用价值的语用现象。“说”类话语标记最初往往都是有真值的词或短语，随着使用频率的增加逐渐形成固定组合的结构式，结构式的固化又反向提升使用频率，使得结构式的具体语义逐渐消失，句法位置趋于固定，语用价值凸显，语法化为表明语境的程序性功能标记。“说”类话语标记受到多种语法化动因机制的影响和推动，如结构特征、句法位置、口语交际特点、高频使用、重新分析、去范畴化、主观化与交互主观化等都是促使话语标记产生和发展的重要动因机制。

一、结构特征和句法位置

语言系统中能够固化稳定的结构并非主流。话语标记之所以能够从词语组合语法化为固定的独立结构，其形式、语义、句法位置等都受到了严格的限制，“说”类话语标记也不例外。我们搜集了 96 个“说”类话语标记，具体情况如表 4-10 所示：

表 4-10　“说”类话语标记语表

按理说	按说	甭说	比如说
别说	不管怎么说	不瞒你说	不是我说你
不消说	不用说	常言说	常言说得好
传说	从……来说	对……来说	对于……来说

续表

反过来说	好比说	话是这么说	话说
话说回来	话又说回来	还别说	换句话说
简单地说	就……来说	就是说	据……说
据说	具体说	可以说	老话说
老实说	例如说	没说的	明说了吧
拿……来说	那就是说	那么说	你还别说
你说	你说你	你说说	你还真别说
譬如说	让我说	少说	顺便说一下
说白了	说不定	说到	说到底
说句不怕丢人的话	说句不客气的话	说来	说来也怪
说来也巧	说来也神	说老实话	说良心话
说实话	说实在的	说是	说心里话
说真的	说正经的	俗话说	听说
相对来说	相对说来	相对于……来说	要叫我说
要论我说	要说	要我说	一般来说
一般说来	依我说	应当说	用你的话说
再说	再者说	怎么说	照理说
照说	照我说	照这样说	照这样说来
这么说	这么说来	这么说吧	正如……所说
正像……所说	总的来说	总起来说	总体上说

从语表形式上看，词和短语整体占有优势，如表 4-11 所示：

表 4-11　“说”类话语标记语表形式

类型	数量	总数	占比
词语	15	90	16.7%
短语	53	90	58.9%
句子	13	90	14.4%
结构式	9	90	10.0%

“说”往往出现在句子主语后，主语类型则以第一人称单数和第二人称单数为主，如表 4-12 所示：

表 4-12 “说”类话语标记主语类型

主语类型	说
第一人称单数	＋
第一人称复数	－
第二人称单数	＋
第二人称复数	－
第三人称单数	－
第三人称复数	－

从句法位置上看，“说”类话语标记后一定会有 VP 结构存在，即原本的句式结构为 S1＋说＋S2＋VP。

(109) [常] [言] [说眼睛是心灵的窗子]，有那样清纯透亮的一双眼睛，不含一点杂质，我想是不会和邪恶牵连上的。

(110) [话] [说] [80％的胖子瘦下来就是帅哥美女了]，送给这个冬天依然单身的我们，要好好照顾自己。

刘坚、曹广顺、吴福祥（1995）指出汉语中带 VP 的动宾结构容易产生语法化倾向，“说”作为言说行为动词，很容易与 S1 结合成为固定组合，失去表达真值的范畴特征和语法功能，由表达具体行为义的行域转为表达言说功能的言域，或是表达言者立场和观点的知域。因此，句式结构转变为：

(109) [常言说] [眼睛是心灵的窗子]，有那样清纯透亮的一双眼睛，不含一点杂质，我想是不会和邪恶牵连上的。

(110) [话说] [80％的胖子瘦下来就是帅哥美女了]，送给这个冬天依然单身的我们，要好好照顾自己。

“说”在 S1＋说＋S2＋VP 这类结构里不再作为主要动词出现，其表义功能就由句子前部转移到句子后部 S2 引导的 VP 上，句法地位下降。根据李永（2014）的看法，汉语句子有“一个动词核心”的演变趋势。因此随着使用频次的增高，“S1＋说”这种表达结构逐渐稳固，最终导致整句结构解构再重构，重新分析后成为新的组合层次，其变化过程如下所示：

S1＋说＋S2＋VP→ [S1 说] ＋S2＋VP

S1 是第一或第二人称代词的时候易语法化，如：

(111) 我们运气真不好，这家店我来过好几次了，从来没有遇过这样的情形。陆小姐，[你说][我们要不要换个地方呢?]

(112)[我说][你们有没有尊重过我?]我的肖像权和我的形象，你们都不顾了是吗?专门偷拍我，把照片乱做，害得我都被大众误解，总是这样乱污蔑我，我真的会生气的哦!

董秀芳（2007）指出“说”与第一、第二人称代词结合之后，并不表示具体言说行为，而是表明说话者的态度、认知、推断等主观认识情态。二次重构后形成的句式中，第一/第二人称代词+“说”不再是句义中心，从命题内容中退出，不再表达真值义，而是用以凸显语法和语用功能，实现了语法化，特别是主观化的转变。

二、口语交际特点

口语交际的特点也是促使大量话语标记产生的原因。刘丽艳（2011）指出口语交际本身就具有动态性、随意性和互动性特征。这些特征对于会话交际的高效有一定的负面影响。为了使表述内容更加清晰准确、更容易被听话者所理解，说话者会采取一些手段提高信息传递的成功率，话语标记的使用就是有效方法之一。针对不同特征话语标记有消除歧义、提高会话效果的功能。

（一）动态性特征

动态性意味着会话中双方在实际言语交际过程中的角色和根据语境假设而来的选择一直处于变化状态。与书面交际时写作者和阅读者之间固定不变的关系不同，口语交际中因话轮转换而导致的会话双方角色改变是很常见的现象。伴随会话过程的推进和深入，交际双方对会话内容的理解会产生相应的变化，认知情境也随之不断解构再重构，这个动态的过程一直持续到整个会话交际活动全部结束为止。会话的动态性使得会话中的话轮不断变换，语境也随着不断调整修正。会话过程中听、说双方有时会出现突然中断、抢话等混乱现象，会话者在交际过程中对所说内容的修改、补充也导致双方对语境假设的不断调整修正，这些变化使会话不断中断，连贯性也受影响。为了尽量降低这类因素的干扰，会话双方会用不同的语用手段使得交流顺畅精准，话语标记就是其一。例如：

(113) A：坐成这样会有助于睡眠。

B：嗯?

A：这样会增加睡眠。

B：哎哟，灯关了你就会睡了，……我跟你说，工作了什么情况都能碰到，我们公司前两天新来一个女生，是华科的，双学位，超级奇葩，**她是来实，来，试用期**，呃，然后，还有孩子了，毕业三四年了，但是，哎呀，为人处世超级差，然后，然后就她，**她辞了**，**就是**，智商高情商低那种，情商超级低。

A：哦哦。（口语语料）

在例（113）这段对话中，A、B 原本在讨论坐姿与睡眠的关系。话题结束后两人沉默了一段时间，B 突然想到另外一个新话题。于是 B 先用话语标记“我跟你说”凸显后续宾语小句的强调地位，吸引 A 注意。张龙（2011）的考察证实了话语标记“我跟你说”具有凸显语义重心后移，提醒听话者语义焦点在后述言语内容的语用功能。由于这次会话并非事先准备好的、没有明确目的的谈话，因此 B 在陈述事件的过程中，表达得断断续续，并且还有话语修正，如“她是来实，来，试用期”，还有表达不完整的情况出现，如“她辞了”和“就是”。这种表达上的调整和不完整没有对 A 的理解造成障碍，从 A 的回应“哦哦”可以看出，她是理解了 B 的意思的。会话双方和语境的不断调整使得这种形式不完整但表义不受影响的会话能够顺利推进。

（二）随意性特征

随意性意味着在口语交际过程中会话双方通常并不会事先完整构思好会话流程，一般都是随着双方的信息交流随时调整，对于说出的话也不会反复思考修正，怎么想的就怎么说。口语交际的随意程度与会话目的有关，目的性较强的会话，如师生之间的课堂对话，采访者与受访者就特定问题的谈话，随意性相对较低；而基本无目的的对话，如日常闲聊、朋友聚会，或是家人谈话，由于彼此关系更加亲近，话题范围和内容也非常灵活，因此随意性相当高。会话过程中常常出现空白、犹疑、反复、修正，说话者为了不让他人抢走话语权，往往会采取一些手段占据空白位置，如使用话语标记。例如：

（114）A：噫，我说，我想，我说噫，你不是蛮高呀，我说我也蛮，我说你也不是蛮高，我一直觉得你蛮高的。你这也比我们高不了多少，高一点点啦。**不是**那一次，**是**有一次。

B：嗯。（口语语料）

这段对话中A的表述是断断续续的，说明在说的过程中不断思考，怎么才能尽可能准确地还原当时的场景。A在回忆思考的过程中不想把会话的主导权转交出去，因此使用了大量的“我说、我想”等话语标记填充表达中的空白时间，牢牢地将话轮的控制权把握在自己手中。同时因为是对发生过一段时间的事情的回顾，出现了偏差也是很自然的，在最后的表述中还出现了对前面已经说过的内容进行修正的情况。

（三）互动性特征

互动性来自会话交际过程中双方的参与和互动，会话交际过程中的每一个环节以及话语理解的不同层面都体现了互动性特征。会话双方对交际过程实时监控，但是信息变化的无穷和经济原则的制约使得双方没有必要对所有信息和语境方面的变化都做出及时反应，因此为了最小化付出和最大化效果，说话者有必要以某种形式标记出会话中的改变，提醒听话者信息和相应的语境已发生变化。此外，会话过程中的话轮转换、话轮占据和话轮抢占等也体现出说话者和听话者双方的互动。最后，话轮中会话具体意义也是通过会话双方的共同合作建构，说话者要充分考虑听话者的身份地位、性格爱好、文化背景等特征，听话者同样也要根据说话者提供的信息及线索对语境进行判断，完成对话语的正确理解。例如：

(115) A：不是有南疆和北疆吗。他们说南疆要繁华和发达一些，但是羊肉串的确好吃。

B：……（3.5）@@@@@但是你知道他们是只有羊肉串，然后我、我亲戚他们在那边回来之后，回我们那边还要专门吃我们那边的烧烤，觉得我们这边烧烤是真好吃——

A：有味儿一点。（口语语料）

在例（115）这段对话中，A、B两人在谈论新疆的一些情况，A使用了标记“他们说”，提醒B接下来的信息是来自第三方来源，同时表明想要与B分享的新信息有一定的可靠性。而B在回应中使用了“你知道”这个标记，试图引发对方已有背景知识，激活A关于新疆羊肉串的一些已知信息，将听话者的兴趣集中到接下来要说的话语上，从而更准确地理解后面的新信息，构建一个调整后细节更加丰富翔实的会话语境。

三、其他动因机制

在句法环境和会话交际因素之外，促使词汇项或结构语法化的多种形成机制及动因同样对“说”类话语标记的形成和演变有促进作用。

（一）高频使用

正如吴福祥（2006）所说，众多语法化研究者都指出过使用频率是语法化的重要条件或因素之一。Bybee & Thompson（2000）、Bybee（2001）等人都从不同角度探讨过重复使用和高频率对语法化的促进作用。Haspelmath（2001）将语法化与使用频率之间的关系概括为“一个语法化的候选者相对于其他参与竞争的候选者使用频率越高，那么它发生语法化的可能性就越大”。Hopper & Traugott（2008）援引Haiman（1994）的研究证实，形式的不断重复出现能够使得它们从早期的话语语境中“解放”或“释放”，从而获得更大的自由以与其他更广泛的结构形式产生联系。Hopper & Traugott 还指出，根据 Boyland（1996）的看法，频繁作为整体出现的组合形式在认知上会变得自动化，即人们在使用和解析这些结构形式时倾向于将它们作为整体理解。故此，它们的语音会产生磨损，语义变得模糊，语用功能增加，从而能够在更大范围和更多样的语境中使用。

口语交际中“说”类话语标记的使用频率较高。根据张黎等人（2016）对 1110 万字真实口语转写语料的统计，现代汉语普通话中最常用的口语话语标记共有 91 个，具体分布情况如表 4-13 所示：

表 4-13　现代汉语口语常用话语标记①

序号	话语标记	序号	话语标记	序号	话语标记
1	嗯$_1$	2	这个	3	那个
4	就是$_1$	5	就是$_2$	6	你
7	啊$_2$	8	嗯$_2$	9	那么$_2$
10	你看$_1$	11	我想	12	那$_1$

① 话语标记及表中排序部分参考了《汉语口语话语标记成分统计分析》（张黎、袁萍、高一瑄，2016）。

续表

序号	话语标记	序号	话语标记	序号	话语标记
13	然后$_2$	14	那$_2$	15	哈
16	是吧	17	你说$_2$	18	我跟你说/我跟你讲
19	对	20	你/您知道	21	我看
22	哎$_4$（唉）	23	完了	24	大家（都）知道/我们（都）知道
25	可以说	26	你想	27	那么$_1$
28	是不是	29	知道吗$_1$	30	知道吗$_2$
31	好$_2$	32	对吧	33	所以$_1$
34	我说$_1$	35	要我说	36	（你/您）知道吧
37	你想想（看）	38	说实在的	39	对不对
40	那个$_1$	41	这样$_2$	42	所以$_2$
43	这个$_1$	44	你说$_1$	45	我的意思是（说）
46	（你）瞧	47	说实话	48	好$_3$
49	怎么说呢	50	我说$_2$	51	是这样（子）$_2$
52	啊$_1$	53	好家伙	54	好$_1$
55	这样（子）	56	说起来	57	然后$_1$
58	别说	59	看看	60	那什么$_1$
61	说白了	62	这么说吧	63	（我）告诉你$_1$
64	（你）看	65	说真的	66	是这样（子）$_1$
67	我问你	68	我说你	69	听我说
70	哎$_1$（唉）	71	不是	72	他妈的
73	我是说	74	哎$_2$	75	对了$_2$
76	好多$_2$	77	哎$_3$（唉）	78	你看$_2$
79	对了$_1$	80	老实说	81	（我）告诉你$_2$
82	你说说	83	好嘛	84	（你）听着
85	好了$_1$	86	那什么$_2$	87	我敢说
88	说（得）明白点	89	啊$_3$	90	好的$_1$
91	实话说				

从表中可以看出，其中“说”类话语标记一共有 24 个，占全部话语标记的 26.37%，超过四分之一。此外，使用频率最高的 18 个话语标记占全部使用率的 82%，其中有“说”类话语标记 2 个，占比 11.11%，也

就是说在汉语口语使用频率最高的话语标记中有超过十分之一的“说”类话语标记。“说”类话语标记的高使用频率使得原本的词汇项的真值逐步磨损，从表达实际言说行为演变成表达语用功能的结构式或标记，用于凸显说话者的主观态度或是语篇的关联性等。

使用频率最高的几个“说”类话语标记，如“你说”“我跟你说”或“可以说”，都具备鲜明的语用功能。如曹秀玲（2010）、孙利萍（2012）、吕为光（2012）、鲜丽霞（2012）、盛继艳（2013）、王蕊（2013）等研究者对“你说”在实际会话中的语用功能进行了总结，如强调和突出所述命题、确认前述命题、引发新话题，表明发话者的主观态度等。

（二）重新分析

重新分析是语法化产生、变化的重要推动因素之一。Langacker（1977）把重新分析定义为“没有改变表层表达形式的结构变化”。也就是说，如果一个结构原本的构成成分组合形式是“（A，B），C”，则重新分析后该结构将可重新划分为“A，（B，C）”。外在形式看似没有产生变化，实际内在句法结构和构成成分所属句子层面已经发生了改变。

对于这种结构变化，孙朝奋（1994）、刘坚等人（1995）认为是管辖边界的融合，原本分属不同结构的成分经重新分析打破所属辖域，边界消失，再重新融合生成新的成分或结构，即：

图 4-4　重新分析的结构变化

从认知心理的角度来看，重新分析是说话者对语言结构的再认识，马清华（2003）、李永（2014）认为在句法层面上会引起相应的结构调整和重组。比如话语标记“听说”的重新分析。最初“听说”由动词“听”和动词“说”组成，中间出现NP结构，说明信息来源，后接宾语成分，说明信息内容。随着这一结构使用频率的增加，“听＋NP＋说”表非直接信息源的结构义逐渐固定，NP成为可出现可不出现的成分，“听”和“说”逐渐靠拢直至成为一个单独的词汇项，失去具体语义，从表实际动作的词汇项成为表传信功能的传信标记。同时因为“听说”降格为话语标记，从句子命题中脱离，原本后接的宾语成分上升为主句成分，实现句子结构的重组。据乐耀（2011）等人的研究，“听说”

的重新分析过程可描写如下：

Ⅰ｛听＋NP＋［说＋X］｝　　　（X为宾语）

Ⅱ｛听＋Ø＋［说＋X］｝

Ⅲ｛［听＋说］＋X｝

Ⅳ｛［听说］＋X｝

Ⅴ［（听说）‖＋X］

“听说”的结构变化可以分为五个阶段。第Ⅰ阶段，“听”加NP再加“说X”构成一个短语或句子。第Ⅱ阶段，NP消失，“听”和“说X”中间出现空位。第Ⅲ阶段，“听”和“说”这两个相邻的语言单位经重新分析形成“听说”词组，后面再加“X”构成短语或句子。第Ⅳ阶段，随着使用频率的增加，“听说”凝结成一个固定词汇项，独立性增强，不再表示具体语义，从主句成分降格为语用标记，与句子其他成分距离拉大，后面可以有停顿或是增加语气词，句法位置灵活，可以出现在X前或X后。第Ⅴ阶段，“听说”形成表传信功能的话语标记，失去命题义，表程序义，作为整体引入升格为主句成分的X时，语音上可有明显的停顿“‖”。

（三）去范畴化

去范畴化是语法化过程中非强制性的分类标记脱落。Hopper & Thompson（1984）将去范畴化定义为词类在一定的语篇条件下脱离基本语义与句法特征的过程。Heine等人（1991）将语法化看作是不同认知域之间的转移，语法化程度高低可依抽象程度判断。去范畴化指在一定的条件下，某一句法范畴的成员失去了该范畴部分特征的现象（方梅，2005）。

“说”类话语标记的形成和发展与“说”的语法化有密切关系。董秀芳（2003）指出“X说”的词汇化就是词汇项功能沿行域＞知域＞言域发展的过程。成词之后，“说”类话语标记的演变并没有停止，而是进一步语法化，语义更加抽象，言说动词“说”彻底失去动词范畴的部分典型特征，不再充当句子成分，从功能义发展为程序义，对句子命题和真值条件没有影响，句法位置相对而言更加灵活。正如Hopper & Traugott（2003）指出的，去范畴化意味着范畴成员的功能会发生转移。“说”类话语标记形成后，原本作为动词短语的叙事功能丧失，转为表达说话者的主观态度、评价或立场，有部分“说”类话语标记的应用范围还可以跨越句子层面，拓展至语篇，体现上下文之间的逻辑关系。例如：

(116) 圆圆：那这赠予在法律上就生效了，跟劳动不劳动没有关系，就这么简单。

小桂：那圆圆，今天的碗就你洗了？

圆圆：……可以。顺便说一句，我妈刚才赠予的附加条件是：别烦了行嘛。并没有其他条件，如果你要让我洗碗呢，还得照样儿付钱。

和平：嘿。(《我爱我家》)

话语标记“顺便说一句”具有补充、插说的语篇功能，提醒听话者注意有新信息或与前述内容无关的信息被添加进来，这里的“一句”没有实指的语义。例（116）中贾圆圆在说了“顺便说一句”后，说了不止一句，这就可以证明“一句”的语义已经泛化，不能拆开理解，从数量名词演变为话语标记的一部分，体现了去范畴化。

（四）主观化与交互主观化

吴福祥（2004，2005）认为日常会话交际中说话者要表达命题义和言者义，体现语言中的主观性，即说话者在表达语义的同时还要表明自身的立场、态度和情感。交互主观化则体现为说话者在认识意义和社会意义对听话者的关注，即对听话者反馈、态度、评价等方面的关注。意义对说话者的聚焦要求说话者的表述主观化，意义对听话者的聚焦要求会话中体现交互主观化，话语标记使这些语用目的得以实现和凸显。

“说”类话语标记同样可以体现主观化与交互主观化，如下例：

(117) 傅老：这个读课文要大一点声，朗诵吗。

圆圆：爷爷，您在物质上虐待我，在精神上就别折磨我了，一天到晚就这么管着我，有劲吗？

傅老：那你说说，肉不让我吃，啊烟不让我抽，酒不让我喝，新闻联播一看完就让我上床，第二天一大早上起来还让我跑步，我再不管管你，我这个心里能平衡吗？

圆圆：**没错**，您的欢乐从来就是建立在我的痛苦之上的，您别把自己说那么可怜。(《我爱我家》)

“你说说”具有多种语用功能，如例（117）中“你说说”并不表示实际言说行为，而是傅明提醒贾圆圆注意的手段，同时也含有命令、警告等主观评价功能。当然，为了不过分激起对方的反感和抵抗情绪，且照顾贾圆圆的面子，后述内容傅明采用诉苦加反问的表达形式，试图唤起贾圆圆的共情心理。从贾圆圆回答“没错”可以看出，她接收到了傅明的提醒、命令，以及试图激起她的同情这些潜在期待，并就此提出自己的看法，做出回应。可见，话语标记“你说说”在这里既体现出了说话者的主观性，还表现出了说话者对听话者心理、情绪的关注，具有交互主观性。

第五节　本章小结

本章讨论了汉语中“说”类话语标记的语法化发展过程与其形成机制及动因。本章的研究对象为“说”类话语标记，指的是现代汉语普通话中含有语素“说”的话语标记，包括词汇项“说”单独构成的话语标记和由语素“说”与其他成分构成的固定词汇项或结构。

本章选取了“别说”“我说”和“你说你”为个案研究对象，通过对这些话语标记历时和共时语料的调查，寻找这些话语标记的形成和发展过程，描写语法化的不同阶段和演变路径，探讨推动和促进“说”类话语标记语法化的动因机制。

话语标记“别说”除可单独使用之外，还有 11 种区别形式。“别说”的句法分布特征明显，主要出现在会话或句子的句首部分，以单独使用为最常见的形式。“别说”有四种不同的语用功能：标示异议、确认信息、提醒关注和引发阐释。“别说”作为话语标记是由动词短语“别说”虚化演变而来的，沿否定功能＞标示异议＞确认信息＞提醒关注＞引发阐释的语法化路径发展，重新分析、主观化与交互主观化及去范畴化是促使“别说”语法化产生和演变的动因机制。

话语标记“我说”句法分布特征明显，句首是“我说”最常见的出现位置。“我说”有多种语用功能，主要有提醒告知、恍悟释因、批评指责、劝导建议、求证释疑、赞同表扬，其中，批评指责是“我说”最常见的功能。“我说”可以出现的句式结构范围广泛，可用于陈述句、疑问句、祈使句和感叹句，但在陈述句中的使用概率最大。主谓短语“我说”虚化演变为话语标记“我说”，共有三条不同的语法化路径：

a. 沿言说功能＞提醒告知/劝导建议的语法化路径发展

b. 沿认知功能＞求证释疑＞恍悟释因＞赞同表扬的语法化路径发展

c. 沿认知功能/恍悟释因＞批评指责的语法化路径发展

高频使用、重新分析和主观化是促使“我说”语法化产生与演变的动因机制。

话语标记“你说你”虽不排斥在书面语中出现，但仅限于非常接近于口语的当代作品之中，句法位置比较灵活，句式结构可以描写为：(P,) 你说你 X (X 为宾语)。共现频率最高的话语多为贬损或否定语义的内容，在句中出现主要用于体现特殊语用功能，如转换话轮、委婉否定和指责批评。“你说你”由动词结构虚化演变为话语标记“你说”，再由话语标记“你说”结合人称代词“你”二次语法化为话语标记“你说你”，共沿三条不同的语法化路径发展演变：

a. 沿言说功能＞引发话题/转换命题＞话题转换的语法化路径发展

b. 沿言说功能＞标示不满/无奈＞委婉否定的语法化路径发展

c. 沿言说功能/标示愤怒/责备＞指责批评的语法化路径发展

重新分析、去范畴化、主观化与交互主观化是促使“你说你”语法化产生与演变的动因机制。

总体而言，“说”类话语标记的概念意义已经弱化或消失，具有多种篇章、人际和语境语用功能，通常位置灵活，存在本身不会影响句子的真值意义或是命题意义，具有动态性、随意性和互动性特征，能直接表达说话者本身的情感功能，同时具备篇章语用功能，有时可以作为确定话语的言外之意或说话者潜在意图的辅助辨识标记。“说”类话语标记的语法化受到结构特征、句法位置、口语交际特点、高频使用、重新分析、去范畴化、主观化与交互主观化等动因机制的推动。

第五章　跨语言视角下“说”的语法化路径

跨语言比较及在比较中寻找人类语言共性是当代类型学的研究任务之一。通过跨语言比较，探讨某一语言内部语法特征之间的相关性是类型学的研究目标。言说动词“说”是“说”类话语标记的核心构成语素，“说”类话语标记的语法化与“说”的语法化密不可分。随着对不同语言的了解程度加深，可以看到言说动词语法化并非汉语独有的语法发展现象，而是在很多种人类语言中普遍存在的语言演变现象。相关研究的广度和深度的大幅度拓展，使得大量与言说动词“说/SAY”有关的、具备语言表述有效性的语法化模式及发展演变路径被清晰地推演出来。这些研究能够表明，语法化是人类语言共有的规律性现象，具有极强的共性特征。也就是说，语法化现象在不同的人类语言中，其过程具有相同或相似的模式或路径，吴福祥（2005）将这种发展和演变现象称为语法化演变的共相。

本章在描写和构建汉语中“说”的语法化路径基础上，从现代汉语方言、少数民族语言和其他非汉语语言的语料中查找、搜集与言说动词“说”的语法化有关的线索，比较不同语言样本，从跨语言视角考察汉语言说动词“说”的语法化发展和路径是否与其他汉语方言①、少数民族语言及其他非汉语语言具有某些方面的共性，并在此基础上对言说动词“说/SAY”的演变路径进行归纳、总结和分析，寻找发现言说动词“说/SAY”语法化的共性和个性特征，确定是否存在具有普遍意义的言说动词“说/SAY”语法化发展演变趋势。

① 本章中汉语方言的分区采用“十区说”，分别是：官话区、晋语区、吴语区、徽语区、赣语区、湘语区、闽语区、粤语区、平话区、客家语区（李荣，2002；李如龙，2001；邢福义、汪国胜，2011）。

第一节　汉语“说”的语法化路径

在辨析“说”的语法化路径之前，有必要首先追溯言说动词“说”的发展演变过程。作为最常见、最高频、使用范围最广的言说动词，“说”的语义在不同时期有较为明显的不同。只有先厘清“说”的不同演变阶段，才能进一步构建“说”的语法化路径。

一、“说”的历时演变过程

（一）古代汉语中的“说”

“说”字由“讠（言）”“兑”两部分构成，虽然甲骨文和西周彝器铭文中均未出现“说”字，但“兑”字已出现。据许慎、段玉裁、陆德明等人释义，“兑”本义为“喜悦”，拟开口笑时的人形，是“说、悦、锐”的本字。

“说”最初有“喜而发音”义，《说文解字》释“说”为“说，释也。从言兑。一曰谈说。”段玉裁注为：“说释即悦怿。说、悦、释、怿皆古今字。许书无悦怿二字也。说释者，开解之意，故为喜悦。采部曰：释，解也。儿部曰：兑，说也。本《周易》，此从言兑会意，兑亦声。”《经典释文》中陆德明释“说”为：“说，如字，解说也。……说本又作悦。毛，上音悦，下音亦。郑，说音始锐反，怿作释，始亦反。……本或作税，又作脱，同始锐反，舍也。”朱骏声在《说文通训定声》中释义为：“说，释也，一曰谈说也，从言兑会意，按兑亦声。……（假借）为悦，即兑字。……说字亦以脱以税为之。……释名释言语，说，述也，宣述人意也。”《古汉语词诠》中“说”有4个义项：（1）讲话，说书；（2）言论，主张；（3）告诉；（4）文体的一种。

可见，古代汉语中“说”义项有“愉悦；解释；道理、学说；除、脱；休息”等。上古汉语时期“说”基本不用于表达说话义，主要用以表达解释义或学说义。汪维辉（2003）指出“用言语行为表示”这一语义占主导地位最早可追溯至唐代，成为表说话义的核心言说动词不会早于晚唐五代，而彻底取代“曰”“云”等说类词则不会晚于14世纪初。我们根据言说动词“说”在不同时期的义项数量、具体分布和语义特征，将语料整理后划分为五个不同阶段——先秦时期、汉魏时期、唐宋时期、元明清时期、现代汉语时期，随机选取了 1900 条历时语料。通过对这些语料的整理、归纳、统计和分析，可以清晰地构建出“说”不同义项的发展演变脉络，如图 5-1 所示：

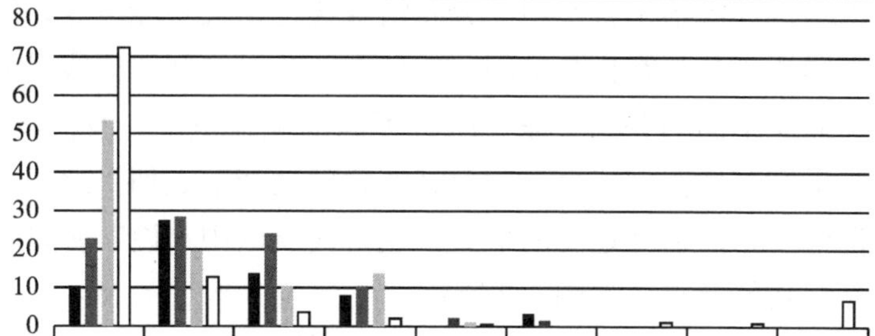

	说	说法	游说	解说	一种文体	辩说	说合	责备	话语标记
■先秦	10.29	27.46	13.24	7.84	0	2.94	0	0	0
■汉魏	22.77	28.64	23.94	10.52	1.89	1.18	0	0	0
■唐宋	53.89	19.55	10.69	13.98	0.95	0	0	0	0
□元明清	72.35	12.57	3.81	2.25	0.44	0	0.98	0.44	7.03

图 5-1　古代汉语中“说”的义项变化

可以看到，两千多年的发展中，“说”的义项演变和分布情况有了较大的发展与改变。根据义项的表述功能，义项所属范畴可分为三类：言说行为、言说成果和言说标记。言说行为范畴主要包括各种具体的言说行为，言说成果范畴主要包括言说行为具体结果和专门的论说文体，言说标记范畴主要包括表示功能义和程序义的用法。

从图 5-1 可知，各时期“说”在言说行为范畴内的各义项占比均为最高，说明“说”在历代一直以实义表达为主，多用于指称具体的行动及行动内容。古代汉语时期这一范畴的义项始终未曾消失，所占比例持续增加，是言说动词“说”数千年演变中最稳定的用法，尤其是核心义项“说，讲”义的发展体现得最为明显。

言说成果范畴的演变趋势与之相反。这一范畴内“说”具有典型的名词特征，包括两个义项，但该范畴内义项总和所占比例持续下降，揭示了言说动词“说”的动词性不断加强，名词性相应减弱的发展演变趋势。

言说标记范畴是“说”的后起范畴。单独使用或与其他语素合并构成各种话语标记是“说”的新兴用法，说明言说动词“说”的语义不断虚化，由实义发展为偏重展现语用功能的话语标记。这一用法的相关文献资料最早出现在元明时期，明代小说中收录了大量当时的口语，作为话语标记出现的“说”因此正式出现在书面记录中，从此一直保持着上升势头。由于其形式多样、功能繁复，使用频率不断升高，是现代汉语中“说”的重要用法之一，近年来已成为研究者关注的焦点。

根据古代汉语中各义项的分布情况构建语义功能节点，用语义地图表示不同语义节点在概念空间上的分布，节点之间的连线代表不同义项在同一概念空间的并列关系。结合不同的涵盖范围，我们将言说行为、言说成果和言说标记三个范畴及其所含的功能节点加入地图，分别用不同标记标明，以语义地图的形式呈现古代汉语中“说”所属的概念空间和语义及功能节点，如图 5-2 所示：

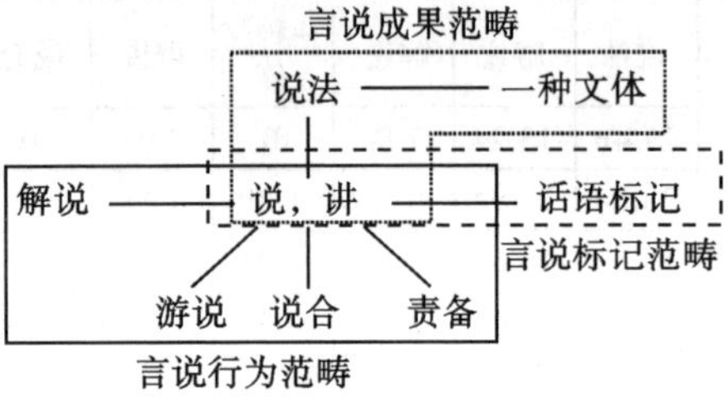

图 5-2　古代汉语“说”的语义地图

（二）现代汉语中的“说”

汉语核心词汇义项的发展和演变体现了现代汉语与古代汉语的一脉相承性，高频言说动词“说”也不例外。我们随机选取了 500 条现代汉语语料，通过对义项的整理和归纳，发现现代汉语中“说”一共有 8 个不同义项，共时分布情况如表 5-1 所示：

表 5-1　现代汉语“说”的义项分布

义项	出现次数	占比
说，讲	427	73.49%
解说，说明	29	4.99%
批评，责备	1	0.17%
劝说，说服	5	0.86%
说合，介绍	2	0.34%
说法，言论	18	3.10%
一种文体	7	1.21%
话语标记用法	92	15.84%

结合不同的涵盖范围，我们将言说行为、言说成果和言说标记三个

范畴及其所含的功能节点加入地图，分别用不同标记标明，则现代汉语中“说”的语义地图具体可绘制如图 5-3 所示：

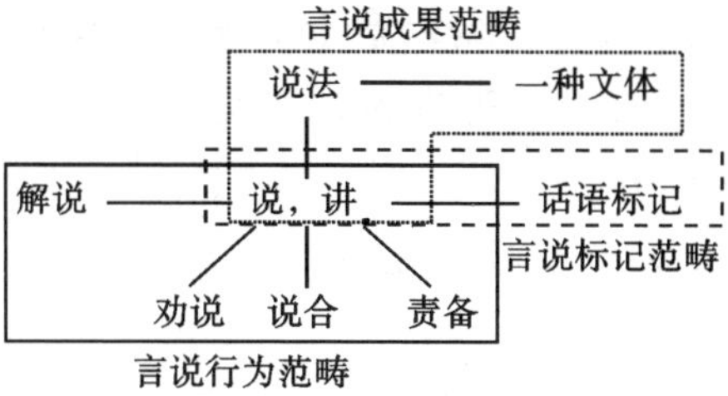

图 5-3　现代汉语“说”的语义地图

二、“说”的语法化路径

Waley 和 Armbruster 早在 1934 年就注意到了汉语言说动词的演变和发展，但当时只考察了“曰”的使用情况。杨凤仙（2006）、随利芳（2007）、吴剑锋（2008）等人详细地追溯和探讨了言说动词的演变过程。这些言说动词的历时演变有一些共通之处，比如言说动词的语法化。在语法化过程中，许多言说动词都会产生特殊的语用功能，如充当小句标句词、条件连词或小句句尾语气助词，以及成为话题标记和言语标记等。

一个多功能语言形式能够语法化，在客观上必须满足某些特定条件，同时受到多项内在因素的推动，才能最终从表实际概念意义虚化为表抽象主观意义。言说动词“说”具备较多语义及语用功能，各功能之间的演变关系比较复杂，发展的先后顺序也有所不同。

（一）言说行为 ＞ 言说成果 ＞ 文体标记

首先，“说”经历了从言说行为范畴到言说成果范畴的发展过程。例如：

（1）子闻之曰：“成事不说，遂事不谏，既往不咎。”（《论语·八佾》）

（2）为人臣者求诸侯之辩士，养国中之能说者，使之以语其私。（《韩非子·八奸》）

（3）说若道，谓之惑，行若道，谓之狂。（《晏子春秋》）

（4）天苟兼而有食之，夫奚说以不欲人之相爱相利也？（《墨子·法仪》）

(5) 左右曰："君反国家，爵禄三出，而陶狐不与，敢问其说。"(《吕氏春秋·不苟论第四》)

(6) 仰以观于天文，俯以察于地理，是故知幽明之故。原始反终，故知死生之说。精气为物，游魂为变，是故知鬼神之情状。(《周易·系辞上》)

(7) 维其开告于予嘉德之说，命无辟王，小至于大。(《逸周书·卷五·皇门解》)

先秦时期"说"即可表示言说行为范畴内的"说，讲"义和言说成果范畴内的"说法、言论"义。例(1)至例(4)中"说"属于言说行为范畴，指具体的言说动作或行为。例(1)中"说"单独充当句子谓语成分，不带宾语成分；例(2)中"说"与"能"构成动词短语，与名词后缀"者"组合后成为名词短语；例(3)中"说"所接宾语为所说的具体内容；例(4)中以间接引语的形式将所说内容转述出来。例(5)至例(7)"说"的用法属于言说行为范畴中的"说法，言论"义。例(5)中的"其说"，例(6)和例(7)中的"之说"，这些词组中的"说"都是指某种言论、说法、看法。

"说"可用于表述某种特定的论说文体，这种用法最早出现在西汉时期，如：

(8) 胜复为长信少府，迁太子太傅。受诏撰《尚书》、《论语说》，赐黄金百斤。(《汉书·夏侯胜传》)

(9) 景帝时，宽为梁孝王将军距吴、楚，号丁将军，作《易说》三万言，训故举大谊而已，今《小章句》是也。(《汉书·儒林传·丁宽》)

(10) 《马说》/《捕蛇者说》/《师说》/《日喻说》/《爱莲说》/《增修东莱书说》

例(8)至例(10)中列举的书名和文章名中的"说"同样属于言说成果范畴，专指一种论说文体。这种文体通过记述某些事物或发表议论以说明某个道理，论述过程中常带有杂感或杂文的性质[①]。由特定文体特征可以推知，"文体"义的形成和发展与"说"的"辩说"义关系密切。最初"说"作为术语指称特定的一种逻辑推理方式。据周云之

① 说类文的发展和特征具体可见褚斌杰. 中国古代文体概论：增订本［M］. 北京：北京大学出版社，1990：335-344.

(1980)，王丽娟（1988），白华、侯晓丽（2007）等人的考证，“说”是一种由已知到未知的演绎推论形式，即把立论的理由或根据表达出来的推理论证。由于这种推衍形式具有较为典型的过程和格式，因此逐渐形成了专有的文体特征，经由转喻成为文体标记。

“说”也可以从指称所说内容的语义发展到指称某种言论、说法，再发展到专指某种特殊文体。例如：

(11) 王与大夫尽弁以启金縢之书，乃得周公所自以为功代武王之说。(《尚书》)

(12) 三千之徒，盖莫不闻其说，而曾氏之传独得其宗，于是作为传义，以发其意。(《中庸》)

(13) 既至，止舍中，会诸大夫、博士，共持酒肉劳式，皆注意高仰之，博士江公世为《鲁诗》宗，至江公著《孝经说》，心嫉式，谓歌吹诸生曰：“歌《骊驹》。”(《汉书·儒林传·王式》)

(14) 时朝廷将经始明堂，广集儒学，议其制度，九五之论，久而不定。伟伯乃搜检经、纬，上《明堂图说》六卷。又撰《封氏本录》六卷。(《北史》)

例（11）中“功代武王之说”即指“功劳取代武王的说法”，指称的是所说的具体内容。例（12）中“其说”就是“他的言论”，指称某种特定的言论或说法。例（13）和例（14）中“说”则专指论说文体。这种由具体内容发展到某种言论再到特定文体的演变，是语法化路径之一。

在言说成果范畴内“说”从最初可以用于指称一切言论发展到专指具备限定特征的文体标记，这种演变发展同样符合由名词语法化为凸显特征标记的路径。可以看到虽然“说”的所指范围在逐步缩小，但其核心特征被凸显，抽象概括程度提高。因此，言说成果范畴内部“说”由表言论语法化为文体标记的路径可以表述为：

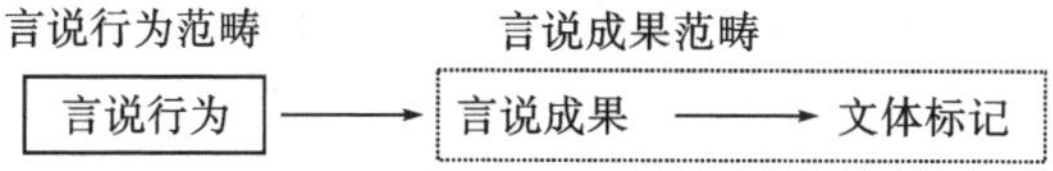

图 5-4　“说”的语法化路径 I

（二）言说行为 ＞ 引语标记＞ 引用标记/传信标记 ＞ 标句词

不同言说范畴之间的演变并不局限于言说行为范畴与言说成果范畴

之间，言说行为范畴与言说标记范畴之间同样存在语法化路径。言说行为、引语标记、引用标记和传信标记仍然保留真值义或部分命题真值义，因此属于言说行为范畴，标句词已经完全虚化，不再具备真值义，仅用于体现功能义或程序义，因此属于言说标记范畴。

不同言说范畴之间演变的语法化路径具体如下：

(15) 句践说于国人曰："寡人不知其力之不足也，而又与大国执雠，以暴露百姓之骨于中原，此则寡人之罪也，寡人请更。"(《国语·越语上》)

(16) 夫差将死，使人说于子胥曰："使死者无知，则已矣；若其有知，吾何面目以见员也!"遂自杀。(《国语·吴语》)

(17) 夫奚说人为其相杀而天与祸乎？(《墨子·法仪》)

先秦时期"说"即可作句中谓语，出现在主语后，后接直接引语如例(15)、例(16)，也可接间接引语，如例(17)，"说"的此种用法出现很早，属于言说行为范畴。由直接的言说行为发展为直接引用他人话语，再到转引间接引语，"说"后所引内容与主语之间的关系逐渐疏远。直接言说行为是主语自身执行的动作，直接引用的内容必然是主语直接接触过的内容，而间接引用的内容则无法确定主语所说信息的来源。从根据不同功能与主语之间的紧密程度差异，言说行为范畴内部"说"的语义演变大致沿言说行为＞引语功能＞引用功能发展。

传信功能的出现时期较引用或引语功能为晚，目前能查到的最早语料出现在东汉时期。例如：

(18) 或说："日食者，月掩之也，日在上，月在下，障于(日)［月］之形也。(《论衡》)

(19) 或说司马主天，司徒主人，司空主土，是为三公。(《汉书·百官公卿表》)

(20) 俗说丁氏家穿井，得一人於井中也。(《风俗通义》)

在例(18)至例(20)中"说"体现了传信功能。例(18)、例(19)中"或说"即"有人说"，例(20)中"俗说"即"大家说"，这几例都表明说话者后述所说内容为引语，有直接引语，如例(18)，也有间接引语，如例(19)和例(20)。所引内容均源自第三方，非本人言论。根据引用内容的远近以及说话者本人的确信程度，引用功能仍保留一定真值，虚化程度较低，而引语出处往往不明，说话者也不能保证一定有把握，此时更多的是强调表述内容非本人观点或态度，语用功能更强，语义磨损更厉害，语法化得更彻底。

“说”从指向具体言说行为到可指向所说的具体内容的发展过程中获得引用和传信功能（乐耀，2013），即先表示具体的言说行为，进而用于对他人言论的直接转述，再由直接引用发展为间接引用，由引语功能发展出引用功能。为了表示所说内容并非说话者的想法，而是来自第三方信息源，“说”在引用说话者不确定事实和信息的说明过程中逐步发展出了传信功能。传信功能既可来自直接引语，也可来自间接引语。

作为标句词的“说”出现得比较晚，可证实的书面语料最早出现在明代，如：

（21）说这宋江见折了人马，心中忧闷，和军师吴用商量道：“只这个高廉尚且破不得，倘或别添他处军马，并力来助，如之奈何！”（《水浒传》）

（22）说这一干共十数人，见西门庆手里有钱，又撒漫肯使，所以都乱撮哄着他耍钱饮酒，嫖赌齐行。（《金瓶梅》）

（23）那长安城中，纷纷论说，早惊动了李逢春说。（《粉妆楼》）

例（21）至例（23）中“说”不再表达命题真值义，目的在于引出所要叙述的具体内容，往往出现在句首引导全句，如例（21）和例（22），也可出现在句末用于标明小句地位，如例（23）。

“说”充当标句词时可以标明小句地位，常独自出现在小句句首，如例（21）和例（22），也可以与其他语素组合成词，同样多见于句首，主要用以提醒听话者关注、引起新话题或是表明信息来源等。随着“说”使用频率的增加，从而逐步发展出其他的语用功能。

以“据说”的发展为例，可以看清这一语法化过程。“据说”可以拆分，插入施事构成“据 NP 说”结构（高逢亮，2015），随着其使用频率的增加，“据说”表信息来源的语用功能逐渐泛化，从有确定来源虚化为不定指、虚指的用法，不能再被看作“据 NP 说”的省略形式，因为中间无法补上 NP 的指称对象。“据说”由表引述义演变为表传信性，凝结成词形成作为话语标记出现在句首。例如：

（24）离城有一个地方，名唤做钟离东乡，据说是当初钟离得道成仙的去处。（《英烈传》）

（25）冯紫英道：“据说这就叫做母珠。”（《红楼梦》）

（26）无奈我有一个胞兄，病在保定，几次叫我侄儿写信前来，据说病得很凶，深怕老兄弟不得见面，信上再三劝我，务必到他那

里看他一趟。(《官场现形记》)

(27) 据说是史钧甫史观察创的议，拿的就是贾让的《治河策》。(《老残游记》)

(28) 夏：据说这一撞啊，咱地球上最少得死一半儿人。

李：据说，你是据谁说？有准谱儿吗？

夏：这准确的出处啊，我说不上来，我也不好说，不过，我天天啊，我，抱着收音机听短波，像什么日本呀、朝鲜呀、苏联呀、美国呀……(《编辑部的故事》)

例（24）至例（28）中均无法明确“据说”的所指对象，信息来源不明，可靠性降低。说话者使用“据说”主要用于标记所说内容的不确定性。现代汉语中这种用法仍然存在，这些语例充分说明“据说”如果能够说明出处就是传信标记；如果仅仅用以凸显说话者对所说内容的不确定性，无法真正引用来源，则“据说”丧失真值，仅作为话语标记出现，凸显不确指的第三方。据李华（2001）、陈昌来等人（2014）的研究，话语标记“据说”由传信功能发展而来，可以表现信息的来源。

故此，“说”的这条语法化路径可表述为：

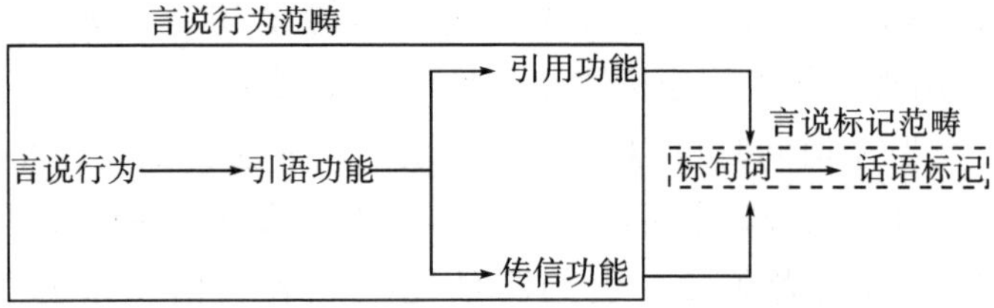

图 5-5　“说”的语法化路径Ⅱ

(三) 言说行为 ＞ 认为义 ＞ 认知义 ＞ 标句词/话语标记

言说行为、认为义、认知义均属言说行为范畴，在言说行为内部这些义项之间也存在一条语法化发展路径。例如：

(29) 吾闻秦楚构兵，我将见楚王说而罢之。(《孟子·告子下》)

(30) 唐状元举枪架住，骂道：“你这狗番，我说你是个知彼知己的，原来是一个草木匹夫。我唐状元岂是个怕你的？若不生擒这贼，誓不回兵。”(《三宝下西洋》)

(31) 唐僧喜道：“悟空，我心说正月怎得萤火，原来是你。”(《西游记》)

先秦时期“说”即可表言说义，如例（29）。例（30）中的“说”可以做两种理解，既可以认为是已经说出来的话语，“说”表实际言说义，也可以是说话者心中所想，“说”表认为义。“说”只用于表认为义，不表言说义最早出现在明代，如例（31）中句子主语很明显并没有将后续话语内容说出来，而是心中所思所想，可以替换成“（我）想/以为/认为”等。例如：

（30）a. 唐状元举枪架住，骂道：“你这狗番，我想/以为你是个知彼知己的，原来是一个草木匹夫。我唐状元岂是个怕你的？若不生擒这贼，誓不回兵。”

（31）a. 唐僧喜道：“悟空，我心想/认为正月怎得萤火，原来是你。”

刘嵚（2008）指出“说”的这种用法已经丧失真值义，转为表达说话者的看法或主观意见，动词性减弱，不再充当句子的主要谓语，也不能受副词修饰。例如：

（30）b. 唐状元举枪架住，骂道：“你这狗番，我**刚**/**才**说你是个知彼知己的，原来是一个草木匹夫。我唐状元岂是个怕你的？若不生擒这贼，誓不回兵。”

（31）b. 唐僧喜道：“悟空，我心说**过**/**了**正月怎得萤火，原来是你。”

“说”的言说义和认知义在现代汉语中同样存在。例如：

（32）陈玉英小声对金枝说：“你没来过，这儿的人说话都比较随便。你别介意。”

（33）张大民很高兴，心说该，该！

（34）余：那您说应该怎么办呢？哎，您是萝卜王，这么些萝卜我们不找您拿主意，我们找谁去？

王：要我说啊，光一条道憋屈吃，没戏。就不能广开思路往旁处想想？用这萝卜发个电，造个纸伍的。

李：这倒是值得研究研究。

（35）如果说有例外，那就是对虎子处处关照。

例（32）中两个“说”都表示具体言说行为，有将话说出来的动作。例（33）中“心说”其实意味着后述内容没有真正说出来，而是心中的想法，可以替换成“心想”“心里想”或“心中认为”，语义上没有区别，如：

(33) a. 张大民很高兴，心想/心里想/心中认为该，该！

例（33）中“说”表达认为义。据句管控理论，汉语中前后小句之间的含义一般是顺序推衍，顺着前面一个小句的词面含义，可以推衍出后面小句的相关意义（邢福义，2001）。语言片段之间的句间联结和相依能够确定真实语义及相互关系。例（34）中对照“要我说”出现在前后小句中的照应成分分别是“拿主意”和“想想”，由此可知“说”在此句中并不表具体言说义，而是听话者询问说话者王的看法。语气词与认知义言说动词之间存在一定的共现关系（李明，2003），“要我说”后接语气词“啊”也是表明“说”在这里是表看法的标记。“如果说”充当假设标记时往往与指代性标记“那/那么”共现（董秀英，2016），例（35）即为此种类型，“说”作为标句词在假设小句句首出现，后接小句以“那”引导，属于最典型的组合形式，显然此句中“说”已经语法化为标句词，属于言说标记范畴。

言说行为范畴演化到言说标记范畴还有另外一条语法化路径。例如：

(36) 辨悟道：“依着我说，当便或者当得来。只是救一时之急，赎取时这项钱粮还不知出在那里？”（《二刻拍案惊奇·进香客莽看金刚经　出狱僧巧完法会分》）

(37) 晓得是龙香耍他，带着笑道：“我说你家姐姐不舍得怪我，必是好音回我了。”（《二刻拍案惊奇·莽儿郎惊散新莺燕　㑇梅香认合玉蟾蜍》）

刘钦（2008）认为“依我说”“照我说”“要我说”均为“我说”的变体，“说”在这些结构中表认为义或认知义。例（36）中“说”可以理解为言说义，也可以理解为认为义，带有部分真值义，对句义表达有影响，因此不能删除。例如：

(36) a. 辨悟道：“当便或者当得来。只是救一时之急，赎取时这项钱粮还不知出在那里？”

(37) a. 晓得是龙香耍他，带着笑道：“你家姐姐不舍得怪我，必是好音回我了。”

删除后主语所说内容从主观揣测变成客观肯定，句义发生了改变。认知义与人称代词组合出现的频率变多，结构之间的距离缩短，逐渐凝固成一个完整的语言单位，不可二次切分，也不再表真值义，主要表现为凸显说话者的主观态度、唤起听话者注意等语用功能。例如：

(38) 哥，你说咱府里到这草帽胡同，来回就是十四五里地，那咎还是十来日一遭、五六日一遭，这几日叫我一日一遭，光驴钱使了多少？(《醒世姻缘传》)

(39) 马强道："这就是了。我说呢，一天可以打两个来回儿，你如何去了四五天呢？敢则是你要等个水落石出。那如何等得呢？你且歇歇儿去吧。"(《三侠五义》)

例 (38) 和例 (39) 中"说"不再表具体言说行为，没有真值义，不充当句子的谓语动词，主要用于凸显说话者提请说话者注意，或是表达自身的主观认识，可以整体删去而不影响句子命题义。例如：

(38) a. 哥，咱府里到这草帽胡同，来回就是十四五里地，那咎还是十来日一遭、五六日一遭，这几日叫我一日一遭，光驴钱使了多少？

(39) a. 马强道："这就是了。一天可以打两个来回儿，你如何去了四五天呢？敢则是你要等个水落石出。那如何等得呢？你且歇歇儿去吧。"

可见"说"已经与人称代词组合虚化为话语标记。这种情况在现代汉语中同样存在，如：

(40) 我说不要送吧，你非要送，看这送礼的，丢人不丢人！

(41) 牛：哈哈，就是，就是。我可知道采访工作的艰辛。依我说啊，你们也别自满。有些问题还可以挖掘，我们应该深入下去，连续报道。诶，最好把那个放荡的女人、W 的姘妇也揭露出来，让她公布于众，亮亮相。

(42) 我说呢，你这么半天才回来。**我就知道**你这里头有文章。

(43) 李：我说，你差不多就行了。干不完明儿再说。

戈：明天还有明天的一大堆子事儿呢。今天不管怎么说都得干完。

"我说"的演化和发展很好地说明了"说"从言说行为范畴到言说标记范畴演变的另一路径。例 (40) 中"说"是典型言说行为动词，充当句子谓语。例 (41) "依我说"中"说"的言说行为语义开始淡化，演变为认为义，不仅后面出现了语气"啊"，句子后续成分更是把说话者的个人观点和想法详细表述出来了，这个句子中"说"可以替换为"看/想"等其他同样表认为义的词项，或是与后续内容同指的名词词组，如"的看法/想法"等，句意不变，同样可以成立。例如：

（41）a. 牛：哈哈，就是，就是。我可知道采访工作的艰辛。依我看/想/的看法/的想法啊，你们也别自满。有些问题还可以挖掘，我们应该深入下去，连续报道。诶，最好把那个放荡的女人、W的姘妇也揭露出来，让她公布于众，亮亮相。

例（42）中的“说”不能理解为表认为义，因为无法与其他表述认为义的词项替换。但是一旦按照句管控理论对照后一句话中的“我就知道”，就可以确定“说”在这句中表达的是认知义。例（43）中“我说”已经语法化为一个固定结构，无法拆分，与整句的意义无关，位置灵活，如：

（43）a. 李：你差不多就行了。干不完明儿再说。

b. 李：你差不多就行了，我说。干不完明儿再说。

例（43）a显示“我说”可以删除，例（43）b则证明“我说”可以出现在句首或句末，两种改变方式都不影响句子命题义或真值条件。在句中主要用于表达说话者的主观态度，有吸引对方关注、提醒等语用功能，从戈的回应——“今天不管怎么说都得干完”——可以看出，李的提议没有被采纳，并且给出了自己的理由：“明天还有明天的一大堆子事儿呢。”双方对提议的探讨和“我说”的出现与否无关，可见例（43）中“我说”是典型的话语标记。

“说”的第三条语法化路径可以表述为：

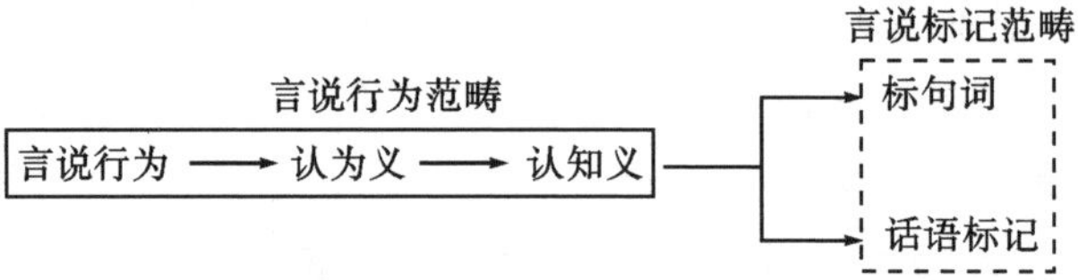

图 5-6　“说”的语法化路径Ⅲ

（四）话题标记 ＞ 例举标记 ＞ 假设标记 ＞ 话语标记

与言说行为范畴类似，言说标记范畴内不同功能之间也有多条语法化路径。话题标记、例举标记、假设标记都属于言说标记范畴，其语法化路径具体如下所示：

（44）播音员报道说，今天是休息天，皮市长深入到民营企业飞人制衣公司调查研究。

（45）他们说我儿子投到八路军那边去了，在跟自己的国家作战。

(46) 临到要填志愿了，说去外地吧，又舍不得家里人。

(47) 问大家去哪毕业旅行比较好，说云南啊，西藏啊这些地方的人最多。

(48) 说把大象放进冰箱，一共需要几步？

例（44）中“说”表示具体言说行为。例（45）“说”充当句子谓语，但已经具备传信功能了，这两例中“说”属于言说行为范畴。例（46）中“说”有引出话题的功能，可以看作话题标记；与例（46）类似，例（47）中“说”后出现例举内容，成为例举标记；例（48）中“说”则类似于“如果”或是“假如”，提出一个假设条件，成为假设标记。这三个例子中“说”本身已经不表示具体真值了，主要用于体现不同的语用功能。

“说”可与连词组合作为话题标记引导话题成分，这种用法最早出现在唐代。例如：

(49) 若说我家夫主，不是等闲之人。(《敦煌变文集》)

(50) 若说我之本师父，便是如来大牟尼。(《敦煌变文集》)

“说”也可与表例举的助词组合构成例举标记，这种用法最早出现在宋代。例如：

(51) 譬如说屋，不论屋是木做柱，竹做壁，却只说屋如此大，容得许多物。(《朱子语类》)

(52) 资质高底，也都做得；学问到底，也都做得。大抵是上两句易，下一句难。譬如说“有猷，有为，有守”，托孤寄命是有猷、有为，“临大节而不可夺”，却是有守。霍光虽有为，有猷矣，只是无所守。(《朱子语类》)

董秀芳（2003）指出，“说”还可与假设连词组合构成假设标记。“说”的这种用法最早出现在清代。例如：

(53) 如说考式，那应该说科名是身外之物，不足以使一个人耿耿于怀，那么立意便高了一筹。如果说一定要取得科名为荣幸，那意义便浅薄了。(《曾国藩家书》)

(54) 假如说一个字，一个筋斗翻过来，笔画虽然照旧，却把声音变了。(《镜花缘》)

言说标记范畴内部假设标记等言说标记，进一步语法化的结果是演变为各种不同类型的话语标记。话语标记通常不表达真值，在句中出现与否并不影响句子的命题义和真值条件，主要用于体现各种语用功能，凸显说话者的主观态度、情感和立场等，是虚化程度最高的一类言说标记。汉语中“说”类话语标记包括两种：由语素“说”独自构成和由语素“说”与其他成分组合构成。话语标记体现的语用功能各异，演变发展的来源也各不相同。以“如果说”为例，“如果说”连用最早出现在清代。例如：

(55) 以我看来，前面三个方面，我不精，不知深浅如何？如果说到书法，那是必定可传千古疑的了。(《曾国藩家书》)

但例(55)中“如果”与“说”并没有合并成假设标记，而是切分为：

(55) [如果][说到书法，那是必定可传千古疑的了]。

“如果”是假设连词，“说”与后接的“到”距离更近，构成话题标记“说到”，因此还不能认为此例中的“如果”已经成为假设标记。但清代“如果说”确实已经具备假设标记功能了。例如：

(56) 西边站着那个，是九门提督伊大人；当中那个老头儿，大概是皇上。如果说是皇上，你我今天那个乱可就大了，必有惊驾之罪，此事该当如何？(《永庆升平前传》)

(57) 如果说一定要取得科名为荣幸，那意义便浅薄了。(《曾国藩家书》)

例(56)、例(57)中“如果说”作为假设标记出现在句首，“说”在句法上更靠近假设连词，句子结构和层次可切分为：

(56) [如果说][是皇上，你我今天那个乱可就大了，必有惊驾之罪，此事该当如何?]

(57) [如果说][一定要取得科名为荣幸，那意义便浅薄了。]

李晋霞(2009)区分和辨析了“如果说”的类型，例(56)、例(57)中“说”不能被删除，也不能和“如果”切分开，变成“如果/说”。例如：

(56) a. * [如果][说是皇上，你我今天那个乱可就大了，必有惊驾之罪，此事该当如何?]

(57) a. * [如果][说一定要取得科名为荣幸，那意义便浅薄了。]

这里的“说”既没有真值，也不能作为标句词标明假设或是条件小句的句法地位，因为前后小句不存在这些逻辑关系，而是属于话语的元功能，前一个小句是基本话语，而后一个小句是对话语内容的评价，所以“如果说”不能切分，但可以全部删除，对整句的命题义和真值义无损，表假设的语用功能则不再凸显。例如：

(56) b. 是皇上，你我今天那个乱可就大了，必有惊驾之罪，此事该当如何？

(57) b. 一定要取得科名为荣幸，那意义便浅薄了。

由此可见，“如果说”已经进一步语法化为话语标记，与句义和构成成分没有直接关系，主要用于表示评价功能，体现说话者对话题或话语内容的态度，主观性增强。

“说”由言说行为向言说标记的跨范畴发展说明了言说动词“说”语义磨损程度加深，具体语义逐步消失，从实义动词向功能词方向发展。这一语法化路径可表示为：

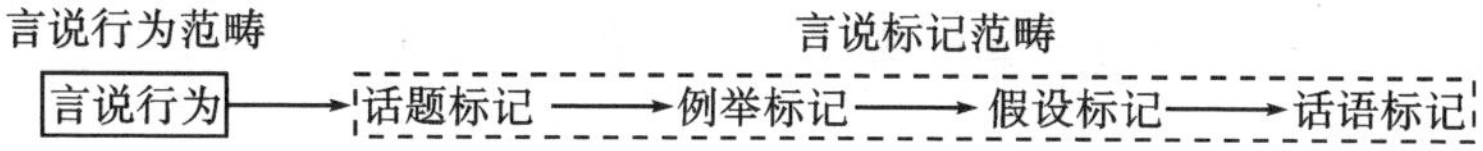

图 5-7 “说”的语法化路径Ⅳ

根据语用功能之间的发展顺序，归纳和分析不同功能之间的多种语法化路径，以箭头表示发展方向，按照功能所属的不同言说范畴管辖范围，现代汉语中“说”的语义地图经调整修改可如图 5-8 所示：

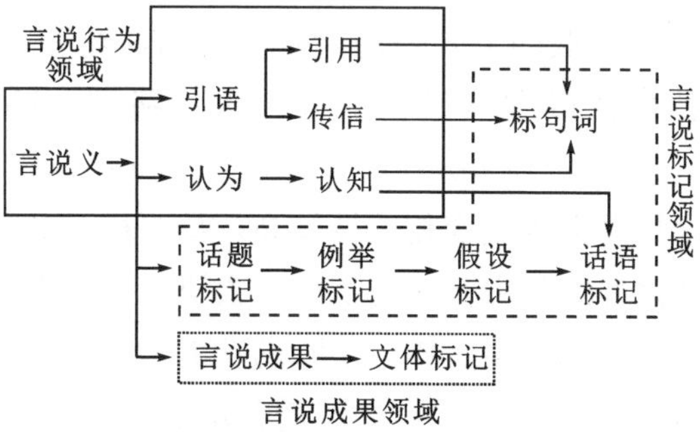

图 5-8 汉语中“说”的语义地图

综上所述，言说动词“说”在不同言说范畴之间，以及不同言说范畴内部有多条语法化路径，具体发展情况可用图 5-9 综合表示：

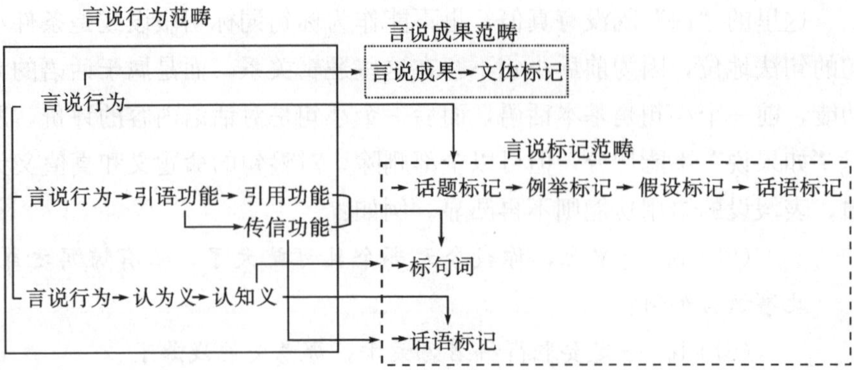

图 5-9 “说”的语法化路径

第二节 “说”的语法化演变共性

出于言语表达和沟通的需要，表述实际言说行为的动词“说/SAY”在大多数语言中都属于核心词汇。核心动词的适用范围广，使用频率高，通常比较容易发生语义和语用功能的语法化。方梅（2017）指出言说类动词的虚化有跨语言共性，主要用于体现说话者态度、体现互动意图或话语组织意图。要构拟词汇项的语义和功能演化方向，首先需要利用语法化参数以确定直接关联的功能的语法化程度，再以语法化的单向性原则和渐变性原则构拟两者之间的演变路径。排列顺序按照范畴的典型特征及高低程度而定，从范畴性较高的形式或较为典型的用法衍变到范畴性较低的形式或不太典型的用法，以及从语法化程度较低的形式或功能发展为语法化程度相对较高的形式或功能，这种衍变或发展过程即为语法化路径，Heine（2003）称为语法化构拟（grammaticalization reconstruction）。

功能的演化与语义的演变相关性较高，吴福祥（2014）据此提出两个参数：去语义化程度和去范畴化程度。去语义化程度指具有演变关系的两个功能之间语义相对更具体、实际的功能为语源功能，语义相对更抽象、概括的功能为目标功能；去范畴化即我们在本书提到的去范畴化，指具有演变关系的两个功能之间属于词汇语类（实词类）的功能为语源功能，属于功能语类（虚词类）的功能为目标功能。语法化演变受到单向性原则和渐变性原则的制约，语义—语用层面表现为抽象性和主观性逐渐增加。

与现代汉语普通话相比，现代汉语方言及其他非汉语语言中表“说”义的动词语法化方向和结果有同有异。Chappell（2008，2010）在对多种汉语方言进行调查后提出，汉语言说动词“说”在失去具体语义及词汇功能后完全语法化为虚词。语法化后的言说动词“说”通常会发展为以下几种类别：①标句词，也叫补足语从句标记；②话题标记；③证据标记；④虚拟情态标记；⑤与连词合并，成为复合连词；⑥句首话语标记，也叫语用标记；⑦句末话语标记。

我们对部分汉语方言、少数民族语言和其他非汉语语言中的言说动词“说/SAY”或是等同“说/SAY”的语义与功能的词汇项相关研究成果进行了整理和归纳，发现各种方言和语言中能够表述“说”的言说动词发展演变形式存在 Heine & Kuteva（2007，2012）所说的“某种程度的类似”，具备相同的某些语用功能。

一、从言说动词到引用标记

现代汉语普通话中言说动词“说”语义演变后语法化为引用标记，如：

（58）你说的话我一个字都不相信。

（59）有人说中国人没有幽默感，看来这完全是误解。

“说”在不同例句中体现出来的语义和语用功能都有差异。例（58）中“说”表述直接的言说行为，例（59）中“说”表示对他人言论的间接引用，主要用于标明后述话语内容非说话者本人言论或观点，体现了引用功能。

类似的发展同样出现在汉语方言中。方梅（2003）对北京话中的“说”进行了分析，指出北京话中“说”有四种不同用法，包括充当引语标记，以下几例转引自方梅（2006）：

（60）你先回去告诉你们老爷说，我明儿个打发人，把银子送礼去吧。那个家人说没法子，就答应了一声回去了。

（61）她就告诉说，她姑姑来了。

（62）那些农民工回忆说，他们已经有半年多没有休息日了。

方梅指出，北京话中“说”在言说义后，作为连动结构中的后一项动词，删除后不会影响句义表达，后面的引述内容可以是直接引语，如例（60），也可以是间接引语，如例（61）。“说”还可以出现在感知义动词后，如例（62），但所接引语均为间接引语。这种用法清代就已经出现并保留至今。

刘一之（2006）考察了北京话中“说”的转述标记功能，可用于对他人话语的转述之后，但只能做直接引语标记，不能引导间接引语，无法做间接引语标记。

北京话中“说”可以用在转述他人的话之后，起到类似引号的作用，目的在于隔离话语，告诉听话者前面所说的内容是引用的，而后面的话才是说话者自己的，体现了引用功能，如例（63）和例（64）。

（63）老王说：“她跟我哭：‘我再也不去了’说。那哪儿行啊，不去谁给钱呀？”

（64）我那天搬桌子吧，没拿稳，然后就掉了，我姥爷：“大过年的，这是想干啥！那么好的东西就扔了？”说。你说我又不是故意的，我能去扔吗？

王贺繁（2015）考察了内蒙古赤峰方言中的直接引语和间接引语标记，证实“说”在赤峰方言中可以用来标记直接引语，如：

（65）我说：“大夫你在妇产科呀？”他说：“待过了。”然后我说：“怎么样？”大夫说：“什么怎么样？”

（66）我舅奶说：“你看这丫头多好。你们快给这丫头在这儿张罗个对象。”

（67）我姨奶问：“你们那房子多大啊？”他说：“有六百多平吧。”然后我姨奶说：“那么大呢！那我们家估计还赶不上你们一个厕所大呢！”后来我妈说：“你说说，他自己住那么大房子，让他爹没地方住，真稀松。”

赤峰方言中单独使用的“说”在书面上没有特别明显的标记，主要因为“说”在口语中引导直接引语时会配合模仿对方语气以标明引用内容，最常见的是声调的提高或是语气的完全复制。

赤峰方言中“说”还可以引用间接引语，这时“说”会产生形态变化，后接其他成分变成“说了”“说过”或“说呢”，用以标明后述话语内容为间接引语成分。例如：

（68）他说，**意思是**让咱们家买这个房子，以后谁都可以去住。

（69）柱子，人他说了，你不回来的话他就不跟我们一起跨年了。

（70）现在这交通真是发达。刚人塔娜还说呢，人她上午还在北京呢，这晚上都回赤峰了。

例（68）中“说”和后续“意思是”的共现说明说话者并非对他人言语的完全学舌，而是重新组织语言加工后的结果，与引导直接引语的功能区分开来。例（69）和例（70）中“说”的后面加上“了”和“呢”，既提醒了听话者所说内容是对他人言语的转述，同时还体现了动作的时体特征。

林华勇、马喆（2007）对粤语区高阳片廉江方言进行考察后指出，言说动词“讲”可以充当引述标记，标示对第三方话语内容的直引或转引，如：

(71)（复述向别人喊话）——“出来正，抑无出来就做你世界”讲。（说“先出来，要不就有你好瞧的”。）

(72) 阿妈吆你交电费讲。（妈妈叫你交电费；说是妈妈叫你交电费。）

(73) 甲：佢头先讲爱乜嘢？（他刚才说要什么？）

乙：汽水讲。（说是汽水。）

廉江方言中“讲”充当引语标记时可以直接引用，如例（71），也能转述第三方话语，如例（72），但不能出现在称呼语后，只能用于谓词性结构，或是省略了的名词小句，如例（73）。

黄映琼（2013）对梅县方言中言说动词的考察证实言说动词“话”在梅县方言中同样发展出引语功能，如：

(74) 大家都话佢唦好。（大家都说他很好。）

(75) 偃话一件事你知。（我告诉你一件事情。）

(76) 偃话你知偃辰朝日想去看电影。（我告诉你我明天想去看电影。）

“话”后接的话语内容通常由名词、名词性短语或小句充当，可引出直接引语或间接引语，如例（74）。作为引用标志，“话”后接他人话语，如例（75），常跟从句，主句与从句主语保持一致，如例（76）。

王海娇（2015）考察了湖南津市方言，证实了津市方言中“说”同样可以充当引语标记。例如：

(77) 我就当斗幺丫头的面前**讲**的，我说：“您舅爷是气死的，当儿哪门为您的屋里，哪门照看您的屋里，结果搭十几块钱你看还贪污哒。”

(78) 医生就跟我**讲**，他说：“你个儿转院，这不行啊，俺不行。”我还求他，我说：“医生”，我说：“你俺积个德，帮个忙，还求求你帮我的伢儿抢救下，看有么的别的方法没得。”

(79) 我昨儿跟您哥哥讲的，我说：“你这看斗现实哒的啊，你这是翘都翘不掉的啊”，我说：“这人家的他还是，个人的个娘他还是要照护”。我说：“他这娘死哒就照护他个人的老倌的去哒。”

例（77）至例（79）中“说”的前面都出现了句子的真实谓语动词“讲”，“说”失去了言说动词的行为义，主要充当引导谓语宾语的引语小句的引语标记，句法关系上与前面的谓语动词相隔较远，更接近后面的引语小句。

江淮方言中盐城话存在一个句末语气词“说的”，张爱玲（2014）认为属于后置型从属标记类间接引语标记，具体用法如下：

(80) 人家急死了，巴不倒他没个来，他反好呢，没时间来说的。

(81) 他的名字叫小三子说的。

(82) 那本书名叫《白鹿原》说的。

“说的”出现在引用话语内容之后，表明信息并非来自说话者本人，而是另有渠道来源，如例（80）。盐城方言中“说的”由于常常出现在带有怀疑、贬斥或否定的语境中，有从间接引语标记转化为语气词的倾向。例（81）和例（82）中“说的”既表达出所说话语内容来自第三方，同时也隐晦地传递出说话者不相信或是否定的主观情态。

汉语方言中言说动词“说”存在向引语/引用标记转化的情况，少数民族语言中也有类似的功能演变。张安生（2007）的研究证实西宁回民话中“说（着）”也具备引语功能。例如：

(83) 傢吧我哈“阿哥”说着叫着。(他把我叫哥哥。)

(84) 老汉们说着，一天价睡觉呵魇下了说。(老人说，白天睡觉的话会魇住的。)

(85) 我阿达说着，娃娃家再要问说着。(我父亲说，小孩儿别再问了。)

(86) 天气预报说明早儿刮风哂说。(天气预报说明天刮风呢。)

西宁回民话中“说（着）”可以直接引导话语内容，包括直接引语，如例（83），也包括间接引语，如（84）。标注引导对象也并不限定为引语小句，还可以与动词“说”同现，构成特殊的引语句，张安生称之为“—说”类引语句，如例（85）和例（86）。

刘鸿勇、顾阳（2008）指出凉山彝语中存在一个引语标记“di^{34}”，语义类似汉语中的“云”“说”，属于言说动词，在充当引语标记时既可以引导有明确出处的小句或话语内容，也可以表明出处不明的信息，体现了引用和传信的语用功能。例如：

（87）ma^{55} mo^{21} hi^{21} ko^{33} tshɿ^{33} i^{21} ȵi^{21} tshɿ^{21} tʂa^{33} kha^{55} a^{21} da^{21}，
老师 说（标句词）他 今天 有些 不舒服，
ŋo^{21} mi^{21} ʑi^{55} tsɿ^{55} tɕɛ^{33} zo^{33} **di**^{34}.
我 们 自己 学习。

（88）ma^{55} mo^{21} hi^{21} ko^{33} tshɿ^{33} i^{21} ȵi^{21} tshɿ^{21} tʂa^{33} kha^{55} a^{21} da^{21}，
老师 说（标句词）他 今天 有些 不舒服，
ŋo^{21} mi^{21} ʑi^{55} tsɿ^{55} tɕɛ^{33} zo^{33}.
我 们 自己 学习。

例句前部出现了“hi^{21}”，这个语素可以表示“（听）说”的语义，信息来源于老师，因此“di^{34}”不再表示具体言说行为，而转为标示引述标记，表明所说话语内容引用自他处，如例（87），即使删除也不会影响句义表达和引语内容，如例（88）。

赵明鸣（2013）对突厥语中言说动词“tä _”的语法化情况进行了考察，指出“tä _”可以充当直接引语标记。例如：

（89）qataǧ ün -in qïqr -uš -u ïnča **täp**
巨大的 声音（工具格）呼喊（交互态）（副动）这样［täp］
tä -yür -lär.
说（现-将时）（他们）
他们这样说：“大声呼喊。”

（90）bol -sun -ǧïl **däp** dä -di -lär…
是（祈使式）（祈使式）［däp］说（过去时）（他们）
人们都说：“愿他就是这样。”

（91）elt -gäli u -ma -ǧay （-） biẓ **täp** söẓlä
带走（副动）能够（否定式）（祈使式）（我们）［täp］说
-š -di -lär.
（交互态）（过去时）（他们）
他们说：“我们带不走（石头）。”

汉语方言和少数民族语言中存在“说/SAY”由言说动词向引语演

变或引用标记的语法化，古代汉语中言说动词同样存在演变成引语标记的现象。古代汉语中言说动词“云”也有表示言说行为的义项，谷峰（2007）的研究证实“云”也能充当转引标记。例如：

（92）庸客致力而疾耘耕者，尽巧而正畦陌畦畤者，非爱主人也，曰：如是，羹且美，钱布且易云也。（《韩非子·外储说左上第三十二》）

（93）上大说，乃著令，令太子得绝驰道云。（《汉书·成帝纪》）

（94）寡人闻之：“圣王在上位，使民富且寿”云。（贾谊《新书·修政语下》）

例（92）的“曰……云”结构中“云”的语义已经虚化，不再表达实际言说义，因此引入言说动词“曰”加以补偿，形成框式结构，具备整体转引他人话语的引语功能。战国后期，这个结构的述谓性增强，“曰”前可以出现施事，整体结构不依赖语境也可成立。“云”作为转引标记，还可以与书写动词和知觉动词搭配，如例（93）、例（94）。

其他非汉语语言中也存在言说行为动词向引语标记转换的例证。如日语中“言う”可用于表示对非说话者本人言论的引用，比如：

（95）ここは戦国時代の城跡だと言（い）う。（据说这里是战国时代的城堡遗址。）

（96）森鴎外は本名を林太郎と言う。（听说森鸥外的本名是林太郎。）

日语中“言う”可用“と”格用于引用句，表示所说内容并非说话者自身的论点或看法，而是对他人或第三方的言论引用。沈宇澄（2009）指出引用句中的谓语动词可采取意志形或命令形，引用的内容可以是非完整句，如例（95）中的体言成分，也可以是完整句，如例（96）。

再如纳马语（Nama）中“mī”与“ti”组合后字面意义表“这样说”，语法化后语义逐步虚化组成“ti（mi）”成为直接引语标记。例如 Bernd & Kuteva（2007，2012）：

（97） <u>**Mī**</u>　re　mati　khum　ñ　dī
说　祈使式　怎样　第一人称：阳性：双数　将来时　做
! kei-　ë.
事情-　第三人称：通性：单数
告诉（我们）怎么做。

特维语（Twi）中“se”也具备引用功能。例如：

（98）Onipa reba， wo- n- se n- se：bera！

人 进行体：来：条件式 你-否定-说 否定-说 来

如果有人来，你不能说：过来！

苏里南克里奥尔英语（Sranan CE）中“taki”可作引用标记及标句词的现象，以及西非皮钦英语（West African PE）中“seɣ”可以作引用标记的现象（Lord，1989）。例如：

（99）苏里南克里奥尔英语（Sranan CE；Ebert，1991；Lord，1989）

Ma wan dei Anansi taigi hem weifi a taki：……

但是 一 天 Anansi 说 他的 妻子 ？ 说

但是有一天Anansi对他的妻子说：……

（100）西非皮钦英语（West African PE；Lord，1989）

mása tók seɣ， kom- ow.

主人 说话 （说） 来- ？

主人说：“来这儿。”

其他非汉语语言中出现言说动词语法化为引用标记的现象，许多研究者对其也有详细的描写。例如，Lord（1993）对库萨西语（Kusasi；库萨尔语，Kusal）中“ɣe”的考察。Lord还观察了克里奥尔语中言说动词虚化为语法标记的现象，如萨拉马卡克里奥尔英语（Saramaccan CE）中“taá”在后接言说、心理或感知义动词时可做引用标记和小句从属标记；Seiler（1977）对卡惠拉语（Cahuilla）中的“-ɣax-qal”结构、Matisoff（1991）对泰语（Thai）中的“wáa”和高棉语（Khmer）中的“thaa”、Koelle（1968）对瓦伊语（Vai）中的“ro”、Haspelmath（1993）对莱兹金语（Lezgian）中的“luhun”，以及Klamer（2000）对布卢语（Bulu）中的“fen（e）”，邵明园（2015）对安多藏语中的“zer”和“bzlas”等都有比较详尽的描述和分析。

Harris & Campell（1995）、Klamer（2000）等人认为这一过程的发展来源于言说动词对引用他人话语的功能，“从引语到引用标记”的发展趋势。

言说动词“说/SAY”由言说义发展为引语和引用标记并非是现代汉语普通话独有的语法化路径，官话区中北方语言区的北京话和赤峰方言、西南官话区的湖南津市方言、粤语区的廉江方言、客家话区的梅县方言等都出现类似发展，说明汉语方言中存在这一语法化路径。此外，少数民族语言和其他非汉语语言的语料也可以证实，言说动词语法化为引语标记和引用标记并非汉语独有的语法化路径。

这一语法化路径可以表示为：

言说行为 ——→ 引语功能 ——→ 引用功能

图 5-10 言说动词“说/SAY”的语法化路径Ⅰ

二、从言说动词到传信标记

现代汉语普通话中言说动词“说”语法化的另一条路径是虚化为传信标记，如：

(101) 俗话说救人一命胜造七级浮屠，你借给山寨也算是做善事了。

(102) 书上说告诉孩子你的真正感受是很重要的。

例（101）和例（102）中“说”主要用于说话者提醒听话者后述所说内容源自第三方，而非本人言论，体现了传信功能。

言说动词“说”语法化为传信功能同样存在于部分汉语方言中。如乐耀（2013）对北京话中“人说”的考察，指出“人说”由主句事实上的主谓成分逐步虚化，丧失实际地位后演变为传信标记，体现了传信功能。例如：

(103) 个别跟医院的负责人谈，让人注点儿意。人说我们看不了，那看不了怎么办？居委会就研究，说那咱们就轮流值班。

(104) 说“今儿修好这儿了，明儿那儿坏了”。人说“你这个怎么回事儿啊”？这反映挺大。咱也承认。具体他不了解这事儿。

北京话口语中“人说”是一个由“人家说”演化而来的传信标记词，主要用于表明后面引导的小句中所说内容并非说话者自己的看法或观点，而是来源于第三方，如例（103）转述其他人的二手信息。“人说”与直接引用话语内容的“说”不同，表明了不同话语视角下不同类型的引语，“说”引导的话语是对他人言语的直接引用，说话者的心理视角关注焦点在言论发出者，“人说”引导的二手重述话语，不可避免地会带有说话者的主观认知和理解，心理视角的关注焦点在说话者自身，如例（104），标记的不同体现了对不同人物心理空间下话语的区分。

林华勇、马喆（2007）考察了粤语区高阳片廉江方言，指出言说动词“讲”可以充当自我表述标记，标示传信情态。例如：

(105) 李经理，讲你好啊，借电话机我打只电话正。(李经理，你好啊，借电话我打一个。)

(106) 讲李局啊，你辛苦无辛苦我无知。(李局长啊，你辛不辛苦我不知道。)

如例（105）和例（106）所示，言说动词“讲”在廉江方言中可用于凸显说话者主观性，提醒听话者注意，体现了传信功能。台湾闽南语（Taiwanese，Southern Min）中也有类似的演变发展，如 kong 由表真值“说”语法化为听说信息传信标记（Chang，2008）。

部分少数民族语言中言说动词“说/SAY”也出现了类似的演变情况。张安生（2007）指出，西宁回民话（青海汉语方言）同样有言说动词“说”及其变体“说着”语法化为表“听说”义的传信标记的现象。例如：

(107) 钢笔坏下了说。(听说钢笔坏了。)

(108)（我）听呵，羊们一挂跑掉了说。(听说羊都跑光了。)

(109) 尕燕儿大学考上了说着。(听说尕燕儿考上了大学。)

例（107）至例（109）中“说”和“说着”表明前面所说的话语内容非说话者本人所知，而是从其他地方得来的信息，体现了传信功能。

凉山彝语中的“di^{34}”，除了充当引语标记外，刘鸿勇、顾阳（2008）指出也可以表明出处不明的信息，体现了引用和传信的语用功能，或表明推断或听说，体现了传信功能。例如：

(110) a^{21} ndi^{21} hi^{34} mo^{33} mu^{33} ma^{33} ha^{33} $ʥi^{21}$ <u>di</u> ^{34}.

昨　天　天空　雨　下　（示证标记）

听说昨天下了雨。

(111) mu^{33} ka^{55} a^{21}-la^{33} o^{34} <u>di</u> ^{34}.

木　呷　不　来　了（示证标记）

听说木呷不来了。

“di^{34}”充当示证标记时用于表明所说话语内容来自说话者听说，非亲见或亲历而得，不过信息来源并不明确，如例（110）和例（111）。

据赵明鸣（2013）的考察，突厥语中言说动词“tä _”同样可以表达传信功能，作为传信标记。例如：

(112) bodun　anča　<u>ti</u>　-miš…

人民　这样　说　（传闻式）

人民这样说道……

(113) täŋri anča ti -miš ärinč. qan bär -ti -m.
苍天 这样 说（传闻式）是 汗 给（过去式）（我）
上天这样说：我给了（你们）汗……

LaPolla（2003）的研究证实了藏缅语族中的羌语也存在类似的演变方向，“jə-ji”的变化就体现了类似的语法化发展方向。例如：

(114) tə- wa- jə- ji- ji jə.
方向-大- 又- 状态改变- 第二人称：复数 说
他说你们又长大了。

(115) the: ʑdʑɣta: ɦa- qə- -i.
第三人称：单数 成都：处所格 方向 去 传信
听说他去了成都。

谷峰（2007）的调查证实类似的演变在古代汉语中同样出现过。最初“云”作为言说动词表示“说”的实际动作，但是随着使用频次的增加，真值逐步淡化，发展为具有“听说”义的传信标记。例如：

(116) 鲁南宫敬叔言鲁君曰：“请与孔子适周。”鲁君与之一乘车，两马，一竖子俱，适周问礼，盖见老子云。（《史记·孔子世家》）

(117) 一曰，天地之性人为贵，凡人为变，皆属皇极下人伐上之痾云。（《汉书·五行志》）

(118) 公稽海外有东鳀人，分为二十余国，以岁时来献见云。（《汉书·地理志》）

“云”可表示说话者的不确信，如例（116），或是对他人言说的转述，如例（117），甚至是说话者未曾见过、经历过的事情，如例（118）。例（116）至例（118）中“云”均体现了传信功能，因此属于传信范畴。

Heine& Kuteva（2012）认为其他非汉语语言也表现出同样的演变方向，总体而言数量不多。但仍有一些语言中存在这种演变方向，英语中“say”就有由言说行为动词演变出传信功能的现象，如：

(119) They say / It is said that he's a miser.（《新英汉大辞典》）
据说他是个守财奴。

(120) They say there's dragons guardin' the high security vaults.（《Harry Potter and the Sorcerer's Stone》）
他们说在高度戒备的地下室里有龙。

（121）People say your past shouldn't dictate your future, but the shit that I had been always troubles me①.

人们说你的过去不能主宰你的未来，但我糟糕的经历总是困扰着我。

例（119）中"They say"可以与"It is said"互释，证明此处"They say"没有真值，仅为说明信息来源，体现并非说话者主观判断的作用。"They say"从最开始的人称代词与言说动词的结构逐步虚化，到实际语义脱落，成为半固定结构表说话人从第三者或他人处得知的信息，Givón（1991a）指出传信功能具备发展成听说传信标记的可能。例（120）中说话者并不知道"地下室里有龙"这个传言的具体出处，于是使用了"They say"表明所说内容并非来源于自己，而是从其他地方得知，体现了传信功能。例（121）中说话者仅仅是引用一句俗语，"People"并没有明确的指称对象，即使有，也是最大意义上的泛指。因此，"People say"的使用目的在于援引其他来源的信息，表明所说并非是说话者本人意志或看法，同样体现了传信功能。

Haspelmath（1993）发现莱兹金语（Lezgian）中也存在由言说动词发展为传信义的演变，例如表"某人说"的"luhuda"语法化为"-lda/Luhulda"，即由言说行为动词演变为听说传信标记。Güldemann（2008）对非洲语言的调查也显示，Mandinka 语和 Yoruba 语中也存在类似的演变发展，由言说动词语法化为传信标记，如 Mandinka 语中的"iko"（意为"they say"，"他们说"）、Yoruba 语中的"wón ni"（意为"they say"，"他们说"）。邵明园（2015）指出安多藏语中的"zer"语法化为传闻示证标记，"bzlas"为引述示证标记。这类传信标记标明引述内容为传闻，出现位置固定，只出现在叙事语篇开头，以凸显获取后述内容或信息的途径为传闻听说。乐耀（2013）指出，Tigre 语中"ləblo"（意为"they say"，"他们说"）和 Bedauye 语中"edīna"（意为"they say"，"他们说"）也都具有相同的传信功能。

传信功能由言说行为发展而来。最开始通常是对他人言语的引用，"说/SAY"仍能表达具体言说义。随着引语功能的发展，说话者会遇到不清楚所引话语内容出处、信息来源不明，或是觉得信息源头并不重要等情况，于是"说"虽然不再表述具体言说行为，但仍然作为传信标记

① 例（121）援引自美国当代英语语料库：https：//corpus. byu. edu/coca/。

被保留下来，体现传信功能。

不过，虽然表传信义也是言说动词“说”语法化的结果之一，但成为传信标记的言说动词只在少数几种语言中出现，数量并不算多。即便如此，我们还是不能否认，言说动词“说/SAY”语法化为传信标记的路径确实存在，可表示如下：

言说行为 ——→（引语功能）——→ 传信功能

图 5-11 言说动词“说/SAY”的语法化路径Ⅱ

三、从言说动词到例举标记

现代汉语普通话中言说动词“说”语法化后可以作为例举标记出现，如：

(122) 问大家去哪毕业旅行比较好，说云南啊，西藏啊这些地方的人最多。

(123) 这也就是我们常说的，一个人对自己情绪的觉察，比如说我高兴不高兴啊，是否难受啊，等等。

前面的小句提出要探讨的具体话题，“说”后针对话题出现例举内容，可以是词，如例（122），也可以是小句，如例（123）。“说”的出现标示前面话题和后面所举的具体事例之间有总分关系，小句是集合概念，举的例子是概念中包含的具体个例，“说”体现了例举的语用功能，成为例举标记。

我们在前文中根据不同功能出现的时间顺序，以及语用功能之间的逻辑蕴含关系考证了现代汉语普通话中“说”的话题功能和例举功能的联系。“说”具备话题功能同样在汉语方言中有所体现。黄映琼（2013）对梅县方言的一组言说动词进行考察，指出言说动词“话”在梅县方言中有引出话题的语用功能，如：

(124) 话钱就你过有。（提到钱就你比较多。）

(125) 话身材无身材，话相貌无相貌。（论身材没身材，论长相没长相。）

(126) 过撇月半又话过年欸。（过了中秋又要过年了。）

(127) 话过年欸，脉个东西都还唔田买。（就要过年了，什么东西都还没买。）

(128) 都话断暗欸，还去奈欸？（天就快黑了，还去哪里？）

“话”相当于普通话中的“说到、提到、论……”，如例（124）至例（125），也可以表示“说话间就要……”，如例（126）至例（128），主要用于在句中引出话题。

英语中言说动词“say”同样可以充当例举标记，如：

（129）It would be a concern for me if I had a child who was, **say**, 4 or 5 years old.（如果我有个，比如说四五岁大的孩子，就会对我造成困扰。）

（130）Would you please give me some books? I mean, any books, **say**, magazines?（请你给我本书行吗？什么书都可以，比如说，杂志？）

（131）It is far from clear whether tribes could regulate their members with respect to, **say**, the off-reservation use of marijuana.（比如在远离大麻影响方面，部族能否约束他们的成员，目前尚不清楚。）①

“say”由带有人称代词的动词短语“I say”“you say”发展而来，经重新分析、去范畴化等动因机制促使，张洪芹、张丽敏（2015）则表示“say”从引导补语从句的标句词语法化为体现例举功能的语用标记。例（129）至例（131）中“say”已经彻底失去言说义，作为语用标记插入句中，与前后成分在语义上距离较远，书面表达上体现为“say”的前后必须要用逗号与其他成分隔开。“say”在句中不充当任何实义成分，直接删去并不会影响句子语义、命题和真值条件，如：

（129）a. It would be a concern for me if I had a child who was 4 or 5 years old.

（130）a. Would you please give me some books? I mean, any books, magazines?

（131）a. It is far from clear whether tribes could regulate their members with respect to the off-reservation use of marijuana.

现代汉语普通话中“说”充当例举标记时，是沿言说行为>话题标记>例举标记的路径发展的。英语中言说动词“say”则沿言说动词>标句词>例举标记的语法化路径同样演变出了例举标记功能，因此，从言说动词到例举标记的路径可以表示为：

---

① 例（129）至例（131）援引自美国当代英语语料库：https://corpus.byu.edu/coca/。

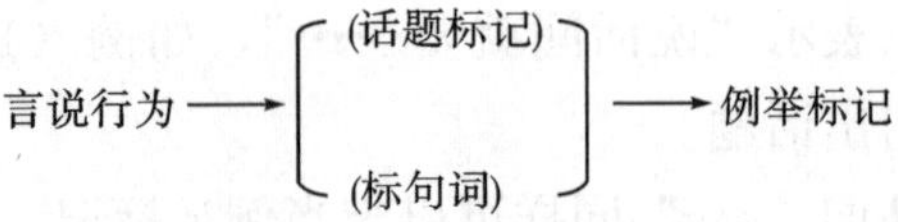

图 5-12　言说动词“说/SAY”的语法化路径Ⅲ

四、从言说动词到标句词

句子中说话者本身及其所执行的言说行为与表述的信息在很多时候并不是完全平等的内容，说话者本身与言语行为处于句子基本层面，属于构成一个完整句子结构的最底层，而被言说的信息则属于从属地位，用以说明言说动作的具体内容和执行结果。例如：

（132）他要出去买本书。

（133）他说他要出去买本书。

（134）他们说他要出去买本书。

例（132）至例（134）的区别在于“他说”和“他们说”的出现。例（132）“他要出去买本书”单独成句，是对客观事实的陈述。例（133）中这个原本独立的单句成了“说”引导的宾语小句，从单句降格为小句，居于从属地位，引述他人言论，体现了引用功能。例（134）与之类似，同样出现了小句降格的现象，此外“他们说”在小句前出现还能表达传信义，凸显说话者对所说内容的不确定，以及暗示听话者信息另有第三方来源。

丁健（2015）对汉语中“说”充当标句词的功能进行了详细的辨析，指出言说动词一旦发展出可表示从句、分句、小句与主句的从属关系的功能后，将由具独立词汇意义的动词逐步演化为标句词，以揭示从句、分句、小句的附属地位。

可见，言说动词演化为标句词是语法化的又一条路径，并非现代汉语普通话独有的演变结果。Chappell（2008）对汉语方言中的言说动词语法化特定路径进行了研究，指出在言说动词虚化为标句词时，与标句词共现的动词类型蕴含序列如下所示：

叙实动词⊃情态动词⊃情感动词/静态动词⊃认知动词/感观动词⊃言说动词

根据这一蕴含序列列举的关系，可以看出不同方言中的言说动词虚化为标句词的程度。方梅（2006）、Yeung（2006）、Xu & Matthews（2007）、Chappell（2008）、Chen & Lien（2008）等人的研究显示，在汉语方言中，如北京方言、闽南语、广东话和客家话中，都有这种演变趋势。

方梅（2006）指出在北京话中语法化后的“说”可以充当小句标句词，引导宾语从句和释名从句。例如：

（135）大家想问您的是，说如果他们想去可可西里，他们应该有什么样的准备。

（136）而且社会上还会传出**谣言**，说这几个人都跟吴士宏谈过恋爱。

（137）在你刚下海的时候，有没有一个**预期**，说要赚到多少钱。

（138）好容易有个**机会**，说上电视演戏，结果她还不让去。

（139）你大舅求我给他们家里带**一句话**，说里头已然有人给铺垫好啦，倒没有多大罪受。

北京话中“说”后引导的小句可以是句子事实上的宾语，如例（135），也可以是对句内出现在“说”前的名词性成分的解说。名词性成分包括言语行为名词［如例（136）］、认识义名词［如例（137）］、一般名词［如例（138）］，也可以是名词短语［如例（139）］。“说”引导的小句内容与名词性成分所指在语义上存在“同一”关系。

Chappell 认为台湾闽南话中的“讲”是言说动词中发展最成熟的。郑良伟（1997），储泽祥、刘琪（2014）对“说”的研究证实，存在“说”由表示真值义的言说动词语法化为标句词的现象。例如：

（140）我想说他不会来了，但是后来才知道其实他会来。

（141）我们应该知道说，哪一步是对的。

（142）我现在希望说我交的女朋友是可以带我去逛名牌店。

（143）因为她需要的时候，我们都会提供给她，她反而不觉得说，钱对她来讲是很重要的。

台湾汉语口语中，心理动词或认知动词后常常可以带不表实际言说义的“说”，后接宾语通常是小句，“说”用于凸显小句地位，充当标句词。例（140）至例（143）中“说”跟在谓语动词后引导宾语小句，不表实际言说义，删去不会影响句子命题和真值条件，是典型的标句词，用于体现标示小句的语用功能。

贝罗贝、曹茜蕾（2013）认为潮州话中“呾”已经发展为准标句词。黄燕旋（2016）则认为揭阳方言中“呾”是一个语法化得更彻底的标句词。其考察了闽南话潮汕片揭阳方言中的言说动词“呾”，指出“呾”具备多种语用功能，如为标句词、从句标记或是语气词。“呾”充当标句词时主要是做内容宾语标句词，可以用于标记直接宾语，构成双宾语结构。“呾”也可以引导宾语小句，不限定于主谓结构的小句，部分功能类似于英语中的“that”。“呾”后接宾语小句时，可引导陈述句，也可以引导疑问句。例如：

(144) 我来睇呾车来未。(我去看看车来了没有。)

(145) 嫌伊呾生来［勿会］雅。(嫌她长得不漂亮。)

(146) 汝去问睇呾公共汽车［tiaŋ^{33}］时来。(你去问问公交车什么时候来。)

黄燕旋认为充当标句词、从句标记和语气词这三种语用功能均由该词的言说动词用法演变而来。“呾”的标句词功能由引语标记演变而来，首先处于连动结构的言说动词经重新分析成为准标句词，但保留部分言说义，接着功能泛化，及与认知动词的连用构成新的“认知动词＋呾”结构，如例（144）至例（146）。句法类推后成为固定结构，言说义消失，“呾”成为标句词。揭阳方言中的“呾”语法化程度较高，有强制化的发展趋势。

沿着另一个方向演变的结果则是“呾”从言说动词语法化为从句标记。这种用法较为特殊，其句法位置位于关联词之后、附加小句之前。黄燕旋提出这种用法同样是由引语标记功能发展而来的，最开始的时候用于假设和条件分句，经类推机制扩展至其他句型，如转折、递进、因果等关系分句。其推演基础在于假设或条件分句本身具有的非现实性，这种特征与间接引语的信息来源非直接性一致，普通话中的“说”和“如果、假如”组合构成表假设或条件语义的用法与之类似，但“呾”的虚化程度更高，对于从句类型没有限制，可适用范围更广。

林华勇、马喆（2007）对粤语区高阳片廉江方言的辨析证实，言说动词“讲”也可以充当标句词，用于述语和宾语之间引导后述小句，不过只能用于否定句。例如：

(147) 我从来无听过讲得噉做个。（我从来没听说过能这样做的。）

(148) 做［tɛ^{21}］几十单生意，无有讲赚过乜嘢钱。(做了几十桩买卖，没赚过什么钱。)

“讲”在例（147）和例（148）中，位于谓语动词和宾语之间，主要作用在于引导宾语小句，体现句法和语用功能。

言说动词语法化为标句词也是较为常见的发展趋势，除了在廉江方言中有所体现之外，在广东话中也同样存在这种演变。例如：

(149) 阿真重成日谂住话要去探你。（阿真还整天想着要去看你。）

(150) 我重想话唔畀你去添！（我还想不让你去呢！）

例（149）和例（150）中，“话”的用法与“讲”类似，不表示实际的言说义，而主要用以体现宾语小句的句法地位，凸显语用功能。

颜铌婷、林华勇（2022）讨论了属于闽南方言泉漳片的永春方言，指出“说”可以出现在小句前面，充当小句标记，用于标明不同语义功能。例如：

(151) 阮妈无问（*无）说即摆考几分。（我妈妈没问这次考几分。）

(152) 伊曾经写过蜀张批说（*过）伊想卜倒来。（他曾经写过一封信，说他想回来。）

(153) 我今日想说卜看电影。（我今天想要看电影。）

(154) 汝知影说伊卜来□ [nã33]？（你知道他要来吗？）

他们认为，例（151）至例（154）中“说”已经失去了动词属性，逐渐变为一个功能词，即小句标记。可以看到，作为小句标记的“说”可以出现其他动词，说明这里的“说”不是句子的主要动词。同时，此处的“说”既不能接受否定词修饰，也不能加“过”“嘞”等体貌标记。

王海娇（2015）对湖南津市方言中“说”的考察证实，“说”在津市方言中同样发展出了标句词功能。例如：

(155) 那个事搞不得！没听斗讲说哪个搞那个赚啊钱哒的。

(156) 昨儿您妈妈问我，说你哪门这一向都不跟她打电话哒。

(157) 俺的屋里他搞啊七千块钱，勇儿讲的。勇儿讲的说只估计 123 块钱一天。

例（155）至例（157）中“说”均不表实际言说义，不能被时体成分或副词修饰，不再是言说动词，主要用于体现小句与主句之间的句法关系，标明小句句法地位，可以认为是标句词。不过需要注意的是，目前津市方言中的“说”通常与言说动词“讲的”和“问”搭配，不能出现在认识义动词、静态动词和系动词后，证明津市方言中“说”还没有语法化为典型的标句词，暂且可以看作广义上的标句词或准标句词。

这种言说动词＞小句标句词的演变同样出现在汉语以外的语言中。Saxena（1988）、Lord（1993）、Güldemann（2001）、Heine & Kuteva（2007，2012）等人对东亚、东南亚和非洲语言的调查显示，这些地区的语言存在着同样的语言演变。根据言说动词在句中的功能，大致可以分为以下几类。

（一）形式标记

言说动词相当于英语中的 that，作为形式标记表明后续成分地位和功能。Heine & Kuteva（2007，2012）提供了一些语言中的例证。

埃及语（Egyptian）中 r ḏd 就由表“（为了）说”义的言说动词发展为相当于英语中 that 的标句词。例如：

（158）ʾiw. ʾi　　rḫ.kwʾi　　**r**

小品词：第一人称：单数　知道：第一人称；单数　不定式

ḏd　ḥnw. f　　pw.

说　他休息的地方　　这

我知道这是他休息的地方。

类似的演变也出现在夸米语（Kwami）中 gó、库泊陀语（Kupto）中 ngó（Leger，1991，1992）。

（二）从属连词

言说动词成为从属连词，特别是小句（如宾语小句或补语小句）从属连词。这类演变结果是由言说动词发展为引导某种类型小句的从属连词，产生这种变化的语言较多，比如瓦伊语（Vai）中 ro 演变为-ro，成为补语小句从属连词以及不完全变化动词。例如：

（159）mṓa　　so　mú-

第一人称：复数：时体语气标记　知道　第一人称：复数-

ro：yā　　mu　　díāke.

说　第二人称：单数：时体语气标记　第一人称：复数　爱；做

我知道你爱我们。

巴卡语（Baka）中也有类似演变，pe 由动词发展为引介宾语小句的标句词。例如：

（160）ma　　**pe**　mɛɛ　　bèlà　　kɛ!

第一人称：单数　说　做；祈使式　工作　指示词

我说：做这个工作！

(161) ma　à　nyì　**pe**　?é　dɔ.

第一人称：单数 体标记 知道 标句词 第三人称：单数 来

我知道他来。

本巴语（Bemba）中同样出现了由动词发展为宾语小句从属连词的情况，有-ti 等。例如：

(162) a-　a-　ebele　a-　a-　**ti**　umanaa- ndi　a-

过去时-说　他-　过去时-　说　朋友-我的　他-

a-　ishile.

过去时-　来

他说：我的朋友来了。

(163) a-　a-　ebele　uku-　**ti**　umanaa-　ndi　a-

他　过去时-　说　不定式-　说　朋友-　我的　他-

a-　ishile.

过去时-　来

他说我的朋友来了。

这种演变类型中比较典型的还有埃维语（Ewe），由表“说”的动词 bé 演变为引介宾语小句的标句词。根据 Hopper & Traugott (2008) 的研究可知，bé 最初只是普通的言说动词，但跟在主句中的主要言说动词之后则成为羡余成分，开始丧失言说义，形态上也不能再带时体标记，逐渐虚化为引导命题宾语的标补词。也就是说，如果句子的主要动词是普通动词 bé，则此时句子中不需要标补词或标句词。例如：

(164) me-　**-bé**　me-　wɔ　e.

第一人称：单数-　说　第一人称：单数-　做　它

我说：是我做的。/我说是我做的。

当句子的主要动词是除了 bé 以外的其他言说动词时，bé 则必然成为句子的标补词/标句词。例如：

(165) me-gblɔ　**bé**　me-wɔ-e.（gblɔ 义为“说”，言说动词）

我　说　说　我-做-它。

我说我做了那件事。

语义引发的结构调整可以经由重新分析体现。如动词“说”的本义扩展直至最终丧失“言说”义，其结构也由两个独立从句重新分析为一个主要动词加一个由标补词或标句词引导的补语从句，例（165）可以重新分析如下：

（165）a. me-gblɔ **bé** [me-wɔ-e].
我 说 说 [我-做-它]。
我说我做了那件事。

（165）b. me-gblɔ [**bé** me-wɔ-e].
我 说 [说 我-做-它]。
我说我做了那件事。

除了言说动词之外，bé 也可以跟在认知动词或感知动词之后充当标补词或标句词。随着语法化程度的加深，bé 适用的范围和语境进一步扩大，既可以跟在言说动词之后，也能跟在认知动词和感知动词之后，出现了语法功能泛化的现象。这就意味着，句子的动词“说”的语义在使用过程中逐渐漂白，导致形态随之产生变化，并在语法化的过程中从实义动词渐次转变为标补词或标句词。例如：

（166）me- dí **bé** máfle
第一人称：单数-想（说）第一人称：单数：虚拟语气：买
awua ɖe- wó.
衣服 一些- 复数。
我想买些衣服。

还有查穆令语（Chamling）中的 rungma，由言说义动词发展成为从属连词。例如：

（167）khu garib hing- e **rungma** kanga chaid-
他 穷 系动词-？ 说 第一人称：单数 知道-
əi.
第一人称：单数
我知道：他穷。/我知道他穷。

此外，林加拉语（Lingala）中 te 由动词发展为宾语小句从属连词（van Everbroeck，1958）；加族语（Ga）中 kɛ̀ɛ 演变为 ákɛ，成为宾语小句从属连词（Lord，1989）；赞德语（Zande）中 yá 成为补语小句从属连词（Canon & Gore，[1931] 1952）；斯瓦西里语（Swahili）中 ku-amba 演变为 kwamba，成为补语小句从属连词；豪萨语（Hausa）中 cē̃ 演变为 cē̃wā，成为小句从属连词（Lord，1989）；等等。这些都属于这种演变类型。

（三）后接成分

言说动词演变为接在其他动词如其他言说动词、心理动词、感知动词等之后的成分，主要体现为表“说”的言说动词逐步丧失作为动词的实际语义及语用功能，成为与其他类型动词共现的成分。这种演变类型包括戈卡纳语（Gokana）中 kɔ 由表“说”义的动词发展为接在其他动词后面的补语成分标记，如言说动词、心理动词、感知动词（“知道、想、看得出、害怕、看见、听见”）等（Lord，1989）。类似的还有布卢语（Buru）中表示“想”“说”“断言”等功能的 fen（e），发展为标句词后须与表示身心感知的动词同现（Klamer，2000），如：

（168）Ya tewa <u>**fen**</u> ringe iko haik.
第一人称：单数 知道 FEN 第三人称：单数 去 完整体
我知道他早就走了。

伊多马语（Idoma）也有类似情况。伊多马语中，ka 由表“说”义的言说动词演变为跟在动词“想”“知道”“看见”后面的小句从属连词（Lord，1989）。

（四）标句词

除上述情况外，表“说”这一语义的言说动词也可能逐渐失去言说动词语义，演化为单纯的标句词，不带任何其他限制条件，或对使用环境没有严格要求。这种情况的语言也有不少，如泰语（Thai）中 wâa，由表“说”义的动词发展演变为标句词（Lord，1989）。例如：

（169）Phôm kɔ̂ jaŋ mâj nɛ̂ɛ-caj <u>**wâa**</u>， cə
第一人称：单数 连词 还 否定 确定 说 分词
paj dâj rɯ̌ɤ maj.
去 能 或 不
我还不能确定我能不能去。

泰语之外，尼岩加语（Nyanja）中的 kùtì、埃菲克语（Efik）中的 ke、约鲁巴语（Yoruba）中的 Kpé 和 wí、扎昌语（Dschang）中的 ɣɛ、伊博语（Igbo）中的 ká、尼泊尔语（Nepali）中的 bhanne、泰米尔语（Tamil）中 ennru、泰卢固语（Telugu）中 ani、僧伽罗语（Sinhalese）中的 kijəla；孟加拉语（Bengali）中的 bole、缅甸语（Burmese）中的

hsou 和马拉地语（Marathi）中的 mhanūn 等都属于这种演变结果。根据 Ebert（1991）的统计，成为单纯标句词的言说动词“说”除了上述各语言之外，还包括桑塔利语（Santali）、蒙达里语（Mundari）中的 mente，索拉语（Sora）中的 gamle，苗语（Hmong）中的（hais）tias，高棉语（Khmer）中的 thaa，阿瓦尔语（Avar）中的 abun，土耳其语（Turkish）中的 diɣe，蒙古语（Mongolian）中的 kemen 等。Haspelmath（1993）考察了莱兹金语（Lezgian）中，luhu-z 在发展为可表原因的标记之外，同时也由引用标记 luhun（“说”的未完整体副动词形式）发展为相当于英语 that 的成分，成为标句词。例如：

（170）gade- di wič k'wal- e amuq'-
男孩- 作格 自己 家- 在内格 停留-
da **luhu**- z haraj- zawa.
将来时 说- 未完整体副动词 喊- 未完整体。
那个男孩大声说要留在家里。

在皮钦语和克里奥尔语中也出现了类似的语法化过程。由英语 say 发展而来的吐克皮辛皮钦英语（Tok Pisin PE）中的 se，如：

（171）I think **say** beggar no get choice.（Ebert，1991：77）
我想乞丐是没有什么选择的。

以及西非皮钦英语（West African PE）中的 sey，如：

（172）ól pípu sabi **sey**， míting gow déy.
所有的人 知道 （说） 会议 将来时 方所格
所有人都知道将有个会议。

尼日尔克里奥尔荷兰语（Negerhollands CD）中 se（e）（< 荷兰语 zeggen）由言说动词演变为引导宾语小句的标句词（Stolz，1986）。例如：

（173）Ham a **se**， wa di be：?
第三人称：单数 完成体 说 什么 指示词 系动词
他说：“那是什么”？

（174）Am no we：t **se** fo
第三人称：单数 否定 知道 标句词 必要/义务语气
ko：k jamus…
煮 山药
他不知道他得煮山药……

关于在皮钦语和克里奥尔语中表“说”这一语义的言说动词经由语法化发展为标句词的具体情况可参见 Saxena（1988）、Ebert（1991）、Lord（1973，1993）、Frajzyngier（1995）、Klamer（2000）等人的研究成果。Holm（1988）和 Muysken & Veenstra（1995）也提供了很多关于皮钦语和克里奥尔语的例证。

言说动词“说/SAY”由表实际言说义的行为动词逐步丧失语义而发展为纯粹的标记词是一条非常常见的路径，多种不同语言中“说”的演变证实了由具有具体语义特征的动词逐步语法化为表示小句连接的语法标志的过程，这种语法化路径如图 5-13 所示：

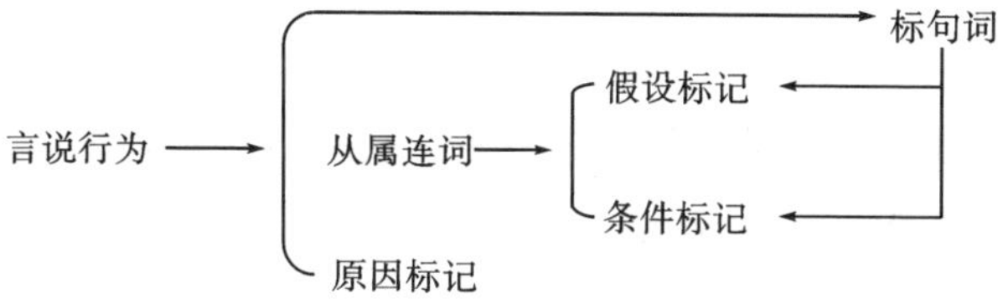

图 5-13　言说动词“说/SAY”的语法化路径Ⅳ

五、从言说动词到假设标记

现代汉语普通话中“说”还可以充当假设标记，如：

（175）说把大象放进冰箱，一共需要几步？

例（175）中“说”的功能类似于“如果”或“假如”，先提出一个假设条件，然后在预设假设条件成立的前提下讨论后续内容。“说”本身已经不表示具体真值，主要用于标示假设条件，成为假设标记，体现不同的语用功能。

林华勇、马喆（2007）指出廉江方言中的言说动词“讲”还可以做假设/虚拟的话题标记，常用于复句，与连词“无”“无係”“抑”连用于前一分句，后一分句则对话题进行说明，与普通话中的“的话”功能类似。例如：

（176）阿波仔啊，抑无考上大学讲，就回屋几耕田咯。（波仔啊，要是考不上大学的话，就回家种地啦。）

（177）无好声［sɛŋ^{55}］跌落来讲，就断骨咯。（不小心摔下来的话，就断骨头了。）

（178）抑落水讲，就湿了［tɛ^{21}］咯。（要是下雨的话，就全湿了啊。）

"抑无（係）/抑係……讲"或"……讲"构式中，"讲"作为假设话题标记，出现在句末，表明假设标记"讲"前面的内容是一种虚拟情况，时间上没有限制，可以是对将来情况的假设，如例（176）、例（177），也可以是对过去情况的假设，如例（178）。

英语中言说动词 say 也具备表条件义的功能，如张洪芹、张丽敏（2015）所举两例：

(179) Let's **say** /**Say** you had ten dollars, what would you do?

(180) If you can, step up retirement savings, I **say** you earn MYM 50,000 a year and are putting a 4% pretax contribution into your 401 (k).

say 也可以表示假设，包括未发生或过去的情境，如：

(181) We have to have a nukeable offense. **Say**, if you attack our power grid, we will nuke you.

(182) You should tell the--tell the server what you're having. **Say**, you know, we're--we're having steak.

(183) Charlie died in the hospital seems to place that scene a long time ago. **Say**, 35 plus years ago?

(184) It looks less likely every day, but let's **say** that happened, who would lead Syria, do you think?

例（179）至例（184）中，say 用于引出虚拟情境，标明小句的假设功能。这种假设的情况可以是未曾发生过的情境，如例（179）、例（180），可以是将来可能发生的情境，如例（181）、例（182），也可以是针对过去的事情进行假设，如例（183）、例（184）。

虽然言说动词"说/SAY"发展出假设标记的方言或语言不多，但这条语法化路径依然存在，具体如图 5-14 所示：

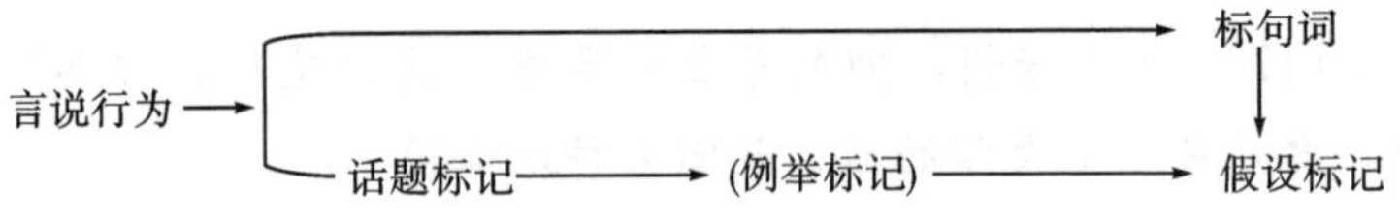

图 5-14　言说动词"说/SAY"的语法化路径Ⅴ

第三节 “说”的语法化演变个性

当然，现代汉语普通话作为语言的一种，言说动词“说/SAY”的全部语法化路径不可能同时存在。因此有必要拓宽考察面，在汉语方言、少数民族语言或其他非汉语语言中寻找一些现代汉语普通话暂不存在的演变，力求更全面地反映言说动词“说/SAY”的语法化发展面貌。

我们发现在有些汉语方言或其他非汉语语言中，表“说”义的言说动词还能对现状进行说明，或是以说这一具体言说行为来达成某些目的，或是标明对所说内容的不确定性，因此在有些汉语方言或其他非汉语语言中出现了以下几种发展：由言说义“说”发展为表原因义、表条件义、比拟格、从属连词、目的格、语气词和情态标记等功能。这些发展演变结果目前在现代汉语普通话中并不存在。

一、从言说动词到原因义

在叙述过程中，说话者除了要说明具体状况内容之外，往往还倾向于同时说明造成前述状况的事件原因。此类内容的高频次出现使得与之组合同现的言说动词借由语义渲染而逐步过渡到表原因的隐含义。如施其生（2006）考证闽方言汕头话中“呾”发生了由言说义动词到原因标记的演变。例如：

（185）我原谅伊呾介是一时糊涂。（我原谅他是一时糊涂。）

例（185）中，“我原谅他”是结果，“他是一时糊涂”是原因，“呾”表明前后成分之间的因果关系。表言说义的动词“说”语法化后具备了表原因的功能，是原因标记。

颜铌婷、林华勇（2022）观察到在永春方言中“说”可以表明动作行为原因的标记。例如：

（186）老师留我说无做作业。（老师留我，是因为我没做作业。）

（187）侬拍伊说说话无清气。（人家打他，是因为他说话不干净。）

赵明鸣（2013）考证突厥语中言说动词“tä _”也由言说动词发展

出原因义，如：

(188) yadağ yabïz bol -dï **täp** al -ğalï käl
徒步的 软弱 成为（过去时）[täp] 拿（副动） 来
-ti.
（过去时）
他们因（我们）无马，处境困难，来攻取（我们）。

(189) sül（ä -li）m te -r är -miš. amtï bäg
出征(祈使式) 说（现-将时）是（传闻式）现在 伯克
-lär -im -ä **te** -r biz är -miš，az biz
（复数）（我的）（与格）说（现-将时）我们 是（传闻式）少 我们
teyin qorq （-ma -lïm?）…
[teyin] 害怕（否定式）（祈使式）
说道："……让我们出征吧！诸官们。"——他说："我们不要因为人少而害怕。"

Bernd & Kuteva（2007）证实在其他非汉语语言中也存在表"说"义的言说动词由单纯的实义动词发展为表原因的从属连词的演变情况，比如巴卡语（Baka）中的 pe：

(190) mo à mɛɛ ?èe kɛ **pe** nye?
第二人称：单数 体标记 做 事情 指示词 原因 什么
你为什么做这件事？

莱兹金语（Lezgian）中的 luhuz、luhun（"说"的未完整体副动词形式），也发展出了表原因的功能，如：

(191) Pul kwadar- na **luhuz** buba k'wal- er-
钱 丢失 不定过去时 说：进行体 父亲 房子 复数
aj aqud- iz že- da- ni?
在内格 拿出 不定式 能 将来时 疑问标记
我们能因为爸爸没钱了就把爸爸撵出去吗？

根据 Saxena（1988a，1988b），Lord（1993），Heine et al（1997）的研究，这种演化过程可以看作是另一过程的例证，即具有某种显著语义特征的过程动词可通过语法化发展为表示小句连接的语法标记，语法化路径可以表示为：

言说行为 ——→ 原因标记 ——→ 标句词

图 5-15　言说动词“说/SAY”的语法化路径Ⅵ

二、从言说动词到条件义

由言说动词引导的内容制约，标句词后常见的从句/分句/小句多表示言说行为的条件或目的，即在什么前提情况下会说或说是为了达到何种目的，因此再度衍变出表条件义和目的义的语用功能。经由语法化路径，言说动词“说”可以发展演变为引导条件小句的语法标记。

方梅（2006）发现北京话中语法化后的言说动词“说”可以充当条件从句标记，如：

（192）你自己得有主意。说你父母什么的家里人都不在你身边儿，你怎么办哪？

（193）说你当头儿的不带头吃苦，我们小兵卒子傻卖什么劲儿啊。

（194）现在，说我想吃我就买去，还不是那么别别扭扭，费劲似的哈，哎。生活条件提高了呢，健康状况必定要好得多。

可以看出，充当条件从句标记的“说”引导的成分在句法上不自足，必须依靠其他成分或小句才能进入语篇，表述的连续事件或情状具有“非瞬时性”特征，可以被“要是”“如果”替换，无论句中是否出现了“就”，都可以替换为“如果……就”句式。例如：

（192）a. 你自己得有主意。要是/如果你父母什么的家里人都不在你身边儿，你怎么办哪？

（193）a. 要是/如果你当头儿的不带头吃苦，我们小兵卒子傻卖什么劲儿啊。

（194）a. 现在，要是/如果我想吃我就买去，还不是那么别别扭扭，费劲似的哈，哎。生活条件提高了呢，健康状况必定要好得多。

替换为“如果……”或是“要是……就”的条件句后可以发现，例（192）至例（194）依然成立，并且句义和内容不受影响，熊学亮、张韧弦（2005）认为“说”作为条件标记，体现了条件小句和结果小句之间逻辑上的蕴涵关系。

其他非汉语语言中也有由表言说义发展为表如果义从而能够充当条件标记的语法化现象。赵明鸣（2013）证实突厥语中言说动词“tä _”

可以作为条件式标记出现。例如：

(195) kim　äylä　<u>te</u>　-sä…

谁　这样　说　（条件式）

如果谁这样说……

(196) saqïš　-ï　-n　bil　-äyin　<u>te</u>

计算（从属人称）（宾格）　知道（祈使式-单）　说

-sä　-ŋ.

（条件式）　（你）

如果你说，我想知道它的算法。

Bernd & Kuteva（2007）证实在拉祜语（Lahu）中，表言说义的 qôʔ 由表言说义发展出了表如果义，可作为语法标记引导条件小句。例如：

(197) nó　ô-ve　câ　<u>qo</u>，　nà　tù

第二人称：单数　指示词　吃　如果　生病　小品词

ve　yò.

小品词　小品词

如果你吃那个，你就会生病。

“你就会生病”是满足假设条件“吃那个”后预估会发生的后果，qô 作为条件标记出现在“吃”后，标明小句地位，体现条件功能。伊多马语（Idoma）中的 ka、加族语（Ga）中的 kɛ́、巴卡语（Baka）中的 pe 都体现了这种语法化现象（Lord，1993）。塔芒语（Tamang）中的 pi 则是在和 sam（意为“如果”）组合后才表示“如果有人说”，成为条件标记（Matisoff，1991；Lord，1993）。邵明园（2015）指出安多藏语中 bzlas 与假设连词/na/结合，语法化为条件从句标记，表示说话者对信息的不确定。

这种衍变体现的是具有某种显著语义特征的过程动词由语法化而形成可表示小句连接的语法标记过程，其演变如图 5-16 所示：

言说行为 ——→ 条件标记 ——→ (标句词)

图 5-16　言说动词“说/SAY”的语法化路径Ⅶ

三、从言说动词到比拟格

语言的使用为了达到高效目的，说话者既要运用多种表达手段以吸引听者的注意力，在此基础上还要尽量精准传递信息。加之说话者有时对所说内容也不一定有完全正确的理解，类比作为一种生动形象的表述手段，势必会成为说话者常用的一种有效表达方式。

言说动词用以表示比拟关系是语法化的又一种发展方向。颜铌婷、林华勇（2022）证实永春方言中“说”可以用于有比较标记的差比句中，如“较”“过”，或混合标记“较……过”和“比……较……”等。例如：

(198) 有厝总较好（过）说无厝。（有房子的总比没有房子的好。）

(199) 扫涂骹（较）赢过说无头路。（扫地比没工作好。）

(200) 即个学堂比迄个学堂说较好。（这个学校比那个学校好。）

这类差比句中作对比的属性谓语是一个相对封闭的类，以单音节性质形容词居多，如例（198）和例（200）中的“好”，例（199）中的“赢”等。

谷峰（2007）指出上古汉语中“云”可作传信语气词，表达不确定、不确信的语气，可以理解为“好像、大概”。例如：

(201) 余登箕山，其上**盖**有许由冢云。（《史记·伯夷列传》）

(202) 其明年，郊雍，获一角兽，若麃然。有司曰：“陛下肃祗郊祀，上帝报享，锡一角兽，**盖**麟云。”（《史记·孝武本纪》）

“云”表达不确信义时，表明说话者对所说内容的推测，体现了无法肯定其真实性的语气。共现成分常为表推度的副词，如例（201）、例（202）中的“盖”。“云”表不确信语气时，不能和表确信语气的“已”“矣”和“也”连用，也不能和表示疑问语气的“乎”连用。例如：

(201) a. ＊余登箕山，其上**已/矣/也**有许由冢云**乎**。

(202) a. ＊其明年，郊雍，获一角兽，若麃然。有司曰：“陛下肃祗郊祀，上帝报享，锡一角兽，**已/矣/也**麟云**乎**。”

Bernd & Kuteva（2007）证实科兰科语（Koranko）也有类似的演变。表“说”的言说动词 kó 语法化为 iko，字面义为“你说”，实际已经虚化为连词，表示“像、好像”。例如：

(203)	à	má-	ra	**ìko**	à
	第三人称:单数	做-	时体语气标记	像	第三人称:单数
	ɣé	béle-	na	kére	lá.
	时体语气标记	传递-	时体语气标记	号角	后置词

他似乎把号角传给别人了。

瓦伊语（Vai）中表示“说”“假定”“认为”的 ro，与表示第二人称单数的 i 组合使用时结构本为 i＋ro，随着使用频率的增加这一结构固化为 iro，成为前置词，表“仿佛”“好像”“像”等语义。例如：

（204）pòromō　bẹ　**iro**　músu　gbándawau.
欧洲人　系动词　像　女人　未婚
欧洲人就像个未婚的女人。

泰米尔语（Tamil）中，en 同样经由表话语的言说义动词发展为表“像”的比拟义动词 ena。例如：

（205）kumaar　puli　**en**-　a　paay-　nt-
Kumaar　老虎　说-　不定式　跳-　过去时
aa**n**.
第三人称：阳性：单数
Kumaar 像老虎一样跳起来。

Haspelmath（1993）指出，莱兹金语（Lezgian）中 luhudi（luhun 的古体将来时）与 na（“你”，作格）组合为 na luhudi，演变构成相似标记，表示“好像”。例如：

（206）**Na luhudi**，　aburu-　z　aku-　r-
好像　他们　与格　看见-　不定过去时分词-
di　axwar　tir.
体词化成分：单数　梦　系动词：过去时
他们所看见的好像是一场梦。

西非皮钦英语（West Africa PE）中，sey 也能用于表示“类似”义（Lord，1989）。此外，对欧洲语言中比拟结构表达方式的描述还可以参见 Haspelmath 和 Buchholz（1998）的描述。

谷峰（2007）根据“云”的演变，归纳出词义引申路径为：

言说义→转述义→听说义→不置可否义→不确信义

故此，言说动词经由语法化发展出比拟义，其演变路径如图 5-17 所示：

言说行为 ——→ (引语功能) ——→ (传信功能) ——→ 比拟格

图 5-17　言说动词“说/SAY”的语法化路径Ⅷ

四、从言说动词到从属连词

黄燕旋（2016）指出揭阳方言中言说动词“呾”用于关联词后时，不表述词汇义，不表前后分句之间的逻辑关系，主要功能是充当从句标记，引导附加小句。例如：

（207）唔管呾天时咋生样，伊**<u>都</u>**有去跑步。（不管天气怎样，他都去跑步。）

（208）因为呾外爿在落雨，我唔好乞伊侬出去迌。（因为外面下雨，我不让他们出去玩。）

不过，“呾”的这种功能对语境有一定要求，必须与关联词共现，如例（207）中的“都”。同时“呾”的隐现是非强制性的，主要出现于表假设、条件义的分句中，如例（207）表条件义，而在其他分句中则倾向于不出现，其出现与否不影响句子语意，如例（208）表原因，也可以表述为：

（208）a. 因为外爿在落雨，我唔好乞伊侬出去迌。

Saxena（1988a，1988b）和 Heine et al（1991）曾经指出，一旦言说动词的语法化程度发展到更高阶段，“说/SAY”动词就有可能衍生出从属功能，成为小句标记用以引导不同类型的小句/从句，如目的状语、原因状语和时间状语从句，如塔芒语（Tamang）中的 pi sam 和埃维语（Ewe）中的 bé。

Lord（1993）对塔芒语（Tamang）中 pi sam 的使用情况进行了描写，指出这种组合结构因使用频次和适用环境的扩大化，经由重新分析后由表面意义 pi sam（“说”＋“如果”）发展为条件标记，表明从句与主句之间的从属关系。

Bernd & Kuteva（2007）证实埃维语（Ewe）中 bé 存在类似演变，原本表示具体动作的实义动词经由语法化形成 bé（na），即“说”＋惯常体，表“为了”义，成为可以引导目的小句的小句标记。例如：

（209） é- **<u>bé</u>** Kofi vá.
第三人称：单数- 说 Kofi 来：过去时
他说 Kofi 来了。

（210） me- tsɔ́ ga nɛ̌ **<u>bé（ná）</u>**
第一人称：单数- 拿 钱 给：第三人称：单数 目的（格）

wo- á- ple agbalɛ.
第三人称：单数- 虚拟语气- 买 书
我给他钱（目的是）让他能买书。

与发展为原因标记和目的格类似，言说动词“说/SAY”语法化为从属连词的路径如图 5-18 所示：

言说行为 ——→ (标句词) ——→ 从属连词

图 5-18 言说动词“说/SAY”的语法化路径Ⅸ

五、从言说动词到目的格

言说动词在发展出从属连词功能后，还可能进一步扩大适用范围，除了引导宾语从句外，还能引导目的小句，从而具备目的格功能。

颜铌婷、林华勇（2022）指出永春方言中“说”存在引导目的小句的功能。例如：

（211）老师留我说扫涂骹。（老师留我扫地。）

（212）老师留我说去扫操场南边个厕所。（老师留我去扫操场南边的厕所。）

（213）我伫百汇买蜀领新衫说留嘞过年通颂。（我在百汇买了一件新衣服，留着过年好穿。）

赵明鸣（2013）考证突厥语中“tä _”由言说动词发展为目的标记。例如：

（214）a -nï añït -ayïn **tip** sülä -di -m….
他(宾格)惩罚（祈使式）[tip] 出击 （过去时）（我）
为了惩罚他们，我出兵击打……

（215）soğdaq bodun it -äyin **tiyin**，yinčü ügüz
粟特 人民 集合（祈使式）[tiyin] 珍珠 河
-üg käč -ä tämir qapïg -qa tägi sülä -di -miz.
(宾格)渡（副动)铁 门 （与格)直到 进军(过去时)(我们)
为了整顿粟特人民，我们渡过珍珠河，一直出征到铁门（关）。

Lord（1989）指出埃维语（Ewe）中 bé 也属于这种情况。例如：

（216）é- dògo **bé** ye- á- ɖu nú.
他- 出去（说）转述代词- 虚拟语气- 吃 东西

他出去（目的是）吃东西。

从例（216）中可以看到，被说明对象前一个动作的目的是实现后一个预期目标，标明这两个动作的指向关系的就是由言说动词发展而来的 bé。类似的情况也出现在戈卡纳语（Gokana）中，如：

（217）lébàreè du **kɔ** baá mən- ɛ̀ɛ̀ ɛ.
Lebare 来 （说）他们 看见- 转述代词 他
Lebare 来（为了）让他们看到他。

出现在巴卡语（Baka）中，如：

（218）ma **pe** mɛɛ̀ bèlà kɛ̀!
第一人称：单数 说 做：祈使式 工作 指示词
我说：做这个工作！

（219）tɔ **pe**- è ngo **pe**
给：祈使式 与格- 第一人称：单数 水 目的小句从属连词
ma njo!
第一人称：单数 喝
给我水喝！

出现在科兰科语（Koranko）中，如：

（220）á dṵ̀- da túɣɛ
第三人称：单数 进入- 时体语气标记 森林
kɔ́ndɔ **kó** à sì kɔ̀lɔmagboenu **ɲ** ìni.
后置词 目的格 第三人称：单数 时体语气标记 水果 找
他进森林去找水果。

还可以出现在林加拉语（Lingala）中，如：

（221）Kangá mbwá nsiga áboma nsósó **tɛ**!
把狗拴紧，别让它伤害小鸡！

克里奥尔语中也出现了类似的发展演变趋势。Ebert（1991）指出，苏里南克里奥尔英语（Sranan CE）中 taki 就先由表示言说义的实义动词发展为类似于英语中 that 的小句从属连词，再进一步扩大适用范围，也能够引导目的小句，成为可以引导目的小句的从属连词。

与之类似的是尼日尔克里奥尔荷兰语（Negerhollands CD），据 Stolz（1986）考察，言说动词 se（e）也经历了发展演变方向几乎一致的过程：se（e）由最初的“说”发展为可以引导宾语从句的标句词，然后再发展为可以引导目的小句的从属连词。

这种发展趋势说明言说动词可以由表示具体语义的过程动词经由语法化形成表示小句连接的语法标记，与从属连词发展方向关系较为密切，如图 5-19 所示：

言说行为 ——→ (标句词) ——→ (从属连词) ——→ 目的格

图 5-19　言说动词“说/SAY”的语法化路径 X

六、从言说动词到语气词

吴成虎（2007）指出，维西汉语方言中言说动词“说”的基本语义和语用功能与现代汉语普通话中的类似，可以作为谓语，后带宾语、状语、补语。但是维西汉语方言中言说动词“说”还可以作为语气助词，用于句末表示对事实的强调和肯定，普通话中目前尚未发现“说”具备这种语用功能。例如：

（222）这种药吃不得，我早就说给他了说，他就是不听说，我有什么办法说。

目前，这种用法多为老年人使用，年轻人少见，使用时部分老年人的发音会有变化，读作“ʂue”，体现说话者的语气，反映了说话者的主观态度和看法。

黄燕旋（2016）考证揭阳方言中“呾”也可以充当句末语气词，用于表达反驳语气，对对方所说的内容予以修正，表明说话者的主观认识。例如：

（223）A：汝［tsau33］日无来上课。（你昨天没来上课。）

B：我有来呾。［我来了啊，（你怎么说我没来呢？）］

“呾”的这种用法与特定预设有关，表明在此之前有人说了说话者不认同的内容，说话者因而反驳，否认对方所说的真实性或可行性，强调自身观点。例如：

（224）A：汝做呢唔起加间厝啊？（你怎么不多建一间房子啊？）

B：无钱呾。（没钱啊。）

罗瑞（2013）考证了唐汪话中的“说”，可以单独使用，表达具体的言说行为，语义为“说话”，还可以引入一个从句，相当于是一个宾语句，表述“说某件事”的意义，具备标句词的功能，同时更进一步发展出作为语气词的用法。

言说动词演变为语气词在古代汉语、闽南话、海南屯昌话、粤语等中都有类似情况出现。邓思颖（2010）曾经指出，汉语语气词不能出现在嵌套小句中，只能出现在根句。句末位置也是汉语中催生和固化语气的强势句法环境，而“咀”的句法位置符合这一规律。

言说动词“说/SAY”发展演变为语气词的语法化路径如图 5-20 所示：

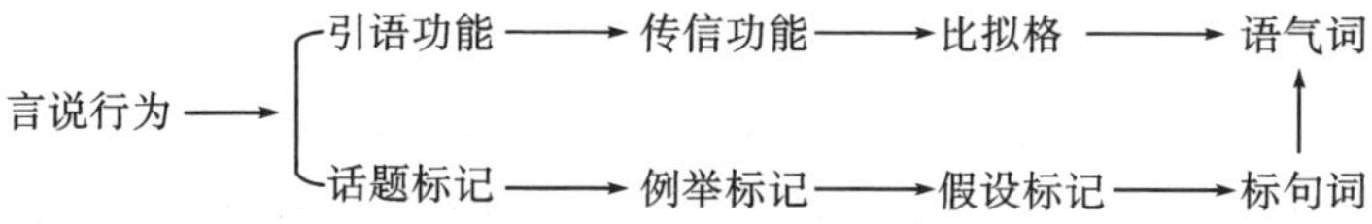

图 5-20　言说动词“说/SAY”的语法化路径Ⅺ

七、从言说动词到情态标记

汉语不少方言中都有言说动词语法化为情态标记的现象出现。如张洪年（1972）就曾经提到，香港粤语中“喎［uɔ^{33}］”也有传信情态功能；赵元任（1947）的《粤语入门》中提出“喎”是“话啊”复合而成；而张洪年则指出“喎”可看作“重述所闻的助词”。例如：

（225）佢说佢从来未学过中文喎。（他说他从来没学过中文呢。）

广州方言中也可以用“喎［uɔ^{13}］”表示转述。例如：

（226）服务员：你饮冻定热㗎?（你喝凉的还是热的?）
顾客甲：（小声）热嘅。（热的。）
服务员：吓?（什么?）
顾客乙：热喎。（说是热的。）

惠州话中也有类似的用例，如位于句末的“话”可以表示转述他人话语。例如：

（227）你无使去接佢嘞话。（说你不要去接他了。）

颜铌婷、林华勇（2022）的调查证明永春方言中“说”同样具备充当情状小句标记的功能。例如：

（228）我无闲遘说袂记得去接阮团。（我忙得忘记去接我儿子。）

（229）小妹佚遘说袂记得倒来。（小妹玩得忘记回来。）

（230）即摆伊想遘说美美美。（这次他想得美极了。）

（231）伊徛遘说前面前面。（他站到最前面。）

例（228）至例（231）中“说”紧接在补语标记“遘”后充当引介小句，说明前面动词的情状。在语句中“说”前附，停顿在“V 遘说”

后，是一个后接情状小句的标记。

方梅（2006）的考察证实北京话中“说”也发展出类似的虚拟情态从句标记。例如：

(232) 整体的犯困，开车开车能睡着了，走路走路能睡着了。除了说吃饭，随时都可能睡过去。

(233) 说你渴了累了，人家那儿有带空调的休息室。

北京话中“说”充当虚拟情态从句标记时，引导的成分在句法上不自足，必须依靠其他句子成分或小句才能进入语篇。后续所引小句为非现实情态，如果为连续事件或情状，则具有“非瞬间性”特征；如果为事情或情状发生与否均可，则没有“肯定—否定”的对应形式。句中小句之间没有条件倚变关系，不能被“要是”“如果”替换，也不能替换为“如果……就”句式。句子主语或者空缺，或者虚指理解。

因此，言说动词“说/SAY”经由从句标记发展出情态标记的语法化路径如图 5-21 所示：

言说行为 ——→ 标句词 ——→ 从属连词 ——→ 情态标记

图 5-21　言说动词“说/SAY”的语法化路径Ⅻ

第四节　言说动词“说/SAY”的演变路径

现代汉语普通话中言说动词“说”伴随着语义的发展演变，经由多条语法化路径演变出不同语用功能。考察不同汉语方言、少数民族语言及其他非汉语语言后可以看到，言说动词“说/SAY”语法化为引用、传信、从属、标句词等功能标记是现代汉语普通话与其他一些对照方言或语言所共有的演变结果。同时在其他非汉语语言中，言说动词“说/SAY”还存在一些现代汉语普通话中言说动词“说”不具备的其他功能，如语法化为原因标记、条件标记、比拟格、从属连词、目的格、语气词和情态标记，以及不同功能之间的蕴涵关系。

鉴于有多种语用功能的存在和不同的语法化路径，我们以现代汉语普通话中言说动词“说”的语义地图为基础进行扩充，将现代汉语中没有出现的，但其他非汉语语言中存在的语法化功能节点加入。文字代表言说动词“说/SAY”的各语义及功能节点，演变关系明确的以箭头表示发展方向，尚不明确或是无法确认必然性的则以横线表示相关性。

言说动词“说/SAY”的功能节点和发展路径经调整后构成如

图 5-22 所示：

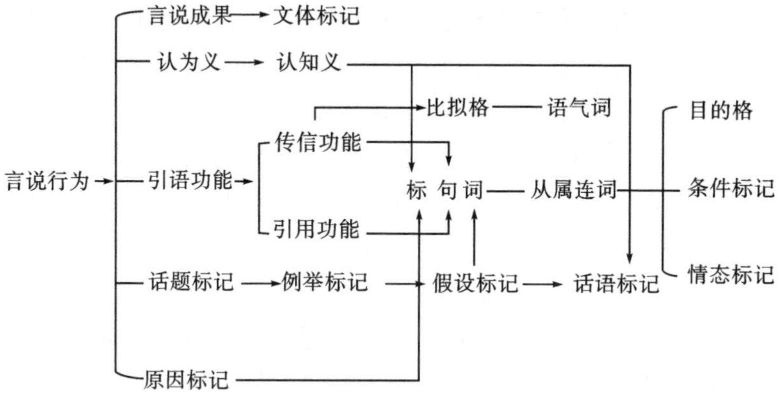

图 5-22 言说动词"说/SAY"的语义地图

总结目前所有我们考察过的语言和出现过的功能节点，包括汉语、汉语方言和其他非汉语语言，我们可以看到，言说行为动词"说/SAY"是沿五条不同的语法化路径演变的。

第一条，言说行为>言说成果>文体标记。

第二条，言说行为>认为义>认知义>标句词/话语标记。

第三条，这条语法化路径最为复杂，内部可以细分为几条不同次级路径，分别是：

a. 言说行为>引语功能>传信功能>比拟格>语气词

b. 言说行为>引语功能>引用功能/传信功能>标句词>从属连词>目的格/条件标记/情态标记

第四条，这条语法化路径相对直接，主要区别在于假设标记的演化方向不同，可以分为：

a. 言说行为>话题标记>例举标记>假设标记>标句词

b. 言说行为>话题标记>例举标记>假设标记>话语标记

第五条，言说行为>原因标记>标句词。

这五条不同的语法化路径并非绝对泾渭分明彼此错开的，而是交错复杂，常有交集。同一条路径可以演化出不同结果，比如说第三条路径，同样是从引语功能发展演变而来的，但引用功能和传信功能的侧重点各不相同，引用功能表明说话者知道信息来源，而传信功能则表明说话者不清楚或不重视信息出处。再比如从属连词的继续演化方向，根据小句与主句之间的逻辑关系不同，从属连词可以分别演化出目的格、条件标记和情态标记三种不同的结果。当小句与主句之间是因果关系时，

“说/SAY”由从属连词演变为目的格；当小句与主句之间是假设关系时，“说/SAY”由从属连词演变为条件标记；当小句与主句之间的关注焦点不在逻辑关系层面上，而是说话者的主观态度、观点或立场时，“说/SAY”则由从属连词演变为情态标记。

不同的语法化路径也可以有相同的演变结果。比如标句词可能是由三条不同的语法化路径发展演变而来。标句词可能由表达传信功能的成分经由引语功能>传信功能>标句词路径演化而来，也可能由表示引用功能的成分经由引语功能>引用功能>标句词演化而来，还可能是由假设标记经由话题标记>例举标记>假设标记>标句词路径演化而来。话语标记的演变过程同样不只一条。言说行为发展为认知义后，与说话者的主观态度结合，可能演变出话语标记。同样，“说/SAY”也可以由另一条语法化路径演变而来，当言说动词失去语义，主要用于体现语用功能并发展为假设标记后，受重新分析、去范畴化等动因机制的推动，从短语或句子成分凝结成固定的结构或词汇项，直至彻底虚化成为话语标记。

当然，由于能力和条件的限制，我们能够考察到的语言和方言数量很有限，涵盖面也不够宽广。但是一叶知秋，部分汉语方言、少数民族语言和其他非汉语语言同样可以反映语言面貌中的一些本质特征。而且，即使是在数量不够庞大、涵盖面不够宽广的情况下，仍有不少言说动词在语法化演变路径上的共同趋势被发现和描写出来，说明我们的思路和方法还是切实有效的。

确定并绘制了言说动词“说/SAY”的语义地图后，现代汉语普通话中“说/SAY”的功能节点和所占空间也可以直观形象地标示出来了，如图 5-23 所示：

可以看出，现代汉语普通话中“说”的功能在言说动词“说/SAY”的概念空间之内，但并没有也不可能覆盖全部功能节点，而是占据了其中一部分语义和功能。现代汉语普通话中“说”的语法化沿四条不同路径发展，分别是：

第一条，言说行为>言说成果>文体标记。

第二条，言说行为>认为义>认知义>标句词/话语标记。

第三条，言说行为>引语功能>引用功能/传信功能>标句词。

第四条，言说行为>话题标记>例举标记>假设标记>标句词或言说行为>话题标记>例举标记>假设标记>话语标记。

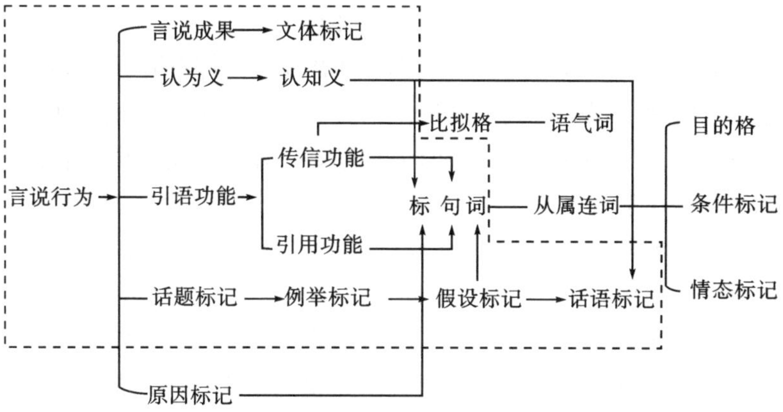

图 5-23　现代汉语普通话“说”的语义地图

汉语中“说”的语义和功能历时发展各阶段相对清晰完整，对于语义地图的构建和推衍有很好的引导作用。“说”的历时演变过程清晰地展现了言说动词真值逐渐消失，从实词逐步演化成功能词的过程，证明了跨语言视角下运用语义地图对多功能语素进行研究是科学可行的，为一词多义现象的研究提供了新的突破口，值得进一步关注和研究。

第五节　本章小结

本章采用跨语言视角，结合类型学相关理论，以现代汉语普通话中的“说”为标准，比对分析部分汉语方言、少数民族语言和其他非汉语语言中的言说动词“说/SAY”。

现代汉语中言说动词“说”在不同言说范畴之间，以及不同言说范畴内部存在多条语法化路径。不同言说范畴之间主要包括言说行为范畴向言说成果范畴发展和言说行为范畴向言说标记范畴发展两种。不同言说范畴内部则根据范畴不同可分为言说行为范畴内部、言说成果范畴内部和言说标记范畴内部三类。言说行为范畴内部包括两条不同路径，言说成果范畴内部有一条语法化路径，言说标记范畴内部也有一条语法化路径。将不同言说范畴之间的语法化演变路径与言说范畴内部的语法化路径结合起来，则可以看到“说”是沿以下四条不同路径发展：

第一条，言说行为＞引语标记＞引用标记/传信标记＞标句词。

第二条，言说行为＞认为义＞认知义＞话语标记。

第三条，言说行为＞话题标记＞例举标记＞假设标记＞话语标记。

第四条，言说行为＞言说成果＞文体标记。

言说动词“说/SAY”在不同方言和语言中同样存在多种语义和语用功能。在梳理过程中，我们发现汉语方言及其他非汉语语言中言说动词“说/SAY”存在某些与汉语相同的语义、语用功能和语法化演变路径，同时也存在某些汉语中“说”不具备的语义、语用功能和语法化演变路径。根据不同的发展演变过程排列“说/SAY”的各个功能节点，能够揭示言说动词“说/SAY”不同功能节点之间的衍变过程和语法化路径。确立功能节点及演变路径后，据此构建言说动词“说/SAY”的概念空间，再以概念空间为底图绘制出完整的语义地图。最后结合汉语中言说动词“说”的发展过程和语法化路径，在概念空间内切割出连续区域，从而绘制出汉语言说动词“说”的语义地图。

“说”作为原型范畴特征明显的言说动词，其语法化过程和路径具有代表性，能够清晰揭示言说动词的语法化方向，展现言说动词“说/SAY”的语法化演变共性和个性。汉语方言及其他非汉语语言中言说动词“说/SAY”有与汉语相同的语法化演变路径，说明汉语言说动词的某些语法化演变具有共性，并非孤立现象。如由言说动词虚化为引语标记或引用标记，同样出现在汉语方言中，如北京话、廉江方言等；或出现在少数民族语言中，如彝语；也出现在其他非汉语语言中，如日语、纳马语、特维语等。具有演变共现的语法化路径本章一共总结了五条，证实言说动词的语法化存在演变共性。而七条与汉语相异的语法化演变路径的出现，则显示语言发展演变实际上相异性高于相同性。

汉语历史悠久，文献丰富，能够提供海量的语言研究材料全面描写言说动词“说/SAY”的历时演变和语法化发展。语义地图具有直观、形象、简洁等优点，结合汉语历时发展的客观现实能够深入刻画汉语现实，反映汉语真实面貌，考察汉语发展演变的特征和规律，揭示言说动词历时演变层面上的个性和共性，即语言演变历时层面的共相与殊相，使汉语的语法研究进入一个更加广阔的研究领域。

第六章 结 论

本书结合“两个三角”、制图理论及左缘结构分析、语法化、会话分析、语言类型学等有关理论，采用共时观察和历时描写相结合的研究方法，选取“别说”“我说”和“你说你”为典型个案研究对象，首先辨析这些典型“说”类话语标记的左缘结构构成成分及分布特征。话语标记“别说”“我说”和“你说你”引导的话题和焦点成分，在所在 CP 层的左缘结构上具体分布和排列各有不同。

话语标记“别说”的左缘结构分布为：DM（话语标记“别说”）＞ DP ＞ AP ＞ TopP ＞ $ModP^{EPI}$ ＞ DP ＞ $ModP^{DEO}$ ＞ MP^{*} ＞ FocP ＞ MP^{*} ＞ VP/AP。话语标记“我说”的左缘结构分布为：DM（话语标记“我说”）＞ TopP ＞ IntP ＞ DP ＞ MP^{*} ＞ $NegP^{1}$（“不、不是”）＞ FocP ＞ $NegP^{2}$（“别、没、没有”）＞ VP/AP。话语标记“你说你”依谓语核心成分类型的不同分为两种：a. DM（话语标记“你说你”）＞ FocP（“连”字焦点）＞ DP ＞ MP^{*} ＞ $TopP^{1}$ ＞ $TopP^{2}$ ＞ IntP ＞ MP^{1*} ＞ FocP ＞ NegP ＞ VP；b. DM（话语标记“你说你”）＞ FocP（“连”字焦点）＞ DP ＞ MP^{*} ＞ $TopP^{1}$ ＞ $TopP^{2}$ ＞ IntP ＞ FocP ＞ MP^{2*} ＞ NP。可以看出，即使同为典型“说”类话语标记，“别说”“我说”和“你说你”在所属左缘结构的构成成分类型、所处句法层级和成分分布顺序等方面的区别依旧比较明显。

本书还考察了“说”类话语标记在不同时期的语义、句法、语用特征，描写语法化的不同阶段和演变路径，揭示“说”类话语标记的形成、发展和固化过程，构建概念空间并绘制语义地图，展现“说”类话语标记的语义和功能分布，绘制不同“说”类话语标记的语法化演变路径，探讨推动和促进“说”类话语标记语法化的内部动因与形成机制。

话语标记“别说”“我说”和“你说你”句法分布特征明显，语用功能较多。“别说”和“我说”由动词短语虚化演变而来，“你说你”由跨句法层面的短语结构凝结而来。个案研究结果证实，“说”类话语标记的概念意义已经弱化或消失，具有多种篇章、人际和语境语用功能，通常位置灵活，其存在本身不会影响句子的真值意义或是命题意义，具有动态性、随意性和互动性特征，能直接表述说话者本身的情感功能，同时具备篇章语用功能，有时可以作为确定话语的言外之意或说话者潜在意图的辅助辨识标记。“说”类话语标记的语法化受到结构特征、句法位置、口语交际特点、高频使用、重新分析、去范畴化、主观化与交互主观化等动因机制的推动。

此外，本书尝试通过与部分汉语方言、少数民族语言和其他非汉语语言的对比与比较，寻找及归纳言说动词“说”语法化发展的共同特征和演变规律，在更高层面和更广范围内发掘具有普遍意义的路径与趋势，有效认识此类语言现象及其内在发展机制和动因。

按照不同时期整理分析历时语料可以发现，作为“说”类话语标记核心成分的言说动词“说”，其义项分布情况有了较大的发展和改变。现代汉语普通话中，言说动词“说”一共有 8 个义项，分属言说行为、言说成果和言说标记三个不同范畴，具备言说、引语、引用、传信、从属和标句词多种功能。“说”的多功能性与多义性密切相关。“说”的语义沿不同方向演变：①言说行为＞引语标记＞引用标记/传信标记＞标句词；②言说行为＞认为义＞认知义＞话语标记；③言说行为＞话题标记＞例举标记＞假设标记＞话语标记；④言说行为＞言说成果＞文体标记。

根据言说动词“说”在不同时期的语义节点，以及所属言说范畴，我们对其语义和语用功能变化进行了分析，整理了言说动词“说”在不同言说范畴之间，以及不同言说范畴内部的多条语法化路径。根据语用功能之间的发展顺序，以箭头表示发展方向和具体演变路径，以语义地图的形式直观呈现，如图 6-1 所示：

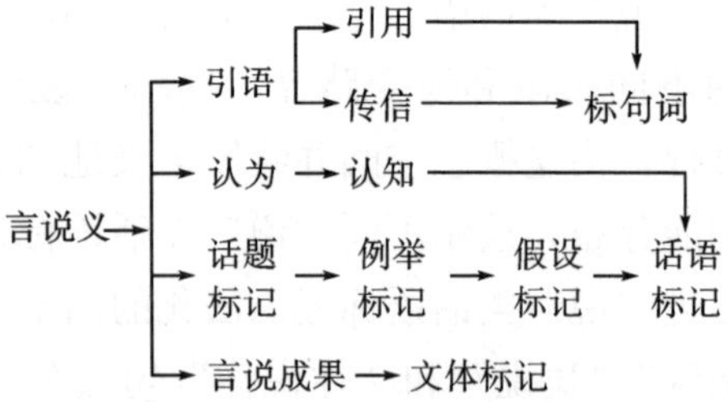

图 6-1 “说”的语法化路径

加上不同功能所属的言说范畴管辖范围，语义地图调整修改后，如图 6-2 所示：

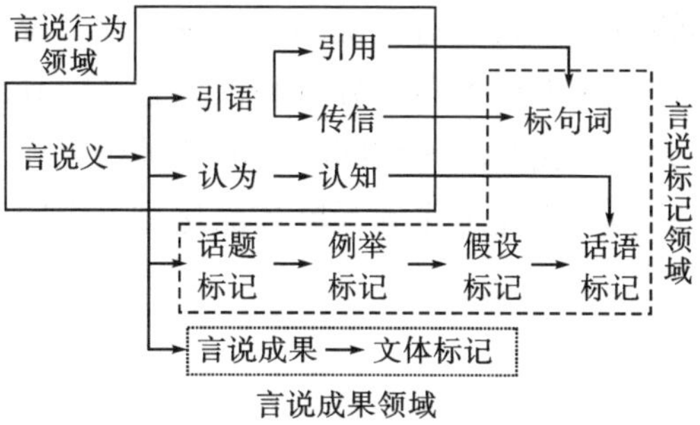

图 6-2　汉语中“说”的语义地图

现代汉语中“说”的语法化既有语言发展演变共性因素的作用，也有汉语自身独有的动因和机制。语义演变、泛化或漂白使得“说”表实际言说动作的语义逐渐虚化，而逐步发展出不同功能，从表概念意义发展为表主观意义，最终实现语法化。“说”的语法化还与其高频率使用有着密切的关系。词汇项使用频率高、范围广、人数多，其用法和所指对象必然会产生变化。在“说”的语法化过程中，句法结构层面的重新分析机制也起到了加速语义虚化的作用。人的认知发展总是由具体到抽象的，在对世界进行概念化的过程中，隐喻和转喻是有力的认知工具，不同认知域之间的投射关系使得语法化成为可能。“说”的使用从说话者指向发展到听话者指向，其所述内容从客观命题向主观态度转化。

通过与汉语方言、少数民族语言及其他非汉语语言的对比可知，现代汉语中“说”的语法化方向和结果并非孤例，如发展为引用标记、传信标记、例举标记、标句词和假设标记。当然，有些语言中言说动词的某些功能，如语法化为表原因义、表条件义、比拟格、从属连词、目的格、语气词或情态标记等结果，在现代汉语普通话中目前这种情况尚不存在。总和所有我们考察过的语言和出现过的功能节点，我们可以看到，言说行为动词“说/SAY”共有五条不同的语法化演变路径，现代汉语普通话沿其中四条路径演化。这一研究成果表明，通过与不同汉语方言、少数民族语言和其他非汉语语言的比较，可以清晰地展现言说动词“说/SAY”的语法化路径和结果，更加真实全面地体现语言发展演变的个性和共性。同时，语义地图这一研究工具的引入和使用可以形象直观地反映不同语言的功能节点在同一概念空间的分布及相互之间的关系。

本书的研究成果证实了以“两个三角”理论、制图理论及左缘结构分析、语法化理论、会话分析理论和语言类型学相关理论为指导，采用语义地图等实用的研究工具，对言说动词“说”及“说”类话语标记这类型的多功能语言形式进行考察、分析和探究是具有高度可行性与实践性的研究思路及方法。我们的研究同时表明这种研究模式切实有效且易操作，能够为今后相关研究工作的开展和深化打下牢固的基础。

参考文献

[1] 蔡维天. 制图理论、中心语移位和乾坤挪移句 [J]. 外语教学与研究，2020，52 (2)：176-187；319.

[2] 陈忠敏. 语法化的类别、特点及机制 [J]. 当代修辞学，2021 (6)：1-14.

[3] 董秀芳. 词汇化与话语标记的形成 [J]. 世界汉语教学，2007 (1)：50-61.

[4] 范晓蕾. 语义地图的解析度及表征方式：以“能力义为核心的语义地图”为例 [J]. 世界汉语教学，2017 (2)：194-214.

[5] 方梅. 北京话里“说”的语法化：从言说动词到从句标记 [J]. 中国方言学报，2006 (1)：107-121.

[6] 郭锐. 概念空间和语义地图：语言变异和演变的限制和路径 [J]. 对外汉语研究，2012 (1)：96-130.

[7] 海涅，库特夫. 语法化的世界词库 [M]. 龙海平，谷峰，肖小平，译. 北京：世界图书出版公司北京公司，2012.

[8] 李宗江. 关于话语标记来源研究的两点看法：从“我说”类话语标记的来源说起 [J]. 世界汉语教学，2010 (2)：192-198.

[9] 刘坚，曹广顺，吴福祥. 论诱发汉语词汇语法化的若干因素 [J]. 中国语文，1995 (3)：161-169.

[10] 刘丽艳. 汉语话语标记研究 [M]. 北京：北京语言大学出版社，2011.

[11] 陆志军. 最简方案与制图理论：互补兼容的句法研究视角 [J]. 外语研究，2017，34 (2)：41-46.

[12] 潘秋平，张敏. 语义地图模型与汉语多功能语法形式研究 [J]. 当代语言学，2017 (4)：510-545.

[13] 沈家煊. 语言的“主观性”和“主观化” [J]. 外语教学与研究，2001，33 (4)：268-275.

[14] 石定栩. 生成语法的界面关系研究：起源、发展、影响及前景 [J]. 外语教学与研究，2020，52 (5)：643-654；798.

[15] 汪维辉. 汉语“说类词”的历时演变与共时分布 [J]. 中国语文，2003 (4)：329-342.

[16] 吴福祥，张定. 语义图模型：语言类型学的新视角 [J]. 当代语言学，2011 (4)：336-350.

[17] 吴福祥. 也谈语法化的机制和动因 [J]. 语文研究，2021 (2)：1-12.

[18] 邢福义. 现代汉语语法研究的两个“三角” [J]. 云梦学刊，1990 (1)：78-84.

[19] 邢福义. 汉语语法学 [M]. 长春：东北师范大学出版社，1996.

[20] 姚双云. 自然口语中的关联标记研究 [M]. 北京：中国社会科学出版社，2012.

[21] 殷树林. 现代汉语话语标记研究 [M]. 北京：中国社会科学出版社，2012.

[22] CROFT W A. Typology and university [M]. 2nd. Cambridge：Cambridge University Press，2003.

[23] CYSOUW M A. Semantic maps as metrics on meaning [J]. Linguistic Discovery，2010，8 (1)：70-95.

[24] FRASER B. What are discourse markers? [J]. Journal of Pragmatics，1999，31 (7)：931-952.

[25] HASPELMATH M. The geometry of grammatical meaning：semantic maps and cross-linguistic comparison [J]. The New Psychology of Language，2003 (2)：211-242.

[26] HEINE B，KUTEVA T. World lexicon of grammaticalization [M]. Cambridge & New York：Cambridge University Press，2007.

[27] HOPPER P J，TRAUGOTT E C. Grammaticalization [M]. 2nd. Cambridge：Cambridge University Press，2003.

[28] LEHMANN C. Grammaticalization：synchronic variation and diachronic change [J]. Lingua E Stile，1985，20 (3)：303-318.

[29] PAN，JUNNAN V. Mandarin peripheral construals at the syntax-discourse interface [J]. Linguistic Review，2015，32 (4).

［30］ SCHIFFRIN D. Discourse markers ［M］. Cambridge: Cambridge University Press, 1987.

［31］ TRAUGOTT E C. Constructions in Grammaticalization ［G］ //The Handbook of Historical Linguistics. Wiley Blackwell, 2008: 624-647.

［32］ WANG W. The semantic map of the spatial domain and related functions ［J］. Language and Linguistics, 2015, 16 (3): 465-500.